元脱脱等撰

# 宋史

第六册

卷七四至卷八四（志）

中華書局

# 宋史卷七十四

## 志第二十七

## 律曆七

### 明天曆

崇天曆行之至于嘉祐之末，英宗卽位，命殿中丞、判司天監周琮及司天冬官正王炳、丞王棟、主簿周應祥周安世馬傑、靈臺郎楊得言作新曆，三年而成。琮言：「舊曆氣節加時，後天半日；五星之行，差半次；日食之候，差十刻。」既而司天中官正舒易簡與監生石道、李遘更陳家學。於是詔翰林學士范鎭、諸王府侍講孫思恭、國子監直講劉攽考定是非，上推尚書「辰弗集于房」與春秋之日食，參今曆之所候，而易簡、道、遘等所學疏闊，不可用，新書爲密。遂賜名明天曆，詔翰林學士王珪序之，而琮亦爲義略冠其首。今紀其曆法于後：

調日法朔餘、周天分、斗分、歲差、日度母附。

造曆之法，必先立元，元正然後定日法，法定然後度周天以定分、至，三者有程，則曆可成矣。日者，積餘成之；度者，積分成之。蓋日月始離，初行生分，積分成日。自四分曆洎古之六曆，皆以九百四十爲日法。率由日行一度，經三百六十五日四分之一，是爲周天；月行十三度十九分之七，經二十九日有餘，與日相會，是爲朔策。史官當會集日月之行，以求合朔。

自漢太初至于今，冬至差十日，如劉歆三統復強於古，故先儒謂之最疏。後漢劉洪考驗四分，於天不合，乃減朔餘，苟合時用。自是已降，率意加減，以造日法。宋世何承天更以四十九分之二十六爲強率，十七分之九爲弱率，於強弱之際以求日法。承天日法七百五十二，得一十五強，一弱。自後治曆者，莫不因承天法，累強弱之數，皆不悟日月有自然合會之數。

今稍悟其失，定新曆以三萬九千爲日法，六百二十四萬爲度母，九千五百爲斗分，二萬六百九十三爲朔餘，可以上稽於古，下驗於今，反覆推求，若應繩準。又以二百三十萬一千爲月行之餘，月行十三度之餘。以一百六十萬四百四十七爲日行之餘。日行周天之餘。乃會日月之行，以盈不足平之，并盈不足，是爲一朔之法。日法也，名元法。今乃以大月乘不足之數，以小月乘盈行之分，平而并之，是爲一朔之實。周天分也。以法約實，得日月相會之數，皆以等數約之，悉得今有之數。盈爲朔虛，不足爲朔餘。又二法相乘爲本母，各母互乘，以減周天，餘則歲差生焉，亦以等數約之，卽得歲差、度母、周天實用之數。此之一法，理極幽眇，所謂反覆相求，潛遁相通，數有冥符，法有偶會，古曆家皆所未達。以等數約之，得三萬九千爲元法，九千五百爲斗分，二萬六百九十三爲朔餘，六百二十四萬爲日度母，二十二億七千九百二十萬四百四十七爲周天分，八萬四百四十七爲歲差。

歲餘：九千五百。古曆曰斗分。

古者以周天三百六十五度四分度之一，是爲斗分。夫舉正於中，上稽往古，下驗當時，反覆參求，合符應準，然後施行于百代，爲不易之術。自後治曆者，測今冬至日晷，用校古法，過盈，以萬爲母，課諸氣分，率二千五百以下、二千四百二十八已上爲中平之率。新曆斗分九千五百，以萬平之，得二千四百二十五半盈〔一〕，得中平之數也。而三萬九千年冬至小餘成九千五百日，滿朔實一百一十五萬一千六百九十三，年齊于日分，而氣朔相會。

歲周：一千四百二十四萬四千五百。以元法乘三百六十五度，內斗分九千五百，得之，卽爲一歲之日分，故曰歲周。若以二十四均之，得一十五日、餘八千五百二十、秒一十五，爲一氣之策也。

朔實：一百一十五萬一千六百九十三。本會日月之行，以盈不足平而得二萬六百九十三，是爲朔餘，備在調日法術中。是則四象全策之餘也。今以元法乘四象全策二十九，總而并之，是爲一朔之實也。古曆以一百萬平朔餘之分，得五十三萬六百以下、五百七十已上，是爲中平之率。新曆以一百萬平之，得五十三萬五百八十九，得中平之數也。若以四象均之，得七日，餘一萬四千九百二十三、秒，是爲弦策也〔二〕。

中盈、朔虛分：閏餘附。日月以會朔爲正，氣序以斗建爲中，是故氣進而盈分存焉。置中節兩氣之策，以一月之全策三十減之，每至中氣，即一萬七千四十、秒十二，是爲中盈分〔三〕。朔退而虛分列焉，置一月之全策三十，以朔策及餘減之，餘一萬八千三百七，是爲朔虛分。綜中盈、朔虛分，而閏餘章焉。閏餘三萬五千三百四十五、秒一十三〔四〕。從消息而自致，以盈虛名焉。

紀法：六十。易乾象之爻九，坤象之爻六，震、坎、艮象之爻皆七，巽、離、兌象之爻皆八。綜八卦之數凡六十，又六旬之數也。紀者，終也，數終八卦，故以紀名焉。

天正冬至：大餘五十七，小餘一萬七千。先測立冬晷景，次取測立春晷景，取近者通計，半之，爲距至汎日；乃以晷數相減，餘者以法乘之，滿其日晷差而一，爲差刻；乃以差刻求冬至，視其前晷多則爲減，少則爲加，求夏至者反之。加減距至汎日，爲定日；仍加半日之刻，命從前距日辰，筭外，卽二至加時日辰及刻分所在。如此推求，則加時與日晷相協。今須積歲四百一年，治平元年甲辰歲，氣積年也。則冬至大、小餘與今適會。

天正經朔：大餘三十四，小餘三萬一千。閏餘八十八萬三千九百九十〔五〕。此乃檢括日月交食加時早晚而定之，損益在夜半後，得戊戌之日，以方程約而齊之。今須積歲七十一萬一千七百六十一，治平元年甲辰歲，朔積年也。則經朔大、小餘與今有之數，偕閏餘而相會。

日度歲差：八萬四百四十七。書舉正南之星以正四方，蓋先王以明時授人，奉天育物。然先儒所述，互有同異。虞喜云：「堯時冬至日短星昴，今二千七百餘年，乃東壁中，則知每歲漸差之所至。」又何承天云：「堯典：『日永星火，以正仲夏；宵中星虛，以正仲秋。』今以中星校之，所差二十七八度，卽堯時冬至，日在須女十度。」故祖沖之修大明曆，始立歲差；率四十五年九月却一度。虞鄺〔六〕、劉孝孫等因之，各有增損，以創新法。若從虞喜之驗，昴中則五十餘年，日退一度；若依承天之驗，火中又不及百年，日退一度。後皇極綜兩曆之率而要取其中，故七十五年而退一度，此乃通其意未盡其微。今則別調新率，改立歲差，大率七十七年七月，日退一度，上元命於虛九，可以上覆往古，下逮於今。自帝堯以來，循環考驗，新曆歲差，皆得其中，最爲親近。

周天分：二十二億七千九百二十萬四百四十七。本齊日月之行，會合朔而得之。在調日法。使上考仲康房宿之交，下驗姜岌月食之衝，三千年間，若應準繩，則新曆周天，有自然冥符之數，最爲密近。

日躔盈縮定差：張冑玄名損益率曰盈縮數，劉孝孫以盈縮數爲朏朒積，皇極有陟降率、遲疾數，麟德曰先後、盈縮數，大衍曰損益、朏朒積，崇天曰損益、盈縮積。所謂古曆平朔之日，而月或朝覿東方，夕見西方，則史官謂之朏朒。今以日行之所盈縮、月行之所遲疾，皆損益之，或進退其日，以爲定朔，則舒亟之度，乃勢數使然，非失政之致也。新曆以七千一爲盈縮之極，其數與月離相錯，而損益、盈縮爲名，則文約而義見。

升降分：皇極躔衰有陟降率，麟德以日景差、陟降率、日晷景消息爲之，義通軌漏。夫南至之後，日行漸升，去極近，故晷短而萬物皆盛；北至之後，日行漸降，去極遠，故晷長而萬物寖衰。自大衍以下，皆從麟德。今曆消息日行之升降，積而爲盈縮焉。

赤道宿：漢百二年議造曆，乃定東西，立晷儀，下漏刻，以追二十八宿相距於四方，赤道宿度，則其法也。其赤道，斗二十六度及分，牛八度，女十二度，虛十度，危十七度，室十六度，壁九度，奎十六度，婁十二度，胃十四度，昴十一度，畢十六度，觜二度，參九度，井三十三度，鬼四度，柳十五度，星七度，張十八度，翼十八度，軫十七度，角十二度，亢九度，氐十五度，房五度，心五度，尾十八度，箕十一度，自後相承用之。至唐初，李淳風造渾儀，亦無所改。開元中，浮屠一行作大衍曆，詔梁令瓚作黃道游儀，測知畢、觜、參及輿鬼四宿赤道宿度，與舊不同。畢十七度，觜一度，參十度，鬼三度。自一行之後，因相沿襲，下更五代，無所增損。至仁宗皇祐初，始有詔造黃道渾儀，鑄銅爲之。自後測驗赤道宿度，又一十四宿與一行所測不同。斗二十五度，牛七度，女十一度，危十六度，室十七度，胃十五度，畢十八度，井三十四度，鬼二度，柳十四度，氐十六度，心六度，尾十九度，箕十度。蓋古今之人，以八尺圓器，欲以盡天體，決知其難矣。又況圖本所指距星，傳習有差，故今赤道宿度與古不同。自漢太初後至唐開元治曆之初，凡八百年間，悉無更易。今雖測驗與舊不同，亦歲月未久。新曆兩備其數，如淳風從舊之意。

月度轉分：洪範傳曰：「晦而月見西方謂之朓。月未合朔，在日後；今在日前，太疾也。朓者，人君舒緩、臣下驕盈專權之象。朔而月見東方謂之側匿。合朔則月與日合，今在日後，太遲也。側匿者，人君嚴急、臣下危殆恐懼之象。」盈則進，縮則退，躔離九道，周合三旬，考其變行，自有常數。傳稱，人君有舒疾之變，未達月有遲速之常也。後漢劉洪粗通其旨。爾後治曆者，多循舊法，皆考遲疾之分，增損平會之朔，得月後定追及日之際而生定朔焉。至於加時早晚，或速或遲，皆由轉分強弱所致。舊曆課轉分，以九分之五爲強率，一百一分之五十六爲弱率，乃於強弱之際而求秒焉。新曆轉分二百九十八億八千二百二十四萬二千二百五十一，以一百萬平之，得二十七日五十五萬四千六百二十六，最得中平之數。

舊曆置日餘而求朓朒之數，衰次不倫。今從其度而遲疾有漸，用之課驗，稍符天度。

轉度母：轉法、會周附。本以朔分并周天，是爲會周。一朔之月常度也，各用本母。去其朔差爲轉終，朔差乃終外之數也。各以等數約之，即得實用之數。乃以等數約本母爲轉度母，齊數也。又以等數約月分爲轉法，亦名轉日法也。以轉法約轉終，得轉日及餘。本曆創立此數，皆古曆所未有。約得八千一百一十二萬爲轉度母，二百九十八億八千二百二十四萬二千二百五十一爲轉終分，三百二十億二千五百一十二萬九千二百五十一爲會周，一十億八千四百四十七萬三千爲轉法，二十一億四千二百八十八萬七千爲朔差。

月離遲疾定差：皇極有加減限、朓朒積，麟德曰增減率、遲疾積，大衍曰損益率、朓朒積，崇天亦曰損益率、朓朒積。所謂日不及平行則損之，過平行則益之，從陽之義也；月不及平行則益之，過平行則損之，御陰之道也。陰陽相錯而以損益、遲疾爲名。新曆以一萬四千八百一十九爲遲疾之極，而得五度八分，其數與躔相錯，可以知合食加時之早晚也。

進朔：進朔之法，興于麟德。自後諸曆，因而立法，互有不同。假令仲夏月朔月行極疾之時，合朔當於亥正，若不進朔，則晨而月見東方；若從大衍，當戌初進朔，則朔日之夕，月生於西方。新曆察朔日之餘，驗月行徐疾，變立法率，參驗加時，常視定朔小餘：秋分後四分法之三已上者，進一日；春分後定朔晨分差如春分之日者，三約之，以減四分之三；定朔小餘如此數已上者，亦進，以來日爲朔。俾循環合度，月不見於朔晨；交會無差，明必藏於朔夕。加時在於午中，則晦日之晨同二日之夕，皆合月見；加時在於酉中，則晦日之晨尙見，二日之夕未生；加時在於子中，則晦日之晨不見，二日之夕以生。定晦朔，乃月見之晨夕可知；課小餘，則加時之早晏無失。使坦然不惑，觸類而明之。

消息數：因漏刻立名，義通晷景。麟德曆差曰屈伸率。天晝夜者〔七〕，易進退之象也。冬至一陽爻生而晷道漸升，夜漏益減，象君子之道長，故曰息；夏至一陰爻生，而晷道漸降，夜漏益增，象君子之道消，故曰消。表景與陽爲衡，從晦者也，故與夜漏長短。今以屈伸象太陰之行，而刻差曰消息數。黃道去極，日行有南北，故晷漏有長短。然景差徐疾不同者，句股使之然也。景直晷中則差遲，與句股數齊則差急，隨北極高下，所遇不同。其黃道去極度數與日景、漏刻、昏晚中星反覆相求，消息用率，步日景而稽黃道，因黃道而生漏刻，而正中星，四術旋相爲中，以合九服之變，約而易知，簡而易從。

六十四卦：十二月卦出於孟氏，七十二候原於周書。後宋景業因劉洪傳卦，李淳風據舊曆元圖，皆未覩陰陽之賾。至開元中，浮屠一行考揚子雲太玄經，錯綜其數，索隱周公三統，糾正時訓，參其變通，著在爻象，非深達易象，孰能造於此乎！今之所修，循一行舊義，至於周策分率，隨數遷變。夫六十卦直常度全次之交者，諸侯卦也；竟六日三千四百八、十六秒〔八〕而大夫受之；次，九卿受之；次，三公受之；次，天子受之。五六相錯，復協常月之次。凡九三應上九，則天微然以靜；六三應上六，則地鬱然而定。九三應上六卽溫，六三應上九卽寒。上爻陽者風，陰者雨。各視所直之爻，察不刊之象，而知五等與君辟之得失、過與不及焉。七十二候，李業興以來，迄于麟德，凡七家曆，皆以雞始乳爲立春初候，東風解凍爲次候，其餘以次承之。與周書相校，二十餘日〔九〕，舛訛益甚。而一行改從古義，今亦以周書爲正。

岳臺日晷：岳臺者，今京師岳臺坊，地曰浚儀，近古候景之所。尙書洛誥稱東土是也。禮玉人職：「土圭長尺有五寸以致日。」此卽日有常數也。司徒職以圭正日晷，「日至之景，尺有五寸，謂之地中。」此卽是地土中致日景與土圭等。然表長八尺，見於周髀。夫天有常運，地有常中，曆有正象，表有定數。言日至者，明其日至此也。景尺有五寸與圭等者，是其景晷之眞效。然夏至之日尺有五寸之景，不因八尺之表將何以得，故經見夏至日景者，明表有定數也。新曆周歲中晷長短，皆以八尺之表測候，所得名中晷常數。交會日月，成象於天，以辨尊卑之序。日，君道也；月，臣道也。謫食之變，皆與人事相應。若人君修德以禳之，則或當食而不食。故太陰有變行以避日，則不食；五星潛在日下，爲太陰禦侮而扶救，則不食；涉交數淺，或在陽曆，日光著盛，陰氣衰微，則不食；德之休明而有小眚焉，天爲之隱，是以光微蔽之，雖交而不見食。此四者，皆德感之所繇致也。按大衍曆議，開元十二年七月戊午朔，當食。時自交阯至朔方，同日度景測候之際，晶明無雲而不食。以曆推之，其日入交七百八十四分，當食八分半。十三年，天正南至，東封禮畢，還次梁、宋，史官言：「十二月庚戌朔，當食。」帝曰：「予方修先后之職，謫見于天，是朕之不敏，無以對揚上帝之休也。」於是徹膳素服以俟之，而卒不食。在位之臣莫不稱慶，以謂德之動天，不俟終日。以曆推之，是月入交二度弱，當食十五分之十三，而陽光自若，無纖毫之變，雖算術乖舛，不宜若是。凡治曆之道，定分最微，故損益毫釐，未得其正，則上考春秋以來日月交食之載，必有所差。假令治曆者，因開元二食變交限以從之，則所協甚少，而差失過多。由此明之，詩云：「此日而微」，乃非天之常數也。舊曆直求月行入交，今則先課交初所在，然後與月行更相表裏，務通精數。

四正食差：正交如累璧，漸減則有差。在內食分多，在外食分少；交淺則間遙，交深則相薄；所觀之地又偏，所食之時亦別。苟非地中，皆隨所在而漸異。縱交分正等同在南方，冬食則多，夏食乃少。假均冬夏，早晚又殊，處南北則高，居東西則下。視有斜正，理不可均。月在陽曆，校驗古今交食，所虧不過其半。合置四正食差，則斜正於卯酉之間，損益於子午之位，務從親密，以考精微。

五星立率：五星之行，亦因日而立率，以示尊卑之義。日周四時，無所不照，君道也；

星分行列宿，臣道也。陰陽進退，于此取儀刑焉。是以當陽而進，當陰而退，皆得其常，故加減之。古之推步，悉皆順行，至秦方有金、火逆數。

大衍曰：「木星之行與諸星稍異：商、周之際，率一百二十年而超一次；至戰國之時，其行寖急；逮中平之後，八十四年而超一次，自此之後，以爲常率。」其行也，初與日合，一十八日行四度，乃晨見東方。而順行一百八日，計行二十二度強，而留二十七日。乃退行四十六日半，退行五度強，與日相望。旋日而退，又四十六日半，退五度強，復留二十七日。而順行一百八日，行十八度強，乃夕伏西方。又十八日行四度，復與日合。

火星之行：初與日合，七十日行五十二度，乃晨見東方。而順行二百八十日，計行二百一十六度半弱，而留十一日。乃退行二十九日，退九度，與日相望。旋日而退，又二十九日，退九度，復留十一日。而順行二百八十日，行一百六十四度半弱，而夕伏西方。又七十日，行五十二度，復與日合。

土星之行：初與日合，二十一日行二度半，乃晨見東方。順行八十四日，計行九度半強，而留三十五日。乃退行四十九日，退三度半，與日相望。乃旋日而退，又四十九日，退三度少，復留三十五日。又順行八十四日，行七度強，而夕伏西方。又二十一日，行二度半，復與日合。

金星之行：初與日合，三十八日半行四十九度太，而夕見西方。乃順行二百三十一日，計行二百五十一度半，而留七日。乃退行九日，退四度半，而夕伏西方。又六日半，退四度太，與日再合。又六日半，退四度太，而晨見東方。又退九日，逆行四度半，而復留七日。而復順行二百三十一日，行二百五十一度半，乃晨伏東方。又三十八日半，行四十九度太，復與日會。

水星之行：初與日合，十五日行三十三度，乃夕見西方。而順行三十日，計行六十六度，而留三日，乃夕伏西方。而退十日，退八度，與日再合。又退十日，退八度，乃晨見東方，而復留三日。又順行三十三日，行三十三度，而晨伏東方。又十五日，行三十三度，與日復會。

一行云：「五星伏、見、留、逆之效，表、裏、盈、縮之行，皆係之於時，驗之於政。小失則小變，大失則大變；事微而象微，事章而象章。蓋皇天降譴以警悟人主。又或算者昧於象，占者迷於數，覩五星失行，悉謂之曆舛，以數象相參，兩喪其實。大凡校驗之道，必稽古今注記，使上下相距，反覆相求，苟獨異常，則失行可知矣。」

星行盈縮：五星差行，惟火尤甚。乃有南侵狠坐，北入匏瓜，變化超越，獨異於常，是以日行之分，自有盈縮。此乃天度廣狹不等，氣序升降有差，故今升降之分，積爲盈縮之數。

凡五星入氣加減，興于張子信，以後方士，各自增損，以求親密。而開元曆別爲四象六爻，均以進退，今則別立盈縮，與舊異。

五星見伏：五星見伏，皆以日度爲規。日度之運，既進退不常；星行之差，亦隨而增損。是以五星見伏，先考日度之行，今則審日行盈縮，究星躔進退，五星見伏，率皆密近。舊說，水星晨應見不見在雨水後、穀雨前，夕應見不見在處暑後、霜降前。又云，五星在卯酉南則見遲、伏早，在卯酉北則見早、伏遲，蓋天勢使之然也。

## 步氣朔術

演紀上元甲子歲，距治平元年甲辰，歲積七十一萬一千七百六十，算外。上驗往古，每年減一算；下算將來，每年加一算。

元法：三萬九千。

歲周：一千四百二十四萬四千五百。

朔實：一百一十五萬一千六百九十三。

歲周：三百六十五日、餘九千五百。

朔策：二十九、餘二萬六百九十三。

望策：一十四、餘二萬九千八百四十六半。

弦策：七、餘一萬四千九百二十三、秒四半〔一〇〕。

氣策：一十五、餘八千五百二十、秒一十五。

中盈分：一萬七千四十一、秒一十二。

朔虛分：一萬八千三百七。

閏限：一百一十一萬六千三百四十四、秒六。

歲閏：四十二萬四千一百八十四。

月閏：三萬五千三百四十八、秒一十二。

沒限：三萬四百七十九、秒三。

紀法：六十。

秒母：一十八。

求天正冬至：置所求積年，以歲周乘之，爲天正冬至氣積分；滿元法除之爲積日，不滿爲小餘。日盈紀法去之，不盡，命甲子，算外，卽得所求年前天正冬至日辰及餘。

求次氣：置天正冬至大、小餘，以氣策加之　卽得次氣大、小餘。若秒盈秒母從小餘，小餘滿元法從大餘，大餘滿紀法卽去之。命大餘甲子，算外，卽次氣日辰及餘。餘氣累而求之。

求天正經朔：置天正冬至氣積分，滿朔實去之爲積月，不盡爲閏餘；盈元法爲日，不盈爲餘；以減天正冬至大、小餘，爲天正經朔大、小餘。大餘不足減，加紀法；小餘不足減，退大餘，加元法以減之。命大餘甲子，算外，卽得所求年前天正經朔日辰及餘。

求弦望及次朔經日：置天正經朔大、小餘，以弦策累加之，命如前，卽得弦、望及次朔經日日辰及餘。

求沒日：置有沒之氣小餘，二十四氣小餘在沒限已上者，爲有沒之氣。以秒母乘之，其秒從之。用減七十一萬二千二百二十五，餘以一萬二百二十五除之爲沒日，不滿爲餘。以沒日加其氣大餘，命甲子，算外，卽其氣沒日日辰。

求滅日〔二〕：置有滅經朔小餘，經朔小餘不滿朔虛分者，爲有滅之朔。以三十乘之，滿朔虛分爲滅日，不滿爲餘。以滅日加經朔大餘，命甲子，算外，卽其月滅日日辰。

## 步發斂術

候策：五、餘二千八百四十、秒五。

卦策：六、餘三千四百八、秒六。

土王策：三、餘一千七百四、秒三。

辰法：三千二百五十。

刻法：三百九十。

半辰法：一千六百二十五。

秒母：一十八。

求七十二候：各置中節大、小餘命之，爲初候；以候策加之，爲次候；又加之，爲末候。各命甲子，算外，卽得其候日辰。

求六十四卦：各因中氣大、小餘命之，爲公卦用事日；以卦策加之，卽次卦用事日；以土王策加諸侯之卦，得十有二節之初外卦用事日。

求五行用事日：各因四立之節大、小餘命之，卽春木、夏火、秋金、冬水首用事日；以土王策減四季中氣大、小餘，命甲子，算外，卽其月土始用事日也。

求發斂加時：各置小餘，滿辰法除之爲辰數，不滿者，刻法而一爲刻，又不滿爲分。命辰數從子正，算外，卽得所求加時辰時。若以半辰之數加而命之，卽得辰初後所入刻數。

求發斂去經朔：置天正經朔閏餘，以月閏累加之，卽每月閏餘；滿元法除之爲閏日，不盡爲小餘，卽得其月中氣去經朔日及餘秒。其閏餘滿閏限，卽爲置閏，以月內無中氣爲定。

求卦候去經朔：各以卦、候策及餘秒累加減之，中氣前，減；中氣後，加。卽各得卦、候去經朔日及餘秒。

步日躔術

日度母：六百二十四萬。

周天分：二十二億七千九百二十萬四百四十七。

周天：三百六十五度。餘一百六十四萬四百四十七〔三〕，約分二千五百六十四、秒八十二。

歲差：八萬四百四十七。

二至限：一百八十二度。餘二萬四千二百五十，約分六千二百一十八。

一象度：九十一。餘一萬二千一百二十五，約分三千一百九。

求朔弦望入盈縮度：置二至限度及餘，以天正閏日及餘減之，餘爲天正經朔入縮度及餘；以弦策累加之，滿二至限度及餘去之，則盈入縮，縮入盈而互得之。即得弦、望及次經朔日所入盈縮度及餘。其餘以一萬乘之，元法除之，即得約分。

求朔弦望盈縮差及定差：各置朔、弦、望所入盈縮度及約分，如在象度分以下者爲在初；已上者，覆減二至限，餘爲在末。置初、末度分於上，列二至於下，以上減下，餘以下乘上，爲積數。滿四千一百三十五除之爲度，不滿，退除爲分，命曰盈縮差度及分。若以四百乘積數，滿五百六十七除之，爲盈縮定差。若用立成者，以其度損益率乘度除，滿元法而一，所得，以損益其度下盈縮積，爲定差度；其損益初、末分爲二日者，各隨其初、末以乘除。其後皆如此例。

求定氣日：冬、夏二至，盈縮之端，以常爲定。餘者以其氣所得盈縮差度及分盈減縮加常氣日及約分，卽爲其氣定日及分。

赤道宿度

斗：二十六。　牛：八。　女：十二。　虛：十及分。

危：十七。　室：十六。　壁：九。

北方七宿九十八度。餘一百六十萬四百四十七，約分二千五百六十四。

奎：十六。　婁：十二。　胃：十四。　昴：十一。

畢：十七。　觜：一。　參：十。

西方七宿八十一度。

井：三十三。　鬼：三。　柳：十五。　星：七。

張：十八。　翼：十八。　軫：十七。

南方七宿一百一十一度。

角：十二。　亢：九。　氐：十五。　房：五。

心：五。　　　　尾：十八。　　　　箕十一。

東方七宿七十五度。

前皆赤道度，自大衍以下，以儀測定，用爲常數。赤道者，常道也，紘於天半，以格黄道。

求天正冬至赤道日度：以歲差乘所求積年，滿周天分去之，不盡，用減周天分，餘以度母除之，一度爲度，不滿爲餘。餘以一萬乘之，度母退除爲約分。命起赤道虚宿六度去之，至不滿宿，卽所求年天正冬至加時赤道日躔所在宿度及分。

求夏至赤道加時日度：置天正冬至加時赤道日度，以二至限度及分加之，滿赤道宿度去之，卽得夏至加時赤道日度。若求二至昏後夜半赤道日度者，各以二至之日約餘減一萬分，餘以加二至加時赤道日度，卽爲二至初日昏後夜半赤道日度，每日加一度，滿赤道宿度去之，卽得每日昏後夜半赤道日度。

求赤道宿積度：置冬至加時赤道宿全度，以冬至赤道加時日度減之，餘爲距後度及分；以赤道宿度累加之，卽各得赤道其宿積度及分。

求赤道宿積度入初末限：各置赤道宿積度及分，滿九十一度三十一分去之，餘在四十五度六十五分半以下分以日爲母。爲在初限；以上者，用減九十一度三十一分，餘爲入末限度及分。

求二十八宿黃道度：各置赤道宿入初、末限度及分，用減一百一十一度三十七分，餘以乘初、末限度及分，進一位，以一萬約之，所得，命曰黃赤道差度及分；在至後、分前減，在分後、至前加，皆加減赤道宿積度及分，爲其宿黃道積度及分；以前宿黃道積度減其宿黃道積度，爲其宿黃道度及分。其分就近爲太、半、少。

黃道宿度

斗：二十三半。　牛：七半。　女：十一半。　虛：十少、秒六十四。

危：十七太。　室：十七少。　壁：九太。

北方七宿九十七度半、秒六十四。

奎：十七太。　婁：十二太。　胃：十四半。　昴：十太。

畢：十六。　觜：一。　參：九少。

西方七宿八十二度〔三〕。

井：三十。　鬼：二太。　柳：十四少。　星：七。

張：十八太。　翼：十九半。　軫：十八太。

南方七宿一百一十一度。

角：十三。　亢：九半。　氐：十五半。　房：五。

心：四。　　尾：十七。　　箕：十。

東方七宿七十四度太。

七曜循此黃道宿度，準今曆變定。若上考往古，下驗將來，當據歲差，每移一度，乃依法變從當時宿度，然後可步日、月、五星，知其守犯。

求天正冬至加時黃道日度：以冬至加時赤道日度及分，減一百一十一度三十七分，餘以冬至加時赤道日度及分乘之，進一位，滿一萬約之爲度；不滿爲分，命曰黃赤道差〔一四〕；用減冬至赤道日度及分，卽爲所求年天正冬至加時黃道日度及分。

求冬至之日晨前夜半日度：置一萬分，以其日升分加之，以乘冬至約餘，以一萬約之，所得，以減冬至加時黃道日度，卽爲冬至之日晨前夜半黃道日度及分。

求逐月定朔之日晨前夜半黃道日度：置其朔距冬至日數，以其度下盈縮積度盈加縮減之，餘以加天正冬至晨前夜半日度〔一五〕，命之，卽其月定朔之日晨前夜半日躔所在宿次。

求每日晨前夜半黃道日度：各置其定朔之日晨前夜半黃道日度，每日加一度，以其日升降分升加降減之，滿黃道宿度去之，卽各得每日晨前夜半黃道日躔所在宿度及分。若次年冬至小餘滿法者〔一六〕，以昇分朓數加之。

## 校勘記

〔一〕新曆斗分九千五百以萬平之得二千四百二十五半盈　考異卷六八「置斗分九千五百，以萬通之，如日法而一，得二千四百三十五又百分之八十九強，故云半盈也。『二十五』當作『三十五』。」按考異說是。

〔二〕若以四象均之得七日餘一萬四千九百二十三秒是爲弦策也　四除朔策，得七日、餘一萬四千九百二十三、秒四半。「秒」字下脫「四半」二字。

〔三〕即一萬七千四十秒十二是爲中盈分　二倍氣策，減去三十日，餘一萬七千四十一分、秒十二。上「十」字下脫「一」字。

〔四〕閏餘三萬五千三百四十五秒一十三　中盈分加朔虛分，得閏餘三萬五千三百四十八、秒一十二。下「五」字應作「八」，下「三」字應作「二」。

〔五〕小餘三萬一千閏餘八十八萬三千九百九十　據本條內容，應作正文。

〔六〕虞鄺　「鄺」，新唐書卷二七上曆志、羣書考索卷五五作「劇」。

〔七〕天晝夜者　據文義，「天」應作「夫」。

〔八〕竟六日三千四百八十六秒　考異卷六八「蓋三萬九千分之三千四百八又十八分秒之六也。『十』字衍」。據下文「卦策：六、餘三千四百八、秒六。」考異說是。

〔九〕與周書相校二十餘日　文義不明。疑「校」下有脫文。

〔一〇〕弦策七餘一萬四千九百二十三秒四半　「四半」二字原脫。二除望策，得七日、餘一萬四千九百二十三、秒四半，故補。

〔一一〕減日　舊唐書卷三四曆志、新唐書卷二八上曆志和新五代史卷五八，「減」都作「滅」。下文同。

〔一二〕餘一百六十四萬四百四十七　以日度母除周天分，得周天三百六十五度，餘一百六十萬四百四十七。上「四」字衍。

〔一三〕西方七宿八十二度　「二」原作「一」。累計西方各宿度數，得八十二度，故改。

〔一四〕命曰黃赤道差　「黃」字原脫，據本條推步內容補。

〔一五〕餘以加天正冬至晨前夜半日度　「晨前」二字原脫，據曆法常例補。

〔一六〕若次年冬至小餘滿法者　據本條推步內容，「滿」下脫「元」字。

# 宋史卷七十五

## 志第二十八

### 律曆八

#### 明天曆

步晷漏術

二至限：一百八十二日六十二分

一象度：九十一度三十一分。

消息法：一萬六百八十九。

辰法：三千二百五十。

刻法：三百九十。

半辰法：一千六百二十五。

昏明刻分：九百七十五。

昏明：二刻一百九十五分。

冬至岳臺晷景常數：一丈二尺八寸五分。

夏至岳臺晷景常數：一尺五寸七分。

冬至後初限、夏至後末限：四十五日六十二分。

夏至後初限、冬至後末限：一百三十七日。

求岳臺晷景入二至後日數：計入二至後來日數，以二至約餘減之，仍加半日之分，即爲入二至後來日午中積數及分。

求岳臺晷景午中定數：置所求午中積數，如初限以下者〔一〕爲在初；已上者，覆減二至限，餘爲在末。其在冬至後初限、夏至後末限者，以入限日減一千九百三十七半，爲汎差；仍以入限日分乘其日盈縮積，盈縮積在日度術中。五因百約之，用減汎差，爲定差；乃以入限日分自相乘，以乘定差，滿一百萬爲尺，不滿爲寸、爲分及小分，以減冬至常晷，餘爲其日午中晷景定數。若所求入冬至後末限、夏至後初限者，乃三約入限日分，以減四百八十五少，餘爲汎差；仍以盈縮差減極數，餘者若在春分後、秋分前者，直以四約之，以加汎差，爲定差；若春分前、秋分後者，以去二分日數及分乘之，滿六百而一，以減汎差，餘爲定差：乃以入限日分自相乘，以乘定差，滿一百萬爲尺，不滿爲寸、爲分及小分，以加夏至常晷，卽爲其日午中晷景定數。

求每日消息定數：置所求日中日度分，如在二至限以下者爲在息；以上者去之，餘爲在消。又視入消息度加一象以下者爲在初〔三〕；以上者，覆減二至限，餘爲在末。其初、末度自相乘，以一萬乘而再折之，滿消息法除之，爲常數；乃副之，用減一千九百五十，餘以乘其副，滿八千六百五十除之，所得，以加常數，爲所求消息定數。

求每日黃道去極度及赤道內外度：置其日消息定數，以四因之，滿三百二十五除之爲度，不滿，退除爲分，所得，在春分後加六十七度三十一分，在秋分後減一百一十五度三十一分，卽爲所求日黃道去極度及分。以黃道去極度與一象度相減，餘爲赤道內、外度。若去極度少，爲日在赤道內；若去極度多，爲日在赤道外。

求每日晨昏分及日出入分：以其日消息定數，春分後加六千八百二十五，秋分後減一萬七百二十五，餘爲所求日晨分；用減元法，餘爲昏分。以昏明分加晨分，爲日出分；減昏分，爲日入分。

求每日距中距子度及每更差度：置其日晨分，以七百乘之，滿七萬四千七百四十二除爲度，不滿，退除爲分，命曰距子度；用減半周天，餘爲距中度。若倍距子度，五除之，即爲每更差度及分。若依司辰星漏曆，則倍距子度，減去待旦三十六度五十二分半，餘以五約之，即每更差度。

求每日夜半定漏：置其日晨分，以刻法除之爲刻，不滿爲分，即所求日夜半定漏。

求每日晝夜刻及日出入辰刻：倍夜半定漏，加五刻，爲夜刻〔三〕；用減一百刻，餘爲晝刻。以昏明刻加夜半定漏，滿辰法除之爲辰數，不滿，刻法除之爲刻，又不滿，爲刻分。命辰數從子正，算外，即日出辰刻；以晝刻加之，命如前，即日入辰刻。若以半辰刻加之，即命從辰初也。

求更點辰刻：倍夜半定漏，二十五而一，爲點差刻；五因之，爲更差刻。以昏明刻加日入辰刻，即甲夜辰刻；以更點差刻累加之，滿辰刻及分去之，各得更點所入辰刻及分。若同司辰星漏曆者，倍夜半定漏，減去待旦一十刻，餘依術求之，即同內中更點。

求昏曉及五更中星：置距中度，以其日昏後夜半赤道日度加而命之，即其日昏中星所格宿次，其昏中星便爲初更中星；以每更差度加而命之，即乙夜所格中星；累加之，得逐更中星所格宿次。又倍距子度，加昏中星命之，即曉中星所格宿次。若同司辰星漏曆中星，則倍距子度，減去待旦十刻之度三十六度五十二分半，餘約之爲五更，即同內中更點中星。

求九服距差日：各於所在立表候之，若地在岳臺北，測冬至後與岳臺冬至晷景同者，累冬至後至其日，爲距差日；若地在岳臺南，測夏至後與岳臺晷景同者，累夏至後至其日，爲距差日。

求九服晷景：若地在岳臺北冬至前後者，以冬至前後日數減距差日，爲餘日；以餘日減一千九百三十七半，爲汎差；依前術求之，以加岳臺冬至晷景常數，爲其地其日中晷常數。若冬至前後日多於距差日，乃減去距差日，餘依前術求之，卽得其地其日中晷常數。若地在岳臺南夏至前後者，以夏至前後日數減距差日，爲餘日；乃三約之，以減四百八十五少，爲汎差；依前術求之，以減岳臺夏至晷景常數，卽其地其日中晷常數。如夏至前後日數多於距差日，乃減岳臺夏至常晷，餘卽晷在表南也。若夏至前後日多於距差日，卽減去距差日，餘依前術求之，各得其地其日中晷常數。若求定數，依立成以求午中晷景定數。

求九服所在晝夜漏刻：冬、夏二至各於所在下水漏，以定其地二至夜刻，乃相減，餘爲冬、夏至差刻。置岳臺其日消息定數，以其地二至差刻乘之，如岳臺二至差刻二十而一，所得，爲其地其日消息定數。乃倍消息定數，滿刻法約之爲刻，不滿爲分，乃加減其地二至夜刻，秋分後、春分前，減冬至夜刻；春分後、秋分前，加夏至夜刻。爲其地其日夜刻；用減一百刻，餘爲晝刻。其日出入辰刻及距中度五更中星，並依前術求之。

步月離術

轉度母：八千一百一十二萬。

轉終分〔四〕：二百九十八億八千二百二十四萬二千二百五十一。

朔差：二十一億四千二百八十八萬七千。

朔差：二十六度。餘三千三百七十六萬七千，約餘四千一百六十二半。

轉法：一十億八千四百四十七萬三千。

會周：三百二十億二千五百一十二萬九千二百五十一。

轉終：三百六十八度。餘三十八萬二千二百五十一，約餘三千七百八。

轉終：二十七日。餘六億一百四十七萬一千二百五十一，約餘五千五百四十六。

中度：一百八十四度。餘一千五百四萬一千一百二十五半，約餘一千八百五十四。

象度：九十二度。餘七百五十二萬五百六十二太，約分九百二十七。

月平行：十三度。餘二千九百九十一萬三千，約分三千六百八十七半。

望差：一百九十七度。餘三千一百九十二萬四千六百二十五半，約分三千九百三十四。

弦差：九十八度。餘五千六百五十二萬二千三百一十二太，約分六千九百六十七。

日衰：一十八、小分九

求月行入轉度：以朔差乘所求積月，滿轉終分去之，不盡爲轉餘；滿轉度母除爲度，不滿爲餘，其餘若以一萬乘之，滿轉度母除之，卽得約分；若以轉法除轉餘，卽爲入轉日及餘。卽得所求月加時入轉度及餘。若以弦度及餘累加之，卽得上弦、望、下弦及後朔加時入轉度及分；其度若滿轉終度及餘去之。其入轉度如在中度以下爲月行在疾曆；如在中度以上者，乃減去中度及餘，爲月入遲曆。

求月行遲疾差度及定差：置所求月行入遲速度，如在象度以下爲在初；以上，覆減中度，餘爲在末。其度餘用約分百爲母。置初、末度於上，列二百一度九分於下，以上減下，餘以下乘上，爲積數；滿一千九百七十六除爲度，不滿，退除爲分，命曰遲疾差度；在疾爲減，在遲爲加。以一萬乘積數，滿六千七百七十三半除之，爲遲疾定差。疾加、遲減，若用立成者，以其度下損益率乘度餘，滿轉度母而一，所得，隨其損益，卽得遲疾及定差。其遲疾、初末損益分爲二日者，各加其初、末以乘除。

求朔弦望所直度下月行定分：置遲疾所入初、末度分，進一位，滿七百三十九除之，用減一百二十七，餘爲衰差；乃以衰差疾初遲末減、遲初疾末加，皆加減平行度分，爲其度所直月行定分。其度以百命爲分。

求朔弦望定日：各以日躔盈縮、月行遲疾定差加減經朔、弦、望小餘，滿若不足，進退大餘，命甲子，算外，各得定日日辰及餘。若定朔干名與後朔干名同者月大，不同月小，月內無中氣者爲閏月。凡注曆，觀定朔小餘，秋分後四分之三已上者，進一日；若春分後，其定朔晨分差如春分之日者，三約之，以減四分之三；如定朔小餘及此數已上者，進一日；朔或當交有食，初虧在日入已前者，其朔不進。弦、望定小餘不滿日出分者，退一日；其望或當交有食，初虧在日出已前，其定望小餘雖滿日出分者，亦退之。又月行九道遲疾，曆有三大二小；日行盈縮累增損之，則有四大三小，理數然也。若循其常，則當察加時早晚，隨其所近而進退之，使月之大小不過連三。舊說，正月朔有交，必須消息前後一兩月，移食在晦、二之日。且日食當朔，月食當望，蓋自然之理。夫日之食，蓋天之垂誡，警悟時政，若道化得中，則變咎爲祥。國家務以至公理天下，不可私移晦朔，宜順天誡。故春秋傳書日食，乃糺正其朔，不可專移食於晦、二。其正月朔有交，一從近典，不可移避。

求定朔弦望加時日度〔五〕：置朔、弦、望中日及約分，以日躔盈縮度及分盈加縮減之，又以元法退除遲疾定差，疾加遲減之，餘爲其朔、弦、望加時定日。以天正冬至加時黃道日度加而命之，即所求朔、弦、望加時定日所在宿次。朔、望有交，則依後術。

求月行九道：凡合朔所交，冬在陰曆，夏在陽曆，月行青道；冬至、夏至後，青道半交在春分之宿，當黃道東；立夏、立冬後，青道半交在立春之宿，當黃道東南；至所衝之宿亦如之。冬在陽曆，夏在陰曆，月行白道；冬至、夏至後，白道半交在秋分之宿，當黃道西；立冬、立夏後，白道半交在立秋之宿，當黃道西北；至所衝之宿亦如之。春在陽曆，秋在陰曆，月行朱道；春分、秋分後，朱道半交在夏至之宿，當黃道南；立春、立秋後，朱道半交在立夏之宿，當黃道西南；至所衝之宿亦如之。春在陰曆，秋在陽曆，月行黑道。春分、秋分後，黑道半交在冬至之宿，當黃道正北；立春、立秋後，黑道半交在立冬之宿，當黃道東北；至所衝之宿亦如之。四序離爲八節，至陰陽之所交，皆與黃道相會，故月行九道。各視月所入正交積度，視正交九道宿度所入節候，即其道、其節所起。滿象度及分去之，餘者入交積度及象度並在交會術中。若在半象以下爲在初限；以上，覆減象度及分，爲在末限；用減一百一十一度三十七分，餘以所入初、末限度及分乘之，退位，半之，滿百爲度，不滿爲分，所得，爲月行與黃道差數。距半交後、正交前，以差數減；距正交後、半交前，以差數加。此加減出入六度，單與黃道相較之數，若較之赤道，隨數遷變不常。計去二至以來度數，乘黃道所差，九十而一，爲月行與黃道差數。凡日以赤道內爲陰，外爲陽；月以黃道內爲陰，外爲陽。故月行宿度，入春分交後行陰曆，秋分交後行陽曆，皆爲同名；若入春分交後行陽曆，秋分交後行陰曆，皆爲異名。其在同名，以差數加者加之，減者減之；其在異名，以差數加者減之，減者加之。皆加減黃道宿積度，爲九道宿積度；以前宿九道宿積度減其宿九道宿積度，餘爲其宿九道宿度及分。其分就近約爲太、半、少三數。

求月行九道入交度：置其朔加時定日度，以其朔交初度及分減之，餘爲其朔加時月行入交度及餘。其餘，以一萬乘之，以元法退除之，即爲約餘。以天正冬至加時黃道日度加而命之，即正交月離所在黃道宿度。

求正交加時月離九道宿度：以正交度及分減一百一十一度三十七分，餘以正交度及分乘之，退一等，半之，滿百爲度，不滿爲分，所得，命曰定差；以定差加黃道宿度，計去冬、夏至以來度數，乘定差，九十而一，所得，依同異名加減之，滿若不足，進退其度，命如前，即正交加時月離九道宿度及分。

求定朔弦望加時月離所在宿度：各置其日加時日躔所在，變從九道，循次相加。凡合朔加時，月行潛在日下，與太陽同度，是爲加時月離宿次；先置朔、弦、望加時黃道宿度，以正交加時黃道宿度減之，餘以加其正交加時九道宿度，命起正交宿次，算外，即朔、弦、望加時所當九道宿度。其合朔加時若非正近，則日在黃道，月在九道各入宿度，雖多少不同，考其去極，若應繩準。故云月行潛在日下，與太陽同度。各以弦、望度及分加其所當九道宿度，滿宿次去之，各得加時九道月離宿次。

求定朔夜半入轉：以所求經朔小餘減其朔加時入轉日餘，其經朔小餘，以二萬七千八百七乘之，即母轉法。爲其經朔夜半入轉。若定朔大餘有進退者，亦進退轉日，無進退則因經爲定。其餘以轉法退收之，即爲約分。

求次月定朔夜半入轉：因定朔夜半入轉，大月加二日，小月加一日，餘、分皆加四千四百五十四，滿轉終日及約分去之，即次月定朔夜半入轉；累加一日，去命如前，各得逐日夜半入轉日及分。

求定朔弦望夜半月度：各置加時小餘，若非朔、望有交者，有用定朔、弦、望小餘。以其日月行定分乘之，滿元法而一爲度，不滿，退除爲分，命曰加時度；以減其日加時月度，即各得所求夜半月度。

求晨昏月：以晨分乘其日月行定分〔六〕，元法而一，爲晨度；用減月行定分，餘爲昏度。各以晨昏度加夜半月度，即所求晨昏月所在宿度。

求朔弦望晨昏定程：各以其朔昏定月減上弦昏定月，餘爲朔後昏定程；以上弦昏定月減望昏定月，餘爲上弦後昏定程；以望晨定月減下弦晨定月，餘爲望後晨定程；以下弦晨定月減次朔晨定月，餘爲下弦後晨定程。

求轉積度：計四七日月行定分，以日衰加減之，爲逐日月行定程；乃自所入日計求之，爲其程轉積度分。其四七日月行定分者，初日益遲一千二百一十，七日漸疾一千三百四十一，十四日損疾一千四百六十一，二十一日漸遲一千三百二十八，乃觀其遲疾之極差而損益之，以百爲分母。

求每日晨昏月：以轉積度與晨昏定程相減，餘以距後程日數除之，爲日差；定程多爲加，定程少爲減。以加減每日月行定分，爲每日轉定度及分；以每日轉定度及分加朔、弦、望晨昏月，滿九道宿次去之，即爲每日晨、昏月離所在宿度及分。凡注曆，朔後注昏，望後注晨。已前月度，並依九道所推，以究算術之精微。若注曆求其速要者，即依後術以推黃道月度。

求天正十一月定朔夜半平行月：以天正經朔小餘乘平行度分，元法而一爲度，不滿，退除爲分秒，所得，爲經朔加時度；用減其朔中日，即經朔晨前夜半平行月積度，若定朔有進退，卽以平行度分加減之。卽爲天正十一月定朔之日晨前夜半平行月積度及分。

求次月定朔之日夜半平行月：置天正定朔之日夜半平行月，大月加三十五度八十分六十一秒，小月加二十二度四十三分七十三秒半，滿周天度分卽去之，卽每月定朔之晨前夜半平行月積度及分秒。

求定弦望夜半平行月：計弦、望距定朔日數，以乘平行度及分秒，以加其定朔夜半平行月積度及分秒，卽定弦、望之日夜半平行月積度及分秒。亦可直求朔望，不復求度，從簡易也。

求天正定朔夜半入轉度：置天正經朔小餘，以平行月度及分乘之，滿元法除爲度，不滿，退除爲分秒，命爲加時度；以減天正十一月經朔加時入轉度及約分，餘爲天正十一月經朔夜半入轉度及分。若定朔大餘有進退者，亦進退平行度分，卽爲天正十一月定朔之日晨前夜半入轉度及分秒。

求次月定朔及弦望夜半入轉度：因天正十一月定朔夜半入轉度分，大月加三十二度六十九分一十七秒，小月加十九度三十二分二十九秒半，卽各得次月定朔夜半入轉度及分。各以朔、弦、望相距日數乘平行度分以加之，滿轉終度及秒卽去之，如在中度以下者爲在疾；以上者去之，餘爲入遲曆，卽各得次朔、弦、望定日晨前夜半入轉度及分。若以平行月度及分收之，卽爲定朔、弦、望入轉日。

求定朔弦望夜半定月：以定朔、弦、望夜半入轉度分乘其度損益衰，以一萬約之爲分，百約爲秒，損益其度下遲疾度，爲遲疾定度；乃以遲加疾減夜半平行月，爲朔、弦、望夜半定月積度；以冬至加時黃道日度加而命之，卽定朔、弦、望夜半月離所在宿次。若有求晨昏月，以其日晨昏分乘其日月行定分，元法而一，所得爲晨昏度；以加其夜半定月，卽得朔、弦、望晨昏月度。

求朔弦望定程：各以朔、弦、望定月相減，餘爲定程。若求晨昏定程，則用晨昏定月相減，朔後用昏，望後用晨。

求朔弦望轉積度分：計四七日月行定分，以日衰加減之，爲逐日月行定分；乃自所入日計之，爲其程轉積度分。其四七日月行定分者，初日益遲一千二百一十，七日漸疾一千三百四十一，十四日損疾一千四百六十一，二十一日漸遲一千三百二十八，乃視其遲疾之極差而損益之，分以百爲母。

求每日月離宿次：各以其朔、弦、望定程與轉積度相減，餘爲程差；以距後程日數除之，爲日差；定程多爲益差，定程少爲損差。以日差加減月行定分，爲每日月行定分；以每日月行定分累加定朔、弦、望夜半月在宿次，命之，卽每日晨前夜半月離宿次。如晨昏宿次，卽得每日晨昏月度。

## 步交會術

交度母：六百二十四萬。

周天分：二十二億七千九百二十萬四百四十七。

朔差：九百九十萬一千一百五十九。

朔差：一度、餘三百六十六萬一千一百五十九。

望差：空度、餘四百九十五萬五百七十九半。

半周天：一百八十二度。餘三百九十二萬二百二十三半，約分六千二百八十二。

日食限：一千四百六十四。

月食限：一千三百三十八。

盈初限縮末限：六十度八十七分半。

縮初限盈末限：一百二十一度七十五分。

求交初度：置所求積月，以朔差乘之，滿周天分去之，不盡，覆減周天分，滿交度母除之爲度，不滿爲餘，即得所求月交初度及餘；以半周天加之，滿周天去之，餘爲交中度及餘。若以望差減之，即得其月望交初度及餘；以朔差減之，即得次月交初度及餘；以交度母退除，即得餘分。若以天正黃道日度加而命之，即各得交初、交中所在宿度及分。

求日月食甚小餘及加時辰刻：以其朔、望月行遲疾定差疾加遲減經朔望小餘，若不足減者，退大餘一，加元法以減之；若加之滿元法者〔七〕，但積其數。以一千三百三十七乘之，滿其度所直月行定分除之，爲月行差數；乃以日躔盈定差盈加縮減之，餘爲其朔、望食甚小餘。凡加減滿若不足，進退其日，此朔望加時以究月行遲疾之數，若非有交會，直以經定小餘爲定〔八〕。置之，如前發斂加時術入之，卽各得日、月食甚所在晨刻。視食甚小餘，如半法以下者，覆減半法，餘爲午前分；半法已上者，減去半法，餘爲午後分。

求朔望加時日月度：以其朔、望加時小餘與經朔望小餘相減，餘以元法退收之，以加減其朔、望中日及約分，經朔望少，加；經朔望多，減。爲其朔、望加時中日。乃以所入日昇降分乘所入日約分，以一萬約之，所得，隨以損益其日下盈縮積，爲盈縮定度；以盈加縮減加時中日，爲其朔、望加時定日；望則更加半周天，爲加時定月；以天正冬至加時黃道日度加而命之，卽得所求朔、望加時日月所在宿度及分。

求朔望日月加時去交度分：置朔望日月加時定度與交初、交中度相減，餘爲去交度分。就近者相減之，其度以百通之爲分。加時度多爲後，少爲前，卽得其朔望去交前、後分。交初後、交中前，爲月行外道陽曆；交中後、交初前，爲月行內道陰曆。

求日食四正食差定數：置其朔加時定日，如半周天以下者爲在盈；以上者去之，餘爲在縮。視之：如在初限以下者爲在初；以上者，覆減二至限，餘爲在末。置初、末限度及分，盈初限、縮末限者倍之。置於上位，列二百四十三度半於下，以上減下，餘以下乘上，以一百六乘之，滿三千九十三除之，爲東西食差汎數；用減五百八，餘爲南北食差汎數。其求南北食差定數者，乃視午前、後分，如四分法之一以下者覆減之，餘以乘汎數；若以上者卽去之，餘以乘汎數，皆滿九千七百五十除之，爲南北食差定數。盈初縮末限者，食甚在卯酉以南，內減外加；食甚在卯酉以北，內加外減。縮初盈末限者，食甚在卯酉以南，內加外減；食甚在卯酉以北，內減外加。其求東西食差定數者，乃視午前、後分，如四分法之一以下者以乘汎數；以上者，覆減半法，餘乘汎數，皆滿九千七百五十除之，爲東西食差定數。盈初縮末限者，食甚在子午以東，內減外加；食甚在子午以西，內加外減。縮初盈末限者，食甚在子午以東，內加外減；食甚在子午以西，內減外加。卽得其朔四正食差加減定數。

求日月食去交定分：視其朔四正食差，加減定數，同名相從，異名相消，餘爲食差加減總數；以加減去交分，餘爲日食去交定分。其去交定分不足減，乃覆減食差總數，若陽曆覆減入陰曆，爲入食限；若陰曆覆減入陽曆，爲不入食限。凡加之滿食限以上者，亦不入食限。其望食者，以其望去交分便爲其望月食去交定分。

求日月食分：日食者，視去交定分，如食限三之一以下者倍之，類同陽曆食分；以上者，覆減食限，餘爲陰曆食分；皆進一位，滿九百七十六除爲大分，不滿，退除爲小分，命十爲限，卽日食之大、小分。月食者，視去交定分，如食限三之一以下者，食既；以上者，覆減食限，餘進一位，滿八百九十二除之爲大分，不滿，退除爲小分，命十爲限，卽月食之大、小分。其食不滿大分者，雖交而數淺，或不見食也。

求日食汎用刻分：置陰、陽曆食分於上，列一千九百五十二於下，以上減下，餘以乘上，滿二百七十一除之，爲日食汎用刻、分。

求月食汎用刻分：置去交定分，自相乘，交初以四百五十九除，交中以五百四十除之，所得，交初以減三千九百，交中以減三千三百一十五，餘爲月食汎用刻、分。

求日月食定用刻分：置日月食汎用刻、分，以一千三百三十七乘之，以所直度下月行定分除之，所得爲日月食定用刻、分。

求日月食虧初復滿時刻：以定用刻分減食甚小餘，爲虧初小餘；加食甚，爲復滿小餘；各滿辰法爲辰數，不盡，滿刻法除之爲刻數，不滿爲分。命辰數從子正，算外，卽得虧初、復末辰、刻及分。若以半辰數加之，卽命從時初也。

求日月食初虧復滿方位：其日食在陽曆者，初食西南，甚於正南，復於東南；日在陰曆者，初食西北，甚於正北，復於東北。其食過八分者，皆初食正西，復於正東。其月食者，月在陰曆，初食東南，甚於正南，復於西南；月在陽曆，初食東北，甚於正北，復於西北。其食八分已上者，皆初食正東，復於正西。此皆審其食甚所向，據午正而論之，其食餘方察其斜正，則初虧、復滿乃可知矣。

求月食更點定法：倍其望晨分，五而一，爲更法；又五而一，爲點法。若依司辰星注曆，同內中更點，則倍晨分，減去待旦十刻之分，餘，五而一，爲更法；又五而一，爲點法。

求月食入更點：各置初虧、食甚、復滿小餘，如在晨分以下者加晨分，如在昏分以上者減去昏分，餘以更法除之爲更數，不滿，以點法除之爲點數。其更數命初更，算外，即各得所入更、點。

求月食既內外刻分：置月食去交分，覆減食限三之一，不及減者爲食不既。餘列於上位；乃列三之二於下，以上減下，餘以下乘上，以一百七十除之，所得，以定用刻分乘之，滿汎用刻分除之，爲月食既內刻分；用減定用刻分，餘爲既外刻、分。

求日月帶食出入所見分數：視食甚小餘在日出分以下者，爲月見食甚、日不見食甚；以日出分減復滿小餘，若食甚小餘在日出分已上者，爲日見食甚、月不見食甚；以初虧小餘減日出分，各爲帶食差；若月食既者，以既內刻分減帶食差，餘乘所食分，既外刻分而一，不及減者，即帶食既出入也。以乘所食之分，滿定用刻分而一，即各爲日帶食出、月帶食入所見之分。凡虧初小餘多如日出分爲在晝，復滿小餘多如日出分爲在夜，不帶食出入也。若食甚小餘在日入分以下者，爲日見食甚、月不見食甚；以日入分減復滿小餘，若食甚小餘在日入分已上者，為月見食甚、日不見食甚；以初虧小餘減日入分，各為帶食差；若月食既者，以既內刻分減帶食差，餘乘所差分，既外刻分而一，不及減者，即帶食既出入也。以乘所食之分，滿定用刻分而一，即各為日帶食入、月帶食出所見之分。凡虧初小餘多如日入分為在夜，復滿小餘少如日入分為在晝，並不帶食出入也。

## 步五星術

木星終率：一千五百五十五萬六千五百四。

終日：三百九十八日。餘三萬四千五百四，約分八千八百四十七。

曆差：六萬一千七百五十。

見伏常度：一十四度。

| 變段 | 變日 | 變度 | 曆度 | 初行率 |
|---|---|---|---|---|
| 前一 | 一十八日 | 四度 | 二度九十二 | 二十二六十四 |
| 前二 | 三十六日 | 七度四十七 | 五度四十六 | 二十一六十四 |
| 前三 | 三十六日 | 六度四十 | 四度六十八 | 一十九五十五 |

| | | | | |
|---|---|---|---|---|
| 前四 | 三十六日 | 四度二十七 | 三度一十二 | 一十五四十二 |
| 前留 | 二十七日 | | | |
| 前退 | 四十六日四十四 | 五度三十二 | 空度六十四 | |
| 後退 | 四十六日四十四 | 五度三十二 | 空度六十四 | 一十四八十九 |
| 後留 | 二十七日 | | | |
| 後四 | 三十六日 | 四度二十七 | 三度一十二 | |
| 後三 | 三十六日 | 六度四十 | 四度六十八 | 一十五九十九 |
| 後二 | 三十六日 | 七度四十七 | 五度四十六 | 一十九八十六 |
| 後一 | 一十八日 | 四度 | 二度九十二 | 二十一八十 |

火星終率：三千四十一萬七千五百三十六。

終日：七百七十九日。餘三萬六千五百三十六，約分九千三百六十八。

曆差：六萬一千二百四十。

見伏常度：一十八度。

| 變段 | 變日 | 變度 | 曆度 | 初行率 |
|---|---|---|---|---|
| 前一 | 七十日 | 五十二度三十三 | 四十九度二十九 | 七十五空 |
| 前二 | 七十日 | 五十度三十三 | 四十七度七十 | 七十三三十三 |
| 前三 | 七十日 | 四十六度九十七 | 四十四度五十二 | 六十九九十八 |
| 前四 | 七十日 | 四十度二十六 | 三十八度一十六 | 六十三六十六 |
| 前五 | 七十日 | 二十六度八十四 | 二十五度四十四 | 四十七二十四 |
| 前留 | 一十一日 | | | |
| 前退 | 二十八日九十七 | 九度五 | 二度二十四 | |
| 後退 | 二十八日九十七 | 九度五 | 二度二十四 | 四十六十四 |
| 後留 | 一十一日 | | | |
| 後五 | 七十日 | 二十六度八十四 | 二十五度四十四 | |
| 後四 | 七十日 | 四十度二十六 | 三十八度一十六 | 五十一度三十六 |

| | | | | |
|---|---|---|---|---|
| 後三 | 七十日 | 四十六度九十七 | 四十四度五十二 | 六十四二十二 |
| 後二 | 七十日 | 五十度三十三 | 四十七度七十 | 七十四十六 |
| 後一 | 七十日 | 五十二度 | 四十九度二十九 | 七十三五十六 |

土星終率：一千四百七十四萬五千四百四十六。

終日：三百七十八。餘三千四百四十六，約分八百八十三。

曆差：六萬二千三百五十。

見伏常度：一十八度半。

| 變段 | 變日 | 變度 | 曆度 | 初行率 |
|---|---|---|---|---|
| 前一 | 二十一日 | 二度五十 | 一度五十四 | 一十二四十一 |
| 前二 | 四十二日 | 四度二十九 | 二度六十四 | 一十一二十三 |
| 前三 | 四十二日 | 二度八十六 | 一度七十六 | 八八十五 |
| 前留 | 三十五日 | | | |
| 前退 | 四十九日四 | 三度二十三 | 空度四十八 | |

| | | | | |
|---|---|---|---|---|
| 後退 | 四十九日四 | 三度二十三 | 空度四十八 | 八五十七 |
| 後留 | 三十五日 | | | |
| 後三 | 四十二日 | 二度八十六 | 一度七十六 | |
| 後二 | 四十二日 | 四度二十九 | 二度六十四 | 九一十九 |
| 後一 | 二十一日 | 二度五十 | 一度五十四 | 一十一三十九 |

金星終率：二千二百七十七萬二千一百九十六。

終日：五百八十三日。餘三萬五千一百九十六，約分九千二十四。

見伏常度：一十一度少。

| 變段 | 變日 | 變度 | 初行率 | |
|---|---|---|---|---|
| 前一 | 三十八日五十 | 四十九度七十五 | 一百二十九五十二 | |
| 前二 | 三十八日五十 | 四十九度三十七 | 一百二十八八十三 | |
| 前三、 | 三十八日五十 | 四十八度五十九 | 一百二十六四十三 | |
| 前四 | 三十八日五十 | 四十七度二 | 一百二十四五十七 | |

| | | | | |
|---|---|---|---|---|
| 前五 | 三十八日五十 | 四十三度九十九 | 一百一十八八十八 | |
| 前六 | 三十八日五十 | 三十七度六十二 | 一百七四十八 | |
| 前七 | 三十八日五十 | 三十五度八 | 八十四六十八 | |
| 夕留 | 七日 | | | |
| 夕退 | 八日九十五 | 四度六十二 | | |
| 夕伏退 | 六日五十 | 四度七十五 | 六十二二十 | |
| 晨伏退 | 六日五十 | 四度七十五 | 八十三九十四 | |
| 晨退 | 八日九十五 | 四度六十二 | 六十二二十 | |
| 晨留 | 七日 | | | |
| 後七 | 三十八日五十 | 三十五度八 | | |
| 後六 | 三十八日五十 | 三十七度六十二 | 八十七九十四 | |
| 後五 | 三十八日五十 | 四十三度八十九 | 一百九一十二 | |

| | | | | |
|---|---|---|---|---|
| 後四 | 三十八日五十 | 四十七度二 | 一百一十九九十九 | |
| 後三 | 三十八日五十 | 四十八度五十九 | 一百二十四九十九 | |
| 後二 | 三十八日五十 | 四十九度三十七 | 一百二十七六十三 | |
| 後一 | 三十八日五十 | 四十九度七十五 | 一百二十八九十二 | |

水星終率：四百五十一萬九千一百八十四。改九千一百九十四。

終日：一百一十五日。餘三萬四千一百八十四，約分八千七百六十五。

見伏常度：一十八度。

| 變段 | 變日 | 變度 | 初行率 | |
|---|---|---|---|---|
| 前一 | 一十五日 | 三十三度 | 二百四十七五十 | |
| 前二 | 三十日 | 三十三度 | 一百七十六 | |
| 前留 | 三日 | | | |
| 夕伏退 | 九日九十四 | 八度六 | | |
| 晨伏退 | 九日九十四 | 八度六 | 一百三十六七十二 | |

| | | | | |
|---|---|---|---|---|
| 後留 | 三日 | | | |
| 後二 | 三十日 | 三十三度 | | |
| 後一 | 一十五日 | 三十三度 | 一百九十二五十 | |

求五星天正冬至後諸段中積中星：置氣積分，各以其星終率去之，不盡，覆減終率，餘滿元法爲日，不滿，退除爲分，卽天正冬至後其星平合中積；重列之爲中星，因命爲前一段之初，以諸段變日、變度累加減之，卽爲諸段中星。變日加減中積，變度加減中星。

求木火土三星入曆：以其星曆差乘積年，滿周天分去之，不盡，以度母除之爲度，不滿，退除爲分，命曰差度；以減其星平合中星，卽爲平合入曆度分；以其星其段曆度加之，滿周天度分卽去之，各得其星其段入曆度分。金、水附日而行，更不求曆差。其木、火、土三星前變爲晨，後變爲夕。金、水二星前變爲夕，後變爲晨。

求木火土三星諸段盈縮定差：木、土二星，置其星其段入曆度分，如半周天以下者爲在盈；以上者，減去半周天，餘爲在縮。置盈縮度分，如在一象以下者爲在初限；以上者，覆減半周天，餘爲在末限。置初、末限度及分於上，列半周天於下，以上減下，以下乘上，木進一位，土九因之。皆滿百爲分，分滿百爲度，命曰盈縮定差。其火星，置盈縮度分，如在初限以下者爲在初；以上者，覆減半周天，餘爲在末。以四十五度六十五分半爲盈初、縮末限度，以一百三十六度九十六分半爲縮初、盈末限度分。置初、末限度於上，盈初、縮末三因之。列二百七十三度九十三分於下，以上減下，餘以下乘上，以一十二乘之，滿萬爲度，不滿，百約爲分，命曰盈縮定差。若用立成法，以其度下損益率乘度下約分，滿百者，以損益其度下盈縮差度爲盈縮定差，若在留退段者，即在盈縮汎差。

求木火土三星留退差：置後退、後留盈縮汎差，各列其星盈縮極度於下，木極度，八度三十三分；火極度，二十二度五十一分；土極度，七度五十分。以上減下，餘以下乘上，水、土三因之，火倍之。皆滿百爲度，命曰留退差。後退初半之，後留全用。其留退差，在盈益減損加、在縮損減益加其段盈縮汎差，爲後退、後留定差。因爲後遲初段定差，各須類會前留定差，觀其盈縮，察其降差也。

求五星諸段定積：各置其星其段中積，以其段盈縮定差盈加縮減之，即其星其段定積及分；以天正冬至大餘及約分加之，滿紀法去之，不盡，命甲子，算外，即得日辰。其五星合見、伏，即爲推算段定日；後求見、伏合定日，即曆注其日。

求五星諸段所在月日：各置諸段定積，以天正閏日及約分加之，滿朔策及分去之，爲月數；不滿，爲入月以來日數及分。其月數命從天正十一月，算外，即其星其段入其月經朔日數及分。定朔有進退者，亦進退其日，以日辰爲定。若以氣策及約分去定積，命從冬至，算外，即得其段入氣日及分。

求五星諸段加時定星：各置其星其段中星，以其段盈縮定差盈加縮減之，卽五星諸段定星；若以天正冬至加時黃道日度加而命之，卽其段加時定星所在宿次。五星皆以前留爲前退初定星，後留爲後順初定星。

求五星諸段初日晨前夜半定星：木、火、土三星，以其星其段盈縮定差與次度下盈縮定差相減，餘爲其度損益差；以乘其段初行率，一百約之，所得，以加減其段初行率，在盈，益加損減；在縮，益減損加。以一百乘之，爲初行積分；又置一百分，亦依其數加減之，以除初行積分，爲初日定行分；以乘其段初日約分，以一百約之，順減退加其段定星，爲其段初日晨前夜半定星；以天正冬至加時黃道日度加而命之，卽得所求。金、水二星，直以初行率便爲初日定行分。

求太陽盈縮度：各置其段定積，如二至限以下爲在盈；以上者去之，餘爲在縮。又視入盈縮度，如一象以下者爲在初；以上者，覆減二至限，餘爲在末。置初、末限度及分，如前日度術求之，卽得所求。若用立成者，直以其度下損益分乘度餘，百約之，所得，損益其度下盈縮差，亦得所求。

求諸段日度率：以二段日辰相距爲日率，又以二段夜半定星相減，餘爲其段度率及分。

求諸段平行分：各置其段度率及分，以其段日率除之，爲其段平行分。

求諸段汎差：各以其段平行分與後段平行分相減，餘爲汎差；併前段汎差，四因之，退一等，爲其段總差。五星前留前、後留後一段，皆以六因平行分，退一等，爲其段總差，水星爲半總差。其在退行者，木、火、土以十二乘其段平行分，退一等，爲其段總差。金星退行者，以其段汎差爲總差，後變則反用初、末。水星退行者，以其段平行分爲總差，若在前後順第一段者，乃半次段總差，爲其段總差。

求諸段初末日行分：各半其段總差，加減其段平行分，爲其段初、末日行分。前變加爲初，減爲末；後變減爲初，加爲末。其在退段者，前則減爲初，加爲末；後則加爲初，減爲末。若前後段行分多少不倫者，乃平注之；或總差不滿大分者，亦平注之：皆類會前後初、末，不可失其衰殺。

求諸段日差：減其段日率一，以除其段總差，爲其段日差。後行分少爲損，後行分多爲益。

求每日晨前夜半星行宿次：置其段初日行分，以日差累損益之，爲每日行分；以每日行分累加減其段初日晨前夜半宿次，命之，卽每日星行宿次。

徑求其日宿次：置所求日，減一，以乘日差，以加減初日行分，後少，減之；後多，加之。爲所求日行分；乃加初日行分而半之，以所求日數乘之，爲徑求積度；以加減其段初日宿次，命之，卽徑求其日星宿次。

求五星定合定日：木、火、土三星，以其段初日行分減一百分，餘以除其日太陽盈縮分爲日，不滿，退除爲分，命曰距合差日及分；以差日及分減太陽盈縮分，餘爲距合差度；以差日、差度盈減縮加。金、水二星平合者，以一百分減初日行分，餘以除其日太陽盈縮分爲日，不滿，退除爲分，命曰距合差日及分；以減太陽盈縮分，餘爲距合差度；以差日、差度盈加縮減。金、水星再合者，以初日行分加一百分，以除其日太陽盈縮分爲日，不滿，退除爲分，命曰再合差日；以減太陽盈縮分，餘爲再合差度；以差日、差度盈加縮減。差度則反其加減。皆以加減定積，爲再合定日。以天正冬至大餘及約分加而命之，即得定合日辰。

求五星定見伏：木、火、土三星，各以其段初日行分減一百分，餘以除其日太陽盈縮分爲日，不滿，退除爲分，以盈減縮加。金水二星夕見、晨伏者，以一百分減初日行分，餘以除其日太陽盈縮分爲日，不滿，退除爲分，以盈加縮減。其在晨見、夕伏者，以一百分加其段初日行分，以除其日太陽盈縮分爲日，不滿，退除爲分，以盈減縮加。皆加減其段定積，爲見、伏定日。以加冬至大餘及約分，滿紀法去之，命從甲子，算外，卽得五星見、伏定日日辰。

琮又論曆曰：「古今之曆，必有術過於前人，而可以爲萬世之法者，乃爲勝也。若一行爲大衍曆議及略例，校正歷世，以求曆法強弱，爲曆家體要，得中平之數。劉焯悟日行有盈縮之差，舊曆推日行平行一度，至此方悟日行有盈縮，冬至前後定日八十八日八十九分，夏至前後定日九十三日七十四分，冬至前後日行一度有餘，夏至前後日行不及一度。李淳風悟定朔之法，并氣朔、閏餘，皆同一術。舊曆定朔平注一大一小，至此以日行盈縮、月行遲疾加減朔餘，餘爲定朔、望加時，以定大小，不過三數。自此後日食在朔，月食在望，更無晦、二之差。舊曆皆須用章歲、章月之數，使閏餘有差，淳風造麟德曆，以氣朔、閏餘同歸一母。張子信悟月行有交道表裏，五星有入氣加減。北齊學士張子信因葛榮亂，隱居海島三十餘年，專以圓儀揆測天道，始悟月行有交道表裏，在表爲外道陽曆，在裏爲內道陰曆。月行在內道，則日有食之，月行在外道則無食。若月外之人北戶向日之地，則反覩有食。又舊曆五星率無盈縮，至是始悟五星皆有盈縮、加減之數。宋何承天始悟測景以定氣序。景極長，冬至；景極短，夏至。始立八尺之表，連測十餘年，即知舊景初曆冬至常遲天三日。乃造元嘉曆，冬至加時比舊退減三日。晉姜岌始悟以月食所衝之宿，爲日所在之度。日所在不知宿度，至此以月食之宿所衝，爲日所在宿度。後漢劉洪作乾象曆，始悟月行有遲疾數。舊曆，月平行十三度十九分度之七，至是始悟月行有遲疾之差，極遲則日行十二度強，極疾則日行十四度太，其遲疾極差五度有餘。宋祖沖之始悟歲差。書堯典曰：「日短星昴，以正仲冬；宵中星虛，以殷仲秋。」至今三千餘年，中星所差三十餘度，則知每歲有漸差之數，造大明曆率四十五年九月而退差一度。唐徐昇作宣明曆，悟日食有氣、刻差數。舊曆推日食皆平求食分，多不允合，至是推日食，以氣刻差數增損之，測日食分數，稍近天驗。明天曆悟日月會合爲朔，所立日法，積年有自然之數，及立法推求晷景，知氣節加時所在。自元嘉曆後所立日法，以四十九分之二十六爲強率、以十七分之九爲弱率，併強弱之數爲日法、朔餘，自後諸曆効之。殊不知日月會合爲朔，併朔餘虛分爲日法，蓋自然之理。其氣節加時，晉、漢以來約而要取，有差半日，今立法推求，得盡其數。後之造曆者，莫不遵用焉。其疏謬之甚者，即苗守信之乾元曆、馬重績之調元曆、郭紹之五紀曆也。大概無出於此矣。然造曆者，皆須會日月之行，以爲晦朔之數，驗春秋日食，以明強弱。其於氣序，則取驗於傳之南至；其日行盈縮、月行遲疾、五星加減、二曜食差、日宿月離、中星晷景、立數立法，悉本之於前語。然後較驗，上自夏仲康五年九月「辰弗集于房」，以至於今，其星辰氣朔、日月交食等，使三千年間若應準繩。而有前有後、有親有疏者，即爲中平之數，乃可施於後世。其較驗則依一行、孫思恭，取數多而不以少，得爲親密。較日月交食，若一分二刻以下爲親，二分四刻以下爲近，三分五刻以上爲遠。以曆注有食而天驗無食，或天驗有食而曆注無食者爲失。其較星度，則以差天二度以下爲親，三度以下爲近，四度以上爲遠；其較晷景尺寸，以二分以下爲親，三分以下爲近，四分以上爲遠。若較古而得數多，又近於今，兼立法、立數，得其理而通於本者爲最也。」琮自謂善曆，嘗曰：「世之知曆者尠，近世獨孫思恭爲妙。」而思恭又嘗推劉羲叟爲知曆焉。

# 校勘記

〔一〕如初限以下者　「如」原作「加」，據曆法常例改。

〔二〕又視入消息度加一象以下者爲在初　據曆法常例，「加」字誤，當作「如」。

〔三〕爲夜刻　「夜」原作「定」。按本條爲求每日晝夜刻及日出入辰刻，「定」應作「夜」，故改。

〔四〕轉終分　「終」原作「中」。據本書卷七四律曆志，明天曆「二百九十八億八千二百二十四萬二千二百五十一爲轉終分」。原「中」字誤，故改。

〔五〕求定朔弦望加時日度　「定朔」二字原倒，據本條推步內容改。

〔六〕以晨分乘其日月行定分　上「分」字原作「昏」，據曆法常例改。

〔七〕若加之滿元法者　「元」字原脫，據曆法常例補。

〔八〕直以經定小餘爲定　上「定」字當作「朔望」二字。

# 宋史卷七十六

## 志第二十九

### 律曆九

#### 皇祐渾儀

堯敕羲、和制横簫以考察星度，其機衡用玉，欲其燥濕不變，運動有常，堅久而不能廢也。至于後世，鑄銅爲圓儀，以法天體。自洛下閎造太初曆，用渾儀，及東漢孝和帝時，太史惟有赤道儀，歲時測候，頗有進退。帝以問典星待詔姚崇等，皆曰：「星圖有規法，日月實從黃道，今無其器，是以失之。」至永元十五年，賈逵始設黃道儀。桓帝延熹七年，張衡更制之，以四分爲度。其後，陸績、王蕃、孔挺、斛蘭、梁令瓚、李淳風並嘗制作。五代亂亡，遺法蕩然矣。眞宗祥符初，韓顯符作渾儀，但遊儀雙環夾望筩旋轉，而黃、赤道相固不動。皇祐初，又命日官舒易簡、于淵、周琮等參用淳風、令瓚之制，改鑄黄道渾儀，又爲漏刻、圭表，詔翰林學士錢明逸詳其法，內侍麥允言總其工。既成，置渾儀於翰林天文院之候臺，漏刻於文德殿之鐘鼓樓，圭表於司天監。帝爲製渾儀總要十卷，論前代得失，已而留中不出。今具黄道遊儀之法，著于此焉。

第一重，名六合儀。

陽經雙環：外圍二丈三尺二寸八分，直徑七尺七寸六分，闊六寸，厚六分。南北並立，兩面各列周天三百六十五度少強，北極出地三十五度少強。

陰緯單環：外圍、徑、闊與陽經雙環等，外厚二寸五分，內厚一寸九分。上列十幹、十二支、八卦方位，以正地形。上有池沿環流轉，以定平準。

天常單環：外圍二丈四寸六分，直徑六尺八寸二分，闊、厚一寸二分。上列十幹、十二支、四維時刻之數，以測辰刻，與陽經、陰緯環相固，如卵之殼幕然。

第二重，名三辰儀。

璇璣雙環：外圍一丈九尺五寸六分，直徑六尺五寸二分，闊一寸四分，厚一寸。兩面各均周天三百六十五度少強，作二樞對兩極。

赤道單環：外圍一丈九尺六寸八分，直徑六尺五寸六分，闊一寸一分，厚六分。上列二十八宿距度、周天三百六十五度少強，附於璇璣之上。

黃道單環：外圍一丈九尺二分，直徑六尺三寸四分，闊一寸二分，厚一寸。上列周天三百六十五度少強，均分二十四氣、七十二候、六十四卦、三百六十策。出入赤道二十四度，與赤道相交，每歲退差一分有餘。

白道單環：外圍一丈八尺六寸三分，直徑六尺二寸一分，闊一寸一分，厚五分。上列交度，置於黃道環中，入黃道六度，每一交終，退行黃道一度半弱，皆旋轉於六合之內。

第三重，名四遊儀。

璇樞雙環：外圍一丈八尺二寸一分，直徑六尺七分，闊二寸，厚七分。兩面各列周天三百六十五度少強，挾直距以對樞軸，東西運轉於三辰儀內，以格星度。

橫簫望筩：長五尺七寸，外方內圓，中通望孔，其徑六分，周於日輪，在璇樞直距之中，使南北遊仰，以窺辰宿，無所不至。

十字水平槽：長九尺四寸八分，首闊一尺二寸七分，身闊九寸二分、高七尺。水槽闊一寸，深八分，四柱各長六尺七寸八分，植於水槽之末，以輔天體，皆以銅爲之。乃格七曜遠近盈縮，以知晝夜長短之効。其所測二十八舍距度，著于後；其周天星入宿去極所主吉凶，則具在天文志。

角十二度，亢九度，氐十六度，房五度，心四度，尾十九度，箕十度，斗二十五度，牛七度，女十一度，虛十度，危十六度，室十七度，壁九度，奎十六度，婁十二度，胃十五度，昴十一度，畢十八度，觜一度，參十度，井三十四度，鬼二度，柳十四度，星七度，張十八度，翼十八度，軫十七度。

皇祐漏刻

自黃帝觀漏水，制器取則，三代因以命官，則挈壺氏其職也。後之作者，或下漏，或浮漏，或輪漏，或權衡，制作不一。宋舊有刻漏及以水爲權衡，置文德殿之東廡。景祐三年，再加考定，而水有遲疾，用有司之請，增平水壺一、渴烏二、晝夜箭二十一。然常以四時日出傳卯正一刻，又每時正已傳一刻，至八刻已傳次時，卽二時初末相侵殆半。皇祐初，詔舒易簡、于淵、周琮更造其法，用平水重壺均調水勢，使無遲疾。分百刻於晝夜；冬至晝漏四十刻，夜漏六十刻；夏至晝漏六十刻，夜漏四十刻；春秋二分晝夜各五十刻。日未出前二刻半爲曉，日沒後二刻半爲昏，減夜五刻以益晝漏，謂之昏旦漏刻。皆隨氣增損焉。冬至、夏至之間，晝夜長短凡差二十刻，每差一刻，別爲一箭，冬至互起其首，凡有四十一箭。晝有朝、有禺、有中、有晡、有夕，夜有甲、乙、丙、丁、戊，昏旦有星中〔二〕，每箭各異其數。凡黃道升降差二度四十分，則隨曆增減改箭。每時初行一刻至四刻六分之一爲時正，終八刻六分之二則交次時。今列二十四氣、晝夜日出入辰刻、昏曉中星，以備參合。

| | | | | | | |
|---|---|---|---|---|---|---|
| 冬至 | 晝四十刻 | 分空 | | 日出卯正五刻 | 分空 | 昏中星壁初度 |
| | 夜六十刻 | 分空 | | 日入申正三刻 | 二十分 | 曉中星角初度 |
| 小寒 | 晝四十刻 | 一十九分 | 三日後晝四十一刻 | 日出卯正四刻 | 五十分 | 昏中星奎六度 |
| | 夜五十九刻 | 四十一分 | | 日入申正三刻 | 三十分 | 曉中星亢二度 |
| 大寒 | 晝四十一刻 | 十九分 | 二日後晝四十二刻 | 日出卯正四刻 | 二十分 | 昏中星婁八度 |
| | 夜五十八刻 | 四十一分 | 十一日後晝四十三刻 | 日入申正四刻 | 分空 | 曉中星氐七度 |
| 立春 | 晝四十二刻 | 五十四分 | 三日後晝四十四刻 | 日出卯正三刻 | 二十二分〔三〕 | 昏中星昴初度 |
| | 夜五十七刻 | 六分 | 十一日後晝四十五刻 | 日入申正四刻 | 四十八分 | 曉中星房四度 |
| 雨水 | 晝四十四刻 | 五十八分 | 昏中星畢八度 | 日出卯正二刻 | 三十分 | 昏中星畢八度 |
| | 夜五十五刻 | 五十分〔三〕 | 曉中星尾五度 | 日入申正五刻 | 五十分 | 曉中星尾五度 |

| | | | | | | |
|---|---|---|---|---|---|---|
| 驚蟄 | 晝四十七刻 | 二十四分 | 五日後晝四十九刻 | 日出卯正一刻 | 十七分 | 昏中星參九度 |
| | 夜五十二刻 | 三十六分 | 十一日後晝五十刻 | 日入申正七刻 | 三分 | 曉中星尾十六度 |
| 春分 | 晝五十刻 | 分空 | 三日後晝五十一刻<br>九日後晝五十二刻<br>十五日後晝五十三刻 | 日出卯正初刻 | 分空 | 昏中星井十九度 |
| | 夜五十刻 | 分空 | | 日入酉正初刻 | 分空 | 曉中星箕九度 |
| 清明 | 晝五十二刻 | 三十五分 | 六日後晝五十四刻 | 日出寅正七刻 | 三分 | 昏中星柳三度 |
| | 夜四十七刻 | 二十五分 | 十二日後晝五十五刻 | 日入酉正一刻 | 十七分 | 曉中星斗八度 |
| 穀雨 | 晝五十五刻 | 三分 | 四日後晝五十六刻 | 日出寅正五刻 | 五十分 | 昏中星張一度 |
| | 夜四十四刻 | 五十七分 | 十一日後晝五十七刻 | 日入酉正二刻 | 二十分〔四〕 | 曉中星斗一十九度 |
| 立夏 | 晝五十七刻 | 五分 | 四日後晝五十八刻 | 日出寅正四刻 | 四十八分 | 昏中星翼二度 |
| | 夜四十二刻 | 五十五分 | 十四日後晝五十九刻 | 日入酉正三刻 | 三十二分 | 曉中星牛四度 |
| 小滿 | 晝五十八刻 | 四十分 | 十四日後晝六十刻 | 日出寅正四刻 | 分空 | 昏中星軫二度 |
| | 夜四十一刻 | 二十分 | | 日入酉正四刻 | 二十分 | 曉中星女九度 |

| 節氣 | 晝夜刻 | 分 | 日後刻 | 日出入 | 分 | 中星 |
|---|---|---|---|---|---|---|
| 芒種 | 晝五十九刻 | 四十分 | | 日出寅正三刻 | 三十分 | 昏中星角二度 |
| | 夜四十刻 | 二十分 | | 日入酉正四刻 | 五十分 | 曉中星危初度 |
| 夏至 | 晝六十刻 | 分空 | | 日出寅正三刻 | 二十分 | 昏中星亢六度 |
| | 夜四十刻 | 分空 | | 日入酉正五刻 | 分空 | 曉中星危十四度 |
| 小暑 | 晝五十九刻 | 四十分 | | 日出寅正三刻 | 三十分 | 昏中星氐十二度 |
| | 夜四十刻 | 二十分 | | 日入酉正四刻 | 五十分 | 曉中星室十三度 |
| 大暑 | 晝五十八刻 | 四十分 | 四日後晝五十八刻 | 日出寅正四刻 | 分空 | 昏中星尾初度 |
| | 夜四十一刻 | 二十分 | 十一日後晝五十七刻 | 日入酉正四刻 | 二十分 | 曉中星奎五度 |
| 立秋 | 晝五十七刻 | 五分 | 八日後晝五十六刻 | 日出寅正四刻 | 四十分〔五〕 | 昏中星尾十二度 |
| | 夜四十二刻 | 五十五分 | 十五日後晝五十五刻 | 日入酉正三刻 | 三十六分〔六〕 | 曉中星婁七度 |
| 處暑 | 晝五十五刻 | 三分 | 七日後晝五十四刻 | 日出寅正五刻 | 五十分 | 昏中星箕六度 |
| | 夜四十四刻 | 五十七分 | 十三日後晝五十三刻 | 日入酉正二刻 | 三十分 | 曉中星昴初度 |

| | | | | | | |
|---|---|---|---|---|---|---|
| 白露 | 晝五十二刻 | 三十五分 | 五日後晝五十二刻 | 日出寅正七刻 | 三分 | 昏中星斗五度 |
| | 夜四十七刻 | 二十五分 | 十一日後晝五十一刻 | 日入酉正一刻 | 十七分 | 曉中星畢九度 |
| 秋分 | 晝五十刻 | 分空 | 初日後晝五十刻 七日後晝四十九刻 十三日後晝四十八刻 | 日出卯正初刻 | 分空 | 昏中星斗六度 |
| | 夜五十刻 | 分空 | | 日入酉正初刻 | 分空 | 曉中星井一度 |
| 寒露 | 晝四十七刻 | 二十四分 | 四日後晝四十七刻 | 日出卯正一刻 | 十七分 | 昏中星牛初度 |
| | 夜五十二刻 | 三十六分 | 十日後晝四十六刻 | 日入申正七刻 | 三分 | 曉中星井二十一度 |
| 霜降 | 晝四十四刻 | 五十八分 | 初日後晝四十五刻 八日後晝四十四刻 十四日後晝四十三刻 | 日出卯正二刻 | 三十分 | 昏中星女三度 |
| | 夜五十五刻 | 二分 | | 日入申正五刻 | 五十分 | 曉中星柳五度 |
| 立冬 | 晝四十二刻 | 五十四分 | 八日後晝四十二刻 | 日出卯正三刻 | 三十二分 | 昏中星虛三度 |
| | 夜五十七刻 | 六分 | | 日入申正四刻 | 四十八分 | 曉中星張二度 |
| 小雪 | 晝四十一刻 | 十九分 | 三日後晝四十一刻 | 日出卯正四刻 | 二十分 | 昏中星危五度 |
| | 夜五十八刻 | 四十八分〔七〕 | 十五日後晝四十刻 | 日入申正四刻 | 分空 | 曉中星翼二度 |

| | | | | |
|---|---|---|---|---|
| 大雪 | 晝四十刻　十九分 | | 日出卯正四刻　五十分 | 昏中星室一度 |
| | 夜五十九刻　四十一分 | | 日入申正三刻　三十分 | 曉中星軫一度 |

## 皇祐圭表

觀天地陰陽之體，以正位辨方、定時考閏，莫近乎圭表。宋何承天始立表候日景，十年間，知冬至比舊用景初曆常後天三日。又唐一行造大衍曆，用圭表測知舊曆氣節常後天一日。今司天監圭表乃石晉時天文參謀趙延乂所建，表既欹傾，圭亦墊陷，其於天度無所取正。皇祐初，詔周琮、于淵、舒易簡改製之，乃考古法，立八尺銅表，厚二寸，博四寸，下連石圭一丈三尺，以盡冬至景長之數，面有雙水溝爲平準，於溝雙刻尺寸分數，又刻二十四氣岳臺晷景所得尺寸，置於司天監。候之三年，知氣節比舊曆後天半日。因而成書三卷，命曰岳臺晷景新書，論前代測候是非、步算之法頗詳。既上奏，詔翰林學士范鎮爲序以識。琮以謂二十四氣所得尺寸，比顯德欽天曆王朴算爲密。今載氣之盈縮，備採用焉。

小雪，皇祐元年己丑十月十九日戊寅。

新表測景長一丈一尺三寸五分，王朴算景長一丈一尺三寸九分，新法算景長一丈一尺三寸四分小分四十八。

二年庚寅十月二十九日癸未。雲霧不測。

三年辛卯十月十日戊子。

新表測景長一丈一尺三寸，王朴算景長一丈一尺四寸七分，新法算景長一丈一尺二寸九分小分九十八。

大雪，元年己丑十一月四日癸巳。雲霧不測。

二年庚寅十一月十五日戊戌。

新表測景長一丈二尺四寸五分半，王朴算景長一丈二尺四寸五分，新法算景長一丈二尺四寸四分小分二十五。

冬至，元年己丑十一月十九日戊申。

新表測景長一丈二尺八寸五分，王朴算景長一丈二尺八寸六分，新法算景長一丈二尺八寸五分。

二年庚寅十一月三十日癸丑。

新表測景長一丈二尺八寸四分，王朴算景長一丈二尺八寸六分，新法算景長一丈二尺八寸五分。

三年辛卯十一月十二日己未。雲霧不測。

小寒，元年己丑十二月四日癸亥。

新表測景長一丈二尺四寸，王朴算景長一丈二尺四寸八分，新法算景長一丈二尺四寸小分十五。

二年庚寅閏十一月十五日戊辰。雲霧不測。

三年辛卯十一月二十七日甲戌。

新表測景長一丈二尺三寸七分，王朴算景長一丈二尺四寸八分小分二十六。

大寒，元年己丑十二月十九日戊寅。雲霧不測。

二年庚寅十二月一日甲申。

新表測景長一丈一尺一寸七分，王朴算景長一丈一尺四寸四分，新法算景長一丈一尺一寸八分小分四十。

三年辛卯十二月十二日己丑。雲霧不測。

立春，二年庚寅正月六日甲午。雲霧不測。

二年庚寅十二月十六日己亥。雲霧不測。

三年辛卯十二月二十七日甲辰。

新表測景長九尺六寸七分半，王朴算景長一丈一寸五分，新法算景長一丈六寸八分小分七。

雨水，二年庚寅正月二十一日己酉。雲霧不測。

三年辛卯正月二日甲寅。

新表測景長八尺一寸半分，王朴算景長八尺五寸，新法算景長八尺九寸小分七十六。

四年壬辰正月十二日己未。

新表測景長八尺一寸二分半，王朴算景長八尺六寸一分，新法算景長八尺一寸二分小分一十八。

驚蟄，二年庚寅二月七日甲子。

新表測景長六尺六寸三分，王朴算景長六尺八寸五分，新法算景長六尺六寸三分小分三十九。

三年辛卯正月十七日己巳。

新表測景長六尺六寸五分，王朴算景長六尺八寸五分，新法算景長六尺六寸五分小分六十八。

四年壬辰正月二十八日乙亥。雲霧不測。

春分，二年庚寅二月二十三日己卯。

新表測景長五尺三寸五分，王朴算景長五尺二寸七分，新法算景長五尺三寸四分小分七十七。

三年辛卯二月四日乙酉。雲霧不測。

四年壬辰二月十四日庚寅。

新表測景長五尺三寸一分，王朴算景長五尺二寸七分，新法算景長五尺三寸小分七十三。

清明，二年庚寅三月八日乙未。

新表測景長四尺二寸，王朴算景長三尺八寸九分，新法算景長四尺一寸八分小分六十一。

三年辛卯二月十九日庚子。雲霧不測。

四年壬辰二月二十九日乙巳。

新表測景長四尺二寸二分，王朴算景長三尺九寸六分，新法算景長四尺二寸一分小分八十五。

穀雨，二年庚寅三月二十三日庚戌。雲霧不測。

三年辛卯三月四日乙卯。

新表測景長三尺三寸，王朴算景長二尺九寸六分，新法算景長三尺二寸九分小分八十六。

四年壬辰三月十五日庚申。

新表測景長三尺三寸一分半，王朴算景長三尺一寸，新法算景長三尺三寸一分小分一十六。

立夏，二年庚寅四月九日乙丑。

新表測景長二尺五寸七分，王朴算景長二尺三寸，新法算景長二尺五寸六分小分二十八。

三年辛卯三月十九日庚午。

新表測景長二尺五寸七分半，王朴算景長二尺三寸，新法算景長二尺五寸七分小分四十二。

四年壬辰三月三十日乙亥。

新表測景長二尺五寸八分半，王朴算景長二尺三寸四分，新法算景長二尺五寸八分小分四十四。

小滿，二年庚寅四月二十四日庚辰。

新表測景長二尺三分，王朴算景長一尺八寸六分，新法算景長二尺三分小分五十一。

三年辛卯四月五日乙酉。

新表測景長二尺三分半，王朴算景長一尺八寸六分，新法算景長二尺三分小分五十一。

四年壬辰四月十六日辛卯。雲霧不測。

芒種，二年庚寅五月九日乙未。

新表測景長一尺六寸九分，王朴算景長一尺六寸，新法算景長一尺六寸半分小分九十七。

三年辛卯四月二十一日辛丑。

新表測景長一尺六寸七分，王朴算景長一尺五寸九分，新法算景長一尺六寸七分小分八十四。

四年壬辰五月二日丙午。

新表測景長一尺六寸八分半，王朴算景長一尺六寸，新法算景長一尺六寸八分小分二十。

夏至，二年庚寅五月二十五日辛亥。

新表測景長一尺五寸七分半，王朴算景長一尺五寸一分，新法算景長一尺五寸七分。

三年辛卯五月七日丙辰。雲霧不測。

四年壬辰五月十七日辛酉。

新表測景長一尺五寸七分，王朴算景長一尺五寸一分，新法算景長一尺五寸七分。

小暑，二年庚寅六月十一日丙寅。雲霧不測。

三年辛卯五月二十二日辛未。

新表測景長一尺六寸九分半，王朴算景長一尺六寸，新法算景長一尺六寸九分小分七十五。

四年壬辰六月三日丙子。雲霧不測。

大暑，二年庚寅六月二十六日辛巳。

新表測景長二尺四寸，王朴算景長一尺八寸五分，新法算景長二尺四分小分九十七。

三年辛卯六月七日丙戌。

新表測景長二尺二分太，王朴算景長一尺八寸五分，新法算景長二尺四分小分二十四。

四年壬辰六月十九日壬辰。

新表測景長二尺五分，王朴算景長一尺八寸七分，新法算景長二尺六分小分五十三。

立秋，二年庚寅七月十一日丙申。

新表測景長二尺五寸九分，王朴算景長二尺二寸九分，新法算景長二尺五寸九分小分五十一。

三年辛卯六月二十三日壬寅。

新表測景長二尺六寸一分半，王朴算景長二尺三寸三分，新法算景長二尺六寸二分小分七十三。

處暑，二年庚寅七月二十七日壬子。雲霧不測。

三年辛卯七月九日丁巳。

新表測景長三尺三寸六分，王朴算景長三尺，新法算景長三尺三寸六分小分六十五。

四年壬辰七月十九日壬戌。雲霧不測。

白露，二年庚寅八月十三日丁卯。雲霧不測。

三年辛卯七月二十四日壬申。雲霧不測。

四年壬辰八月五日丁丑。雲霧不測。

秋分，二年庚寅八月二十八日壬午。雲霧不測。

三年辛卯八月九日丁亥。

新表測景長五尺三寸八分，王朴算景長五尺二寸一分，新法算景長五尺三寸八分小分六十九。

四年壬辰八月二十日壬辰。雲霧不測。

寒露，二年庚寅九月十三日丁酉。雲霧不測。

三年辛卯九月二十四日壬寅。

新表測景長六尺六寸七分，王朴算景長六尺八分，新法算景長六尺六寸七分小分八十八。

四年壬辰九月六日戊申。

新表測景長六尺七寸三分半，王朴算景長六尺九寸一分，新法算景長六尺七寸四分小分八十四。

霜降，二年庚寅九月二十八日壬子。

新表測景長八尺一寸六分，王朴算景長八尺四寸五分，新法算景長八尺一寸四分小分七十。

三年辛卯九月十日戊午。雲霧不測。

四年壬辰九月二十一日癸亥。

新表測景長八尺二寸，王朴算景長八尺五寸六分，新法算景長八尺一寸九分小分六十六。

立冬，二年庚寅十月十四日戊辰。

新表測景長九尺八寸半分，王朴算景長一丈一寸，新法算景長九尺八寸一分小分二十五。

三年辛卯九月二十五日癸酉。

新表測景長九尺七寸九分，王朴算景長一丈一寸，新法算景長九尺七寸八分小分六十三。

四年壬辰十月六日戊寅。

新表測景長九尺七寸六分，王朴算景長一丈一寸，新法算景長九尺七寸六分小分一十。

測景正加時早晚

後漢熹平三年，四分曆志立冬中景長一丈，立春中景長九尺六寸。尋冬至南極，日晷最長，二氣去至日數既同，則中景應等，而前長後短，頓差四寸。此曆景冬至後天之驗也。二氣中景日差九分半弱，進退均調，略無盈縮，以率計之，二氣各退二日十二刻，則晷景之數，立冬更短，立春更長，並差二寸，二氣中景俱長九尺八寸矣，卽立冬、立春之正日也。以此推之，曆置冬至後天亦二日十二刻也。熹平三年，時曆丁丑冬至，加時正在日中；以二日十二刻減之，定以乙亥冬至，加時在夜半後三十八刻。宋志大明五年十月十日，景一丈七寸七分半；十一月二十五日，景一丈八寸一分太；二十六日，一丈七寸五分強。折取其中，則中天冬至應在十一月三日求其早晚。令後二日景相減，則一日差率也，倍之爲法；

前二日減，以百刻乘之，爲實；以法除實，得冬至加時在夜半後三十一刻，在元嘉曆後一日，天數之正也。量檢彌年，則加減均同；異歲相課，則遠近應率。觀二家之說，略而未通。熹平乃要取其中，而失於至前、至後之餘；大明則左右率，而失於爲實、爲法之數。若夫較景、定氣，曆家最爲急務。觀古較驗，止以冬至前後數日之間，以定加時早晚。且景之差行，當二至前後，進退在微芒之間。又日有變行，盈縮稍異，若以爲準，則加時相背。又晉、漢曆術，多以前後所測晷要取其中，此亦差過半日。今比歲較驗，在立冬、立春景移過寸，若較取加時，則宜以其相近者通計，半之爲距至汎日；乃以其晷數相減，餘者以法乘之，滿其日晷差而一，爲刻；乃以差刻求冬至，視其前晷，多則爲減，少則爲加，求夏至返之。加減距至汎日，爲定日；仍加半日之刻，命從前距日辰，算外，卽二至加時日辰及刻分。如此推求，則二至加時早晚可驗矣。

皇祐岳臺晷景法

按大衍載日及崇天定差之率，雖號通密，然未能盡上下交應之理，則晷度無由合契。今立新法，使上符盈縮之行，下參句股之數，所算尺寸與天測驗，無有先後。其術曰：計二至後日數，乃減去二至約餘，仍加半日之分，卽所求日午中積數，而置之以求進退差分，求進退差分者，置中積之數，如一象九十一日三十一分以下爲在前；如一象以上，返減二至限一百八十二日六十二分，餘爲在後。置前後度於上，列二百於下，以上減下，餘以下乘上，滿四千一百三十五除之爲分，不滿，退除爲小分。在冬至後卽爲進差，在夏至後卽爲退差。仍列初、末二限。求入初、末限者，置所求日午中積數，日在冬至後初限、夏至後末限之數四十五日六十二分以下，卽爲所求在初限；如在已上者，乃返減二至限，餘卽爲所求入末限。其冬至後末限、夏至後初限，以一百三十七日爲率。用求午中晷數。求午中晷數者，視所求。如入冬至後初限、夏至後末限者，以入限日減一千九百三十七半，餘爲汎差；仍以限日分乘其進退差，五因百約之，用減汎差，爲定差；乃以入限日分自相乘，以乘定差，滿一百萬爲尺，不滿爲寸、爲分及小分，以減冬至常晷一丈二尺八寸五分，餘爲其日午中晷數。若所求入冬至後末限、夏至後初限者，乃三約入限日分，以減四百八十五少，餘爲汎差；仍以進退差減極數，餘者若在春分後、秋分前者，直以四約之，以加汎差，爲定差；若在春分前、秋分後者，乃以去二分日數及分乘之，滿六百而一，以減汎差，餘爲定差；乃以入限日分自相乘，以乘定差，滿一百萬爲尺，不滿爲寸、爲分及小分，以加夏至常晷一尺五寸七分，卽爲其日午中晷數。若用周歲曆，直以其日晷景損益差分乘其日午中之餘，滿法約之，乃損益其下晷數，卽其日午中定晷。如此推求，則上下通應之理，句股斜射之原，皆可視驗，乃具岳臺晷景周歲算數。

| 冬至後 | 每日損差〔八〕 | 每日午中晷景常數〔九〕 |
|---|---|---|
| 初日 | 空分小分一十九 | 一丈二尺八寸五分 |

| | | |
|---|---|---|
| 一日 | 空分小分五十八 | 一丈二尺八寸四分小分八十一 |
| 二日 | 空分小分九十六 | 一丈二尺八寸四分小分二十三 |
| 三日 | 一分小分三十五 | 一丈二尺八寸三分小分二十七 |
| 四日 | 一分小分七十二 | 一丈二尺八寸一分小分九十二 |
| 五日 | 二分小分一十一 | 一丈二尺八寸小分一十九 |
| 六日 | 二分小分四十八 | 一丈二尺七寸八分小分八 |
| 七日 | 二分小分八十五 | 一丈二尺七寸五分小分六十 |
| 八日 | 三分小分二十一 | 一丈二尺七寸七分小分七十五 |
| 九日 | 三分小分五十八 | 一丈二尺六寸九分小分五十四 |
| 十日 | 三分小分九十二 | 一丈二尺六寸五分小分九十六 |
| 十一日 | 四分小分二十八 | 一丈二尺六寸二分小分三 |
| 十二日 | 四分小分六十二 | 一丈二尺五寸七分小分七十五 |

| | | |
|---|---|---|
| 十三日 | 四分小分九十六 | 一丈二尺五寸三分小分一十三 |
| 十四日 | 五分小分二十九 | 一丈二尺四寸八分小分一十七 |
| 十五日 | 五分小分六十一 | 一丈二尺四寸二分小分八十八 |
| 十六日 | 五分小分九十一 | 一丈二尺三寸七分小分二十七 |
| 十七日 | 六分小分二十三 | 一丈二尺三寸一分小分三十五 |
| 十八日 | 六分小分五十二 | 一丈二尺二寸五分小分一十二 |
| 十九日 | 六分小分八十一 | 一丈二尺一寸八分小分六十 |
| 二十日 | 七分小分九 | 一丈二尺一寸一分小分七十九 |
| 二十一日 | 七分小分三十六 | 一丈二尺四分小分七十 |
| 二十二日 | 七分小分六十二 | 一丈一尺九寸七分小分三十四 |
| 二十三日 | 七分小分八十七 | 一丈一尺八寸九分小分七十二 |
| 二十四日 | 八分小分一十一 | 一丈一尺八寸一分小分八十五 |

| | | |
|---|---|---|
| 二十五日 | 八分小分三十四 | 一丈一尺七寸三分小分七十四 |
| 二十六日 | 八分小分五十五 | 一丈一尺六寸五分小分四十 |
| 二十七日 | 八分小分七十三 | 一丈一尺五寸六分小分八十五 |
| 二十八日 | 九分小分空 | 一丈一尺四寸八分小分一十三 |
| 二十九日 | 九分小分一十四 | 一丈一尺三寸九分小分一十二 |
| 三十日 | 九分小分三十二 | 一丈一尺二寸九分小分九十八 |
| 三十一日 | 九分小分四十八 | 一丈一尺二寸小分六十六 |
| 三十二日 | 九分小分六十二 | 一丈一尺一寸一分小分一十八 |
| 三十三日 | 九分小分七十六 | 一丈一尺一分小分五十五 |
| 三十四日 | 九分小分八十九 | 一丈九寸一分小分七十八 |
| 三十五日 | 一寸小分一 | 一丈八尺一寸小分六十九 |
| 三十六日 | 一寸小分一十二 | 一丈七寸一分小分八十八 |

| | | |
|---|---|---|
| 三十七日 | 一寸小分二十 | 一丈六寸一分小分七十六 |
| 三十八日 | 一寸小分二十八 | 一丈五寸一分小分五十六 |
| 三十九日 | 一寸小分三十五 | 一丈四寸一分小分二十八 |
| 四十日 | 一寸小分四十 | 一丈三寸小分九十三 |
| 四十一日 | 一寸小分四十四 | 一丈二寸小分五十三 |
| 四十二日 | 一寸小分四十八 | 一丈一寸小分九 |
| 四十三日 | 一寸小分四十九 | 九尺九寸九分小分六十一 |
| 四十四日 | 一寸小分五十 | 九尺八寸九分小分一十二 |
| 四十五日 | 一寸小分五十七 | 九尺七寸八分小分六十二 |
| 四十六日 | 一寸小分六十七 | 九尺六寸八分小分五 |
| 四十七日 | 一寸小分六十一 | 九尺五寸七分小分三十八 |
| 四十八日 | 一寸小分六十 | 九尺四寸六分小分七十七 |

| | | |
|---|---|---|
| 四十九日 | 一寸小分五十六 | 九尺三寸六分小分一十七 |
| 五十日 | 一寸小分五十二 | 九尺二寸五分小分六十一 |
| 五十一日 | 一寸小分四十九 | 九尺一寸五分小分九 |
| 五十二日 | 一寸小分四十五 | 九尺一寸五分小分九 |
| 五十三日 | 一寸小分四十一 | 八尺九寸四分小分一十八 |
| 五十四日 | 一寸小分三十八 | 八尺八寸三分小分七十七 |
| 五十五日 | 一寸小分三十二 | 八尺七寸三分小分三十九 |
| 五十六日 | 一寸小分二十七 | 八尺六寸三分小分七 |
| 五十七日 | 一寸小分二十三 | 八尺五寸二分小分八十 |
| 五十八日 | 一寸小分一十九 | 八尺四寸二分小分五十七 |
| 五十九日 | 一寸小分一十二 | 八尺三寸二分小分三十八 |
| 六十日 | 一寸小分八 | 八尺二寸小分二十六 |

| | | |
|---|---|---|
| 六十一日 | 一寸小分三 | 八尺一寸二分小分一十八 |
| 六十二日 | 九分小分九十七 | 八尺二分小分一十五 |
| 六十三日 | 九分小分九十一 | 七尺九寸二分小分一十八 |
| 六十四日 | 九分小分八十六 | 七尺八寸二分小分二十五 |
| 六十五日 | 九分小分八十一 | 七尺七寸二分小分三十九 |
| 六十六日 | 九分小分七十五 | 七尺六寸二分小分五十八 |
| 六十七日 | 九分小分六十九 | 七尺五寸二分小分八十三 |
| 六十八日 | 九分小分六十二 | 七尺四寸三分小分一十四 |
| 六十九日 | 九分小分五十七 | 七尺三寸三分小分五十二 |
| 七十日 | 九分小分五十一 | 七尺二寸三分小分九十五 |
| 七十一日 | 九分小分四十九 | 七尺一寸四分小分四十四 |
| 七十二日 | 九分小分三十八 | 七尺四分小分九十七 |

| | | |
|---|---|---|
| 七十三日 | 九分小分三十一 | 六尺九寸五分小分六十一 |
| 七十四日 | 九分小分二十五 | 六尺八寸六分小分三十 |
| 七十五日 | 九分小分一十七 | 六尺七寸七分小分五 |
| 七十六日 | 九分小分一十三 | 六尺六寸七分小分八十八 |
| 七十七日 | 九分小分六 | 六尺五寸八分小分七十五 |
| 七十八日 | 八分小分九十七 | 六尺四寸九分小分六十九 |
| 七十九日 | 八分小分九十 | 六尺四寸小分七十三 |
| 八十日 | 八分小分八十三 | 六尺三寸一分小分八十三 |
| 八十一日 | 八分小分七十七 | 六尺二寸三分小分空 |
| 八十二日 | 八分小分六十八 | 六尺一寸四分小分二十三 |
| 八十三日 | 八分小分六十二 | 六尺五分小分五十五 |
| 八十四日 | 八分小分五十五 | 五尺九寸六分小分九十三 |

| | | |
|---|---|---|
| 八十五日 | 八分小分四十七 | 五尺八寸八分小分三十八 |
| 八十六日 | 八分小分三十九 | 五尺七寸九分小分九十一 |
| 八十七日 | 八分小分三十三 | 五尺七寸一分小分五十二 |
| 八十八日 | 八分小分二十五 | 五尺六寸三分小分二十 |
| 八十九日 | 八分小分一十七 | 五尺五寸四分小分九十五 |
| 九十日 | 八分小分九 | 五尺四寸六分小分七十八 |
| 九十一日 | 七分小分九十六 | 五尺三寸八分小分六十九 |
| 九十二日 | 七分小分八十三 | 五尺三寸小分七十三 |
| 九十三日 | 七分小分七十六 | 五尺二寸二分小分九十 |
| 九十四日 | 七分小分六十七 | 五尺一寸五分小分一十四 |
| 九十五日 | 七分小分五十九 | 五尺七分小分四十七 |
| 九十六日 | 七分小分五十 | 四尺九寸九分小分八十八 |

| | | |
|---|---|---|
| 九十七日 | 七分小分四十二 | 四尺九寸二分小分三十八 |
| 九十八日 | 七分小分三十四 | 四尺八寸四分小分九十六 |
| 九十九日 | 七分小分二十六 | 四尺七寸七分小分六十二 |
| 一百日 | 七分小分一十七 | 四尺七寸小分三十六 |
| 一百一日 | 七分小分九 | 四尺六寸三分小分一十九 |
| 一百二日 | 七分小分一 | 四尺五寸六分小分一十 |
| 一百三日 | 六分小分九十三 | 四尺四寸九分小分九 |
| 一百四日 | 六分小分八十五 | 四尺四寸二分小分一十六 |
| 一百五日 | 六分小分七十七 | 四尺三寸五分小分三十一 |
| 一百六日 | 六分小分六十九 | 四尺二寸八分小分五十四 |
| 一百七日 | 六分小分六十 | 四尺二寸一分小分八十五 |
| 一百八日 | 六分小分五十 | 四尺一寸五分小分二十五 |

| | | |
|---|---|---|
| 一百九日 | 六分小分四十五 | 四尺八分小分七十四 |
| 一百一十日 | 六分小分三十七 | 四尺二分小分二十九 |
| 一百一十一日 | 六分小分二十九 | 三尺九寸五分小分九十二 |
| 一百一十二日 | 六分小分二十一 | 三尺八寸九分小分六十三 |
| 一百一十三日 | 六分小分一十二 | 三尺八寸三分小分四十二 |
| 一百一十四日 | 六分小分四 | 三尺七寸七分小分三十 |
| 一百一十五日 | 五分小分九十七 | 三尺七寸一分小分二十六 |
| 一百一十六日 | 五分小分八十九 | 三尺六寸五分小分二十九 |
| 一百一十七日 | 五分小分八十 | 三尺五寸九分小分四十 |
| 一百一十八日 | 五分小分七十三 | 三尺五寸三分小分六十 |
| 一百一十九日 | 五分小分六十五 | 三尺四寸七分小分八十七 |
| 一百二十日 | 五分小分五十七 | 三尺四寸二分小分二十三 |

| | | |
|---|---|---|
| 一百二十一日 | 五分小分四十九 | 三尺三寸六分小分六十五 |
| 一百二十二日 | 五分小分四十 | 三尺三寸一分小分一十六 |
| 一百二十三日 | 五分小分三十二 | 三尺二寸五分小分七十六 |
| 一百二十四日 | 五分小分二十六 | 三尺二寸小分四十四 |
| 一百二十五日 | 五分小分一十七 | 三尺一寸五分小分一十八 |
| 一百二十六日 | 五分小分九 | 三尺一寸小分二 |
| 一百二十七日 | 五分小分一 | 三尺四分小分九十二 |
| 一百二十八日 | 四分小分九十三 | 二尺九寸九分小分九十一 |
| 一百二十九日 | 四分小分八十五 | 二尺九寸四分小分九十八 |
| 一百三十日 | 四分小分七十七 | 二尺九寸小分一十三 |
| 一百三十一日 | 四分小分六十九 | 二尺八寸五分小分三十六 |
| 一百三十二日 | 四分小分六十一 | 二尺八寸小分六十七 |

| | | |
|---|---|---|
| 一百三十三日 | 四分小分五十二 | 二尺七寸六分小分六 |
| 一百三十四日 | 四分小分四十五 | 二尺七寸一分小分五十四 |
| 一百三十五日 | 四分小分三十六 | 二尺六寸七分小分九 |
| 一百三十六日 | 四分小分二十九 | 二尺六寸二分小分七十三 |
| 一百三十七日 | 四分小分二十 | 二尺五寸八分小分四十四 |
| 一百三十八日 | 四分小分一十一 | 二尺五寸四分小分二十四 |
| 一百三十九日 | 四分小分四 | 二尺五寸小分一十三 |
| 一百四十日 | 三分小分九十五 | 二尺四寸六分小分九 |
| 一百四十一日 | 三分小分八十七 | 二尺四寸二分小分一十四 |
| 一百四十二日 | 三分小分七十九 | 二尺三寸八分小分二十七 |
| 一百四十三日 | 三分小分七十 | 二尺三寸四分小分四十八 |
| 一百四十四日 | 三分小分六十二 | 二尺三寸小分七十八 |

| | | |
|---|---|---|
| 一百四十五日 | 三分小分五十三 | 二尺二寸七分小分一十六 |
| 一百四十六日 | 三分小分四十五 | 二尺二寸三分小分六十三 |
| 一百四十七日 | 三分小分三十七 | 二尺二寸小分一十八 |
| 一百四十八日 | 三分小分二十九 | 二尺一寸六分小分八十一 |
| 一百四十九日 | 三分小分一十八 | 二尺一寸三分小分五十二 |
| 一百五十日 | 三分小分一十 | 二尺一寸小分三十四 |
| 一百五十一日 | 三分小分二 | 二尺七分小分二十四 |
| 一百五十二日 | 二分小分九十三 | 二尺四分小分二十三 |
| 一百五十三日 | 二分小分八十四 | 二尺一分小分二十九 |
| 一百五十四日 | 二分小分七十六 | 一尺九寸八分小分四十五 |
| 一百五十五日 | 二分小分六十六 | 一尺九寸五分小分六十九 |
| 一百五十六日 | 二分小分五十八 | 一尺九寸三分小分三 |

| | | |
|---|---|---|
| 一百五十七日 | 二分小分四十九 | 一尺九寸小分四十五 |
| 一百五十八日 | 二分小分三十九 | 一尺八寸七分小分九十六 |
| 一百五十九日 | 二分小分三十 | 一尺八寸五分小分五十七 |
| 一百六十日 | 二分小分二十二 | 一尺八寸三分小分二十七 |
| 一百六十一日 | 二分小分一十一 | 一尺八寸一分小分五 |
| 一百六十二日 | 二分小分三 | 一尺七寸八分小分九十四 |
| 一百六十三日 | 一分小分九十三 | 一尺七寸六分小分九十一 |
| 一百六十四日 | 一分小分八十四 | 一尺七寸四分小分九十八 |
| 一百六十五日 | 一分小分七十五 | 一尺七寸三分小分一十四 |
| 一百六十六日 | 一分小分六十四 | 一尺七寸一分小分三十九 |
| 一百六十七日 | 一分小分五十五 | 一尺六寸九分小分七十五 |
| 一百六十八日 | 一分小分四十六 | 一尺六寸八分小分二十 |

| | | |
|---|---|---|
| 一百六十九日 | 一分小分三十六 | 一尺六寸六分小分四十七 |
| 一百七十日 | 一分小分三十五 | 一尺六寸五分小分三十八 |
| 一百七十一日 | 一分小分一十六 | 一尺六寸四分小分一十三 |
| 一百七十二日 | 一分小分六 | 一尺六寸三分小分九十七 |
| 一百七十三日 | 空分小分九十六 | 一尺六寸二分小分九十一 |
| 一百七十四日 | 空分小分八十六 | 一尺六寸一分小分九十五 |
| 一百七十五日 | 空分小分七十五 | 一尺六寸小分九 |
| 一百七十六日 | 空分小分六十五 | 一尺五寸九分小分三十四 |
| 一百七十七日 | 空分小分五十五 | 一尺五寸八分小分六十九 |
| 一百七十八日 | 空分小分四十四 | 一尺五寸八分小分一十四 |
| 一百七十九日 | 空分小分三十三 | 一尺五寸七分小分七十 |
| 一百八十日 | 空分小分二十三 | 一尺五寸七分小分三十七 |

| | | |
|---|---|---|
| 一百八十一日 | 空分小分一十二 | 一尺五寸七分小分一十四 |
| 一百八十二日 | 空分小分三 | 一尺五寸七分小分二 |
| 夏至後 | 每日盈差〔一〇〕 | 每日午中晷景常數〔一一〕 |
| 初日 | 空分小分五 | 一尺五寸七分小分空 |
| 一日 | 空分小分一十六 | 一尺五寸七分小分五 |
| 二日 | 空分小分二十七 | 一尺五寸七分小分二十一 |
| 三日 | 空分小分三十八 | 一尺五寸七分小分四十九 |
| 四日 | 空分小分四十八 | 一尺五寸七分小分八十六 |
| 五日 | 空分小分五十九 | 一尺五寸八分小分三十四 |
| 六日 | 空分小分六十九 | 一尺五寸八分小分九十三 |
| 七日 | 空分小分七十九 | 一尺五寸九分小分六十二 |
| 八日 | 空分小分八十九 | 一尺六寸小分四十一 |

| | | |
|---|---|---|
| 九日 | 一分小分空 | 一尺六寸一分小分三十 |
| 十日 | 一分小分一十 | 一尺六寸二分小分三十 |
| 十一日 | 一分小分一十九 | 一尺六寸三分小分四十 |
| 十二日 | 一分小分三十 | 一尺六寸四分小分五十九 |
| 十三日 | 一分小分三十九 | 一尺六寸五分小分八十九 |
| 十四日 | 一分小分四十九 | 一尺六寸七分小分二十八 |
| 十五日 | 一分小分五十九 | 一尺六寸八分小分七十七 |
| 十六日 | 一分小分六十九 | 一尺七寸小分三十六 |
| 十七日 | 一分小分七十八 | 一尺七寸二分小分五 |
| 十八日 | 一分小分八十七 | 一尺七寸三分小分八十五 |
| 十九日 | 一分小分九十八 | 一尺七寸五分小分七十 |
| 二十日 | 二分小分六 | 一尺七寸七分小分六十七 |

| | | |
|---|---|---|
| 二十一日 | 二分小分一十五 | 一尺七寸九分小分七十三 |
| 二十二日 | 二分小分二十五 | 一尺八寸一分小分八十八 |
| 二十三日 | 二分小分三十四 | 一尺八寸四分小分一十三 |
| 二十四日 | 二分小分四十三 | 一尺八寸六分小分四十七 |
| 二十五日 | 二分小分五十二 | 一尺八寸八分小分九十 |
| 二十六日 | 二分小分六十一 | 一尺九寸一分小分四十二 |
| 二十七日 | 二分小分七十 | 一尺九寸四分小分三 |
| 二十八日 | 二分小分七十九 | 一尺九寸六分小分七十三 |
| 二十九日 | 二分小分八十七 | 一尺九寸九分小分五十二 |
| 三十日 | 二分小分九十七 | 二尺二分小分三十九 |
| 三十一日 | 三分小分五 | 二尺五分小分三十六 |
| 三十二日 | 三分小分一十四 | 二尺八分小分四十一 |

| | | |
|---|---|---|
| 三十三日 | 三分小分二十二 | 二尺一寸一分小分五十五 |
| 三十四日 | 三分小分三十一 | 二尺一寸八分小分七十七 |
| 三十五日 | 三分小分四十 | 二尺一寸八分小分八 |
| 三十六日 | 三分小分四十八 | 二尺二寸一分小分四十八 |
| 三十七日 | 三分小分五十七 | 二尺二寸四分小分九十六 |
| 三十八日 | 三分小分六十五 | 二尺二寸八分小分五十三 |
| 三十九日 | 三分小分七十三 | 二尺三寸二分小分一十八 |
| 四十日 | 三分小分八十二 | 二尺三寸五分小分九十一 |
| 四十一日 | 三分小分九十 | 二尺三寸九分小分七十三 |
| 四十二日 | 三分小分九十九 | 二尺四寸三分小分六十三 |
| 四十三日 | 四分小分六 | 二尺四寸七分小分六十二 |
| 四十四日 | 四分小分一十五 | 二尺五寸一分小分六十八 |

| | | |
|---|---|---|
| 四十五日 | 四分小分二十三 | 二尺五寸五分小分八十三 |
| 四十六日 | 四分小分三十三 | 二尺六寸小分六 |
| 四十七日 | 四分小分三十九 | 二尺六寸四分小分三十八 |
| 四十八日 | 四分小分四十八 | 二尺六寸八分小分七十七 |
| 四十九日 | 四分小分五十五 | 二尺七寸三分小分二十五 |
| 五十日 | 四分小分六十四 | 二尺七寸七分小分八十 |
| 五十一日 | 四分小分七十二 | 二尺八寸二分小分四十四 |
| 五十二日 | 四分小分七十九 | 二尺八寸七分小分一十六 |
| 五十三日 | 四分小分八十九 | 二尺九寸一分小分六十五 |
| 五十四日 | 四分小分九十六 | 二尺九寸六分小分八十四 |
| 五十五日 | 五分小分四 | 三尺一分小分八十 |
| 五十六日 | 五分小分一十二 | 三尺六分小分八十四 |

| | | |
|---|---|---|
| 五十七日 | 五分小分二十 | 三尺一寸一分小分九十六 |
| 五十八日 | 五分小分二十八 | 三尺一寸七分小分一十六 |
| 五十九日 | 五分小分三十六 | 三尺二寸二分小分四十四 |
| 六十日 | 五分小分四十四 | 三尺二寸七分小分八十 |
| 六十一日 | 五分小分五十二 | 三尺三寸三分小分二十四 |
| 六十二日 | 五分小分六十 | 三尺三寸八分小分七十六 |
| 六十三日 | 五分小分六十八 | 三尺四寸四分小分三十六 |
| 六十四日 | 五分小分七十五 | 三尺五寸小分四 |
| 六十五日 | 五分小分八十四 | 三尺五寸五分小分七十九 |
| 六十六日 | 五分小分九十二 | 三尺六寸一分小分六十三 |
| 六十七日 | 五分小分九十九 | 三尺六寸七分小分五十五 |
| 六十八日 | 六分小分八 | 三尺七寸三分小分五十四 |

| | | |
|---|---|---|
| 六十九日 | 六分小分一十六 | 三尺七寸九分小分六十二 |
| 七十日 | 六分小分二十三 | 三尺八寸五分小分七十八 |
| 七十一日 | 六分小分三十二 | 三尺九寸二分小分一 |
| 七十二日 | 六分小分三十九 | 三尺九寸八分小分三十三 |
| 七十三日 | 六分小分四十八 | 四尺四分小分七十二 |
| 七十四日 | 六分小分四十五 | 四尺一寸七分小分七十五 |
| 七十五日 | 六分小分六十四 | 四尺一寸七分小分七十五 |
| 七十六日 | 六分小分七十一 | 四尺二寸四分小分三十九 |
| 七十七日 | 六分小分八十 | 四尺三寸一分小分一十 |
| 七十八日 | 六分小分八十八 | 四尺三寸七分小分九十 |
| 七十九日 | 六分小分九十七 | 四尺四寸四分小分七十八 |
| 八十日 | 七分小分三 | 四尺五寸一分小分七十五 |

| | | |
|---|---|---|
| 八十一日 | 七分小分一十三 | 四尺五寸八分小分七十八 |
| 八十二日 | 七分小分二十 | 四尺六寸五分小分九十一 |
| 八十三日 | 七分小分二十九 | 四尺七寸三分小分一十一 |
| 八十四日 | 七分小分三十七 | 四尺八寸小分四十 |
| 八十五日 | 七分小分四十四 | 四尺八寸七分小分七十七 |
| 八十六日 | 七分小分五十四 | 四尺九寸五分小分二十一 |
| 八十七日 | 七分小分六十三 | 五尺二分小分七十五 |
| 八十八日 | 七分小分六十九 | 五尺一寸小分三十八 |
| 八十九日 | 七分小分七十七 | 五尺一寸八分小分七 |
| 九十日 | 七分小分九十 | 五尺二寸五分小分八十四 |
| 九十一日 | 八分小分一 | 五尺三寸三分小分七十四 |
| 九十二日 | 八分小分一十三 | 五尺四寸一分小分七十五 |

| | | |
|---|---|---|
| 九十三日 | 八分小分二十 | 五尺四寸九分小分八十八 |
| 九十四日 | 八分小分二十七 | 五尺五寸八分小分八 |
| 九十五日 | 八分小分三十五 | 五尺六寸六分小分三十五 |
| 九十六日 | 八分小分四十四 | 五尺七寸四分小分七十 |
| 九十七日 | 八分小分四十七 | 五尺八寸三分小分一十四 |
| 九十八日 | 八分小分五十八 | 五尺九寸一分小分六十一 |
| 九十九日 | 八分小分六十六 | 六尺小分一十九 |
| 一百日 | 八分小分七十 | 六尺八分小分八十五 |
| 一百一日 | 八分小分八十 | 六尺一寸七分小分五十五 |
| 一百二日 | 八分小分八十六 | 六尺二寸六分小分三十五 |
| 一百三日 | 八分小分九十三 | 六尺三寸五分小分二十一 |
| 一百四日 | 九分小分空 | 六尺四寸四分小分一十四 |

| | | |
|---|---|---|
| 一百五日 | 九分小分八 | 六尺五寸三分小分一十四 |
| 一百六日 | 九分小分一十三 | 六尺六寸二分小分二十二 |
| 一百七日 | 九分小分二十一 | 六尺七寸一分小分三十五 |
| 一百八日 | 九分小分二十七 | 六尺八寸小分五十六 |
| 一百九日 | 九分小分三十五 | 六尺八寸九分小分八十三 |
| 一百十日 | 九分小分四十 | 六尺九寸九分小分一十八 |
| 一百一十一日 | 九分小分四十七 | 七尺八分小分五十八 |
| 一百一十二日 | 九分小分五十四 | 七尺一寸八分小分五 |
| 一百一十三日 | 九分小分六十 | 七尺二寸七分小分五十九 |
| 一百一十四日 | 九分小分六十四 | 七尺三寸七分小分一十九 |
| 一百一十五日 | 九分小分七十 | 七尺四寸六分小分八十三 |
| 一百一十六日 | 九分小分七十八 | 七尺五寸六分小分五十三 |

| | | |
|---|---|---|
| 一百一十七日 | 九分小分八十三 | 七尺六寸六分小分三十一 |
| 一百一十八日 | 九分小分八十七 | 七尺七寸六分小分一十四 |
| 一百一十九日 | 九分小分九十六 | 七尺八寸六分小分一 |
| 一百二十日 | 九分小分九十九 | 七尺九寸五分小分九十七 |
| 一百二十一日 | 一寸小分四 | 八尺五分小分九十六 |
| 一百二十二日 | 一寸小分九 | 八尺一寸六分小分空 |
| 一百二十三日 | 一寸小分一十七 | 八尺二寸六分小分九 |
| 一百二十四日 | 一寸小分一十九 | 八尺三寸六分小分二十六 |
| 一百二十五日 | 一寸小分二十五 | 八尺四寸六分小分四十五 |
| 一百二十六日 | 一寸小分二十九 | 八尺五寸六分小分七十 |
| 一百二十七日 | 一寸小分三十三 | 八尺六寸六分小分九十九 |
| 一百二十八日 | 一寸小分三十八 | 八尺七寸七分小分三十二 |

| | | |
|---|---|---|
| 一百二十九日 | 一寸小分四十三 | 八尺八寸七分小分七十 |
| 一百三十日 | 一寸小分四十五 | 八尺九寸八分小分一十三 |
| 一百三十一日 | 一寸小分五十一 | 九尺八分小分五十八 |
| 一百三十二日 | 一寸小分五十四 | 九尺一寸九分小分九 |
| 一百三十三日 | 一寸小分五十五 | 九尺二寸九分小分六十三 |
| 一百三十四日 | 一寸小分六十二 | 九尺四寸小分一十八 |
| 一百三十五日 | 一寸小分六十四 | 九尺五寸小分八十 |
| 一百三十六日 | 一寸小分六十六 | 九尺六寸一分小分四十四 |
| 一百三十七日 | 一寸小分五十二 | 九尺七寸二分小分一十 |
| 一百三十八日 | 一寸小分五十 | 九尺八寸二分小分六十二 |
| 一百三十九日 | 一寸小分四十八 | 九尺九寸三分小分一十二 |
| 一百四十日 | 一寸小分四十六 | 一丈三分小分六十 |

| | | |
|---|---|---|
| 一百四十一日 | 一寸小分四十三 | 一丈一寸四分小分六 |
| 一百四十二日 | 一寸小分三十九 | 一丈二寸四分小分四十九 |
| 一百四十三日 | 一寸小分三十二 | 一丈三寸四分小分八十八 |
| 一百四十四日 | 一寸小分二十五 | 一丈四寸五分小分二十 |
| 一百四十五日 | 一寸小分一十七 | 一丈五寸五分小分四十五 |
| 一百四十六日 | 一寸小分八 | 一丈六寸五分小分六十二 |
| 一百四十七日 | 九分小分九十六 | 一丈七寸五分小分七十 |
| 一百四十八日 | 九分小分八十五 | 一丈八寸五分小分六十六 |
| 一百四十九日 | 九分小分七十二 | 一丈九寸五分小分五十一 |
| 一百五十日 | 九分小分五十七 | 一丈一尺五分小分二十三 |
| 一百五十一日 | 九分小分四十三 | 一丈一尺一寸四分小分八十 |
| 一百五十二日 | 九分小分二十五 | 一丈一尺二寸四分小分二十二 |

| | | |
|---|---|---|
| 一百五十三日 | 九分小分七 | 一丈一尺三寸三分小分四十七 |
| 一百五十四日 | 八分小分九十 | 一丈一尺四寸二分小分五十四 |
| 一百五十五日 | 八分小分六十八 | 一丈一尺五寸一分小分四十四 |
| 一百五十六日 | 八分小分四十八 | 一丈一尺六寸小分一十二 |
| 一百五十七日 | 八分小分二十五 | 一丈一尺六寸八分小分六十 |
| 一百五十八日 | 八分小分二 | 一丈一尺七寸六分小分八十五 |
| 一百五十九日 | 七分小分七十七 | 一丈一尺八寸四分小分八十七 |
| 一百六十日 | 七分小分五十二 | 一丈一尺九寸二分小分六十四 |
| 一百六十一日 | 七分小分二十七 | 一丈二尺小分一十六 |
| 一百六十二日 | 六分小分九十八 | 一丈二尺七分小分四十三 |
| 一百六十三日 | 六分小分六十七 | 一丈二尺一寸四分小分四十二 |
| 一百六十四日 | 六分小分四十五 | 一丈二尺二寸一分小分二 |

| | | |
|---|---|---|
| 一百六十五日 | 六分小分一十一 | 一丈二尺二寸七分小分五十三 |
| 一百六十六日 | 五分小分八十 | 一丈二尺三寸三分小分六十四 |
| 一百六十七日 | 五分小分四十九 | 一丈二尺三寸九分小分四十四 |
| 一百六十八日 | 五分小分十六 | 一丈二尺四寸四分小分九十三 |
| 一百六十九日 | 四分小分八十三 | 一丈二尺五寸小分九 |
| 一百七十日 | 四分小分五十 | 一丈二尺五寸四分小分九十二 |
| 一百七十一日 | 四分小分一十四 | 一丈二尺五寸九分小分四十二 |
| 一百七十二日 | 三分小分八十 | 一丈二尺六寸三分小分五十六 |
| 一百七十三日 | 三分小分四十五 | 一丈二尺六寸七分小分三十六 |
| 一百七十四日 | 三分小分七 | 一丈二尺七寸小分八十一 |
| 一百七十五日 | 二分小分七十一 | 一丈二尺七寸三分小分八十八 |
| 一百七十六日 | 二分小分三十四 | 一丈二尺七寸六分小分五十九 |

| | | |
|---|---|---|
| 一百七十七日 | 二分小分三 | 一丈二尺七寸八分小分九十三 |
| 一百七十八日 | 一分小分五十二 | 一丈二尺八寸小分九十六 |
| 一百七十九日 | 一分小分二十 | 一丈二尺八寸二分小分四十八 |
| 一百八十日 | 空分小分八十二 | 一丈二尺八寸三分小分六十八 |
| 一百八十一日 | 空分小分四十三 | 一丈二尺八寸四分小分五十 |
| 一百八十二日 | 空分小分七 | 一丈二尺八寸四分小分九十三 |

## 校勘記

〔一〕昏旦有星中　「星中」二字應倒。

〔二〕日出卯正三刻二十二分　據節氣對應關係和日出入刻分關係，「二十二分」應作「三十二分」。

〔三〕夜五十五刻五十分　據節氣對應關係和晝夜刻分關係，「五十分」應作「二分」。

〔四〕日入酉正二刻二十分　據節氣對應關係和日出入刻分關係，「二十分」應作「三十分」。

〔五〕日出寅正四刻四十分　「四十分」應作「四十八分」，理由同前。

〔六〕日入酉正三刻三十六分　「三十六分」應作「三十二分」，理由同前。

〔七〕夜五十八刻四十八分　據節氣對應關係和晝夜刻分關係「四十八分」應作「四十一分」。

〔八〕每日損差　以每日午中晷景常數和每日損差關係計算，四日，應作「一分小分七十三」。十日，應作「三分小分九十三」。十六日，應作「五分小分九十二」。五十二日，應作「一寸小分四十二」。六十三日，應作「九分小分九十三」。七十一日，應作「九分小分四十五」。七十八日，應作「八分小分九十六」。八十七日，應作「八分小分三十二」。一百八日，應作「六分小分五十一」。一百七十日，應作「一分小分二十五」。

〔九〕每日午中晷景常數　以每日損差和每日午中晷景常數關係計算，二十八日，應作「一丈一尺四寸八分小分一十二」。三十三日，應作「一丈一尺一分小分五十四」。三十五日，應作「一丈八寸一分小分八十九」。五十二日，應作「九尺四分小分六十」。七十二日，應作「七尺四分小分九十九」。一百二十六日，應作「三尺一寸小分一」。一百五十二日，應作「二尺四分小分二十二」。一百六十九日，應作「一尺六寸六分小分七十四」。

〔一〇〕每日盈差　以每日午中晷景常數和每日盈差關係計算，十九日，應作「一分小分九十七」。一百五十一日，應作「九分小分四十二」。

〔一一〕每日午中晷景常數　以每日盈差和每日午中晷景常數關係計算，三日，應作「一尺五寸七分小分四十八」。十八日，應作「一尺七寸三分小分八十三」。五十三日，應作「二尺九寸一分小分九十五」。七十四日，應作「四尺一寸一分小分二十」。一百六十三日，應作「一丈二尺一寸四分小分四十一」。一百六十四日，應作「一丈二尺二寸一分小分八」。

# 宋史卷七十七

## 志第三十

## 律曆十

### 觀天曆

元祐觀天曆

演紀上元甲子，距元祐七年壬申，歲積五百九十四萬四千八百八算。上考往古，每年減一；下驗將來，每年加一。

步氣朔

統法：一萬二千三十。

歲周：四百三十九萬三千八百八十。
歲餘：六萬三千八十。
氣策：一十五、餘二千六百二十八、秒一十二。
朔實：三十五萬五千二百五十三。
朔策：二十九、餘六千三百八十三。
望策：一十四、餘九千二百六、秒一十八。
弦策：七、餘四千六百三、秒九。
歲閏：一十三萬八百四十四。
中盈分：五千二百五十六、秒二十四。
朔虛分：五千六百四十七。
沒限分：九千四百二〔一〕。
閏限：三十四萬四千三百四十九、秒一十二。
旬周：七十二萬一千八百。
紀法：六十。

以上秒母同三十六。

推天正冬至：置距所求積年，以歲周乘之，爲氣積分；滿旬周去之，不盡，以統法約之爲大餘，不滿爲小餘。其大餘命甲子，算外，卽所求年天正冬至日辰及餘。

求次氣：置天正冬至大、小餘，以氣策及餘秒累加之，秒盈秒法從小餘一，小餘盈統法從大餘一，大餘盈紀法去之。命甲子，算外，卽各得次氣日辰及餘秒。

推天正經朔：置天正冬至氣積分，以朔實去之，不盡爲閏餘；以減天正冬至氣積分，餘爲天正十一月經朔加時積分；滿旬周去之，不盡，以統法約之爲大餘，不滿爲小餘。其大餘命甲子，算外，卽所求年天正十一月經朔日辰及餘。

求弦望及次朔經日：置天正十一月經朔大、小餘，以弦策累加之，去命如前，卽各得弦、望及次朔經日及餘秒。

求沒日：置有沒之氣小餘，以三百六十乘之，其秒進一位，從之，用減歲周，餘滿歲餘除之爲日，不滿爲餘。其日，命其氣初日日辰，算外，卽爲其氣沒日日辰。凡氣小餘在沒限以上者，爲有沒之氣。

求滅日：置有滅之朔小餘，以三十乘之，滿朔虛分除之爲日，不滿爲餘。其日，命其月經朔初日日辰，算外，卽爲其月滅日日辰。凡經朔小餘不滿朔虛分者，爲有滅之朔。

步發斂

候策：五、餘八百七十六、秒四。

卦策：六、餘一千五十一、秒一十二。

土王策：三、餘五百二十五、秒二十四。

月閏：一萬九百三、秒二十四。

辰法：二千五。

半辰法：一千二半。

刻法：一千三百三。

秒母：三十六。

推七十二候：各因中節大、小餘命之，爲初候；以候策加之，爲次候；又加之，爲末候。

求六十四卦：各因中氣大、小餘命之，爲初卦用事日；以卦策加之，爲中卦用事日；又加之，得終卦用事日。以土王策加諸侯內卦，得十有二節之初外卦用事日；又加之，得大夫卦用事日；復以卦策加之，得卿卦用事日。

推五行用事：各因四立之節大、小餘命之，卽春木、夏火、秋金、冬水首用事日；以土王策減四季中氣大、小餘，命甲子，算外，爲其月土始用事日求中氣去經朔：置天正冬至閏餘，以月閏累加之，滿統法約之爲日，不盡爲餘，卽各得每月中氣去經朔日及餘秒。其閏餘滿閏限者，爲月內有閏也；仍定其朔內無中氣者，爲閏月。

求卦候去經朔：以卦、候策累加減中氣，去經朔日及餘，中氣前，減；中氣後，加。卽各得卦、候去經朔日及餘秒。

求發斂加時：倍所求小餘，以辰法除之爲辰數，不滿，五因之，滿刻法爲刻，不滿爲餘。其辰數命子正，算外，卽各得所求加時辰、刻及分。

步日躔

周天分：四百三十九萬四千三十四、秒五十七。

周天度：三百六十五、餘三千八十四、秒五十七。

歲差：一百五十四、秒五十七。

二至限日：一百八十二、餘七千四百八十。

冬至後盈初夏至後縮末限日：八十八、餘一萬九百五十八。

夏至後縮初冬至後盈末限日：九十三、餘八千五百五十二。

求每日盈縮分：置入二至後全日，各在初限已下爲初限；已上，用減二至限，餘爲末限。列初、末限日及分於上，倍初、末限日及約分於下，相減相乘。求盈縮分者，在盈初、縮末，以三千二百九十四除之；在盈末、縮初，以三千六百五十九除之，皆爲度，不滿，退除爲分秒。求朓朒積者，各進二位，在盈初縮末，以三百六十六而一；在盈末縮初，以四百七而一，各得所求。以盈縮相減，餘爲升降分；盈初縮末爲升，縮初盈末爲降。以朓朒積相減，餘爲損益率。在初爲益，在末爲損。

求經朔弦望入盈縮限：置天正閏日及餘，減縮末限日及餘，爲天正十一月經朔入縮末限日及餘；以弦策累加之，滿盈縮限日去之，卽各得弦望及次朔入盈縮限日及餘秒。

求經朔弦望朓朒定數：各置所入盈縮限日小餘，以其日下損益率乘之，如統法而一，所得，損益其下朓朒積爲定數。

求定氣：冬夏二至以常氣爲定氣。自後，以其氣限日下盈縮分盈加縮減常氣約餘，卽爲所求之氣定日及分秒。

赤道宿度〔三〕

斗：二十六。　牛：八。　女：十二。　虛：十少、秒六十四。

危：十七。　室：十六。　壁：九。

北方七宿九十八度少、秒六十四。

奎十六。婁十二。胃十四。昴十一。

畢十七　觜一。參十。

西方七宿八十一度。

井三十三。鬼三。柳十五。星七。

張十八。翼十八。軫十七。

南方七宿一百一十一度。

角十二。亢九。氐十五。房五。

心五。尾十八。箕十一。

東方七宿七十五度。

前皆赤道宿度，與古不同　自大衍曆依渾儀測爲定，用紘帶天中，儀極攸憑，以格黄道。

推天正冬至加時赤道日度：以歲差乘所求積年，滿周天分去之，不盡，用減周天分，餘以統法除之爲度，不滿爲餘。命起赤道虚宿四度外去之，至不滿宿，卽爲所求年天正冬至加時赤道日度及餘秒。

求夏至赤道日度：置天正冬至加時赤道日度，以二至限及餘加之，滿赤道宿次去之，卽得夏至加時赤道日度及餘秒。因求後昏後夜半赤道日度者，以二至小餘減統法，餘以加二至赤道日度之餘，即二至初日昏後夜半赤道日度，以每日累加一度，去命如前，各得所求。

求二十八宿赤道積度：置二至加時日躔赤道全度，以二至加時赤道日度及約分減之，餘爲距後度；以赤道宿次累加之，即得二十八宿赤道積度及分秒。

求二十八宿赤道積度入初末限：各置赤道積度及分秒，滿象限九十一度三十一分、秒九即去之，若在四十五度六十五分、秒五十四半已下爲初限；已上，用減象限，餘爲末限。

求二十八宿黃道度：各置赤道宿入初、末限度及分，三之，爲限分；用減四百，餘以限分乘之，一萬二千而一爲度，命曰黃赤道差；至後以減、分後以加赤道宿積度，爲黃道積度；以前宿黃道積度減之，餘爲二十八宿黃道度及分。其分就近約爲太、半、少，若二至之宿不足減者，即加二至限，然後減之，餘依術算。

黃道宿度

斗：二十三半。　牛：七半。　女：十一半。　虛：十少、秒六十四。

危：十七太。　室：十七少。　壁：九太。

北方七宿九十七度半、秒六十四。

奎：十七太。　婁：十二太。　胃：十四半。　昴：十一太。

畢：十六。　觜：一。　參：九少。

西方七宿八十二度。

井：三十。　鬼：二太。　柳：十四少。　星：七。

張：十八太。　翼：十九半。　軫：十八太。

南方七宿一百一十一度。

角：十三。　亢：九半。　氐：十五半。　房：五。

心：四太。　尾：十七。　箕：十。

東方七宿七十四度太。

前黃道宿度，乃依今曆歲差變定。若上考往古，下驗將來，當據歲差，每移一度，依曆推變，然後可步七曜，知其所在。

求天正冬至加時黃道日度：置天正冬至加時赤道日度及約分，三之，爲限分；用減四百，餘以限分乘之，一萬二千而一爲度，命曰黃赤道差；用減天正冬至加時赤道日度及分，卽爲所求年天正冬至加時黃道日度及分。夏至日度，準此求之。

求二至初日晨前夜半黃道日度：置一萬分，以其日升降分升加降減之，以乘二至小餘，如統法而一，所得，以減二至加時黃道日度，餘爲二至初日晨前夜半黃道日度及分。

求每日晨前夜半黃道日度：置二至初日晨前夜半黃道日度及分，每日加一度、白約其日下升降分，升加降減之，滿黃道宿次去之，卽各得二至後每日晨前夜半黃道日度及分。

求太陽過宮日時刻：置黃道過宮宿度，以其日晨前夜半黃道宿度及分減之，餘以統法乘之，如其太陽行分而一，爲加時小餘；如發斂求之，卽得太陽過宮日、時、刻及分。

黃道過宮太史局吳澤等補治有此一段，開封進士吳時舉、國學進士程憲、常州百姓張文進本並無之。

危宿十五度少，入衞之分，亥。　奎宿三度半，入魯之分，戌。

胃宿五度半，入趙之分，酉。　畢宿十度半，入晉之分，申。

井宿十二度，入秦之分，未。　柳宿七度半，入周之分，午。

張宿十七度少，入楚之分，巳。　軫宿十二度，入鄭之分，辰。

氐宿三度少，入宋之分，卯。　尾宿八度，入燕之分，寅。

斗宿九度，入吳之分，丑。　女宿六度少，入齊之分，子。

步月離

轉周分：三十三萬一千四百八十二、秒三百八十九。

轉周日：二十七、餘六千六百七十二、秒三百八十九。

朔差日：一、餘一萬一千七百四十、秒九千六百一十一。

弦策：七、餘四千六百三、秒二千五百。

望策：一十四、餘九千二百六、秒五千。

以上秒母同一萬。

七日：初數一萬六百九十，初約八十九；末數一千三百四十，末約一十一。

十四日：初數九千三百五十一，初約七十八；末數二千六百七十九，末約二十二。

二十一日：初數八千一十一，初約六十七；末數四千一十九，末約三十三。

二十八日：初數六千六百七十二，初約五十五。

上弦：九十一度三十一分、秒四十一。

望：一百八十二度六十二分、秒八十二。

下弦：二百七十三度九十四分、秒二十三。

平行：一十三度三十六分、秒八十七半。

以上秒母同一百。

求天正十一月經朔加時入轉：置天正十一月經朔加時積分，以轉周分秒去之，不盡，以統法約之爲日，不滿爲餘。命日，算外，即得所求年天正十一月經朔加時入轉日及餘秒。

若以朔差日及餘秒加之，滿轉周日及餘秒去之，即次朔加時入轉日及餘秒〔三〕。各以其月經朔小餘減之，餘爲其月經朔夜半入轉。

求弦望入轉：因天正十一月經朔加時入轉日及餘秒，以弦策累加之，去命如前，即得弦、望入轉日及餘秒。

| 轉日 | 轉定分 | 增減差 | 遲疾度 | 損益率 | 朓朒積 |
|---|---|---|---|---|---|
| 一日 | 一千二百六 | 增一百三十一 | 遲空度 | 益一千一百八十七 | 朒空 |
| 二日 | 一千二百一十五 | 增一百二十二 | 遲一度三十一 | 益一千八十九 | 朒一千一百八十七 |
| 三日 | 一千二百三十二 | 增一百四 | 遲二度五十三 | 益九百四十五 | 朒二千二百七十六 |
| 四日 | 一千二百五十一 | 增八十六 | 遲三度五十七 | 益七百六十五 | 朒三千二百二十一 |
| 五日 | 一千二百七十五 | 增六十二 | 遲四度四十三 | 益五百六十 | 朒三千九百八十六 |
| 六日 | 一千三百一 | 增三十六 | 遲五度五 | 益三百二十二 | 朒四千五百四十六 |
| 七日 | 一千三百二十七 | 初增一十 末減 | 遲五度四十一 | 初益九十九 末損九 | 朒四千八百六十九 |
| 八日 | 一千三百五十四 | 減一十七 | 遲五度五十一 | 損一百五十四 | 朒四千九百五十九 |

| | | | | | |
|---|---|---|---|---|---|
| 九日 | 一千三百七十八 | 減四十一 | 遲五度三十四 | 損三百六十九 | 朒四千八百五 |
| 十日 | 一千四百三 | 減六十一 | 遲四度九十三 | 損五百九十四 | 朒四千四百三十六 |
| 十一日 | 一千四百二十七 | 減九十 | 遲四度二十七 | 損八百一十 | 朒三千八百四十二 |
| 十二日 | 一千四百四十六 | 減一百九 | 遲三度三十七 | 損九百七十九 | 朒三千三十二 |
| 十三日 | 一千四百五十七 | 減一百二十二 | 遲二度二十八 | 損一千九十九 | 朒二千五十三 |
| 十四日 | 一千四百七十三 | 初減一百六<br>末增三十 | 遲一度六 | 初損九百五十四<br>末益二百七十 | 朒九百五十四 |
| 十五日 | 一千四百六十六 | 增一百二十九 | 疾空度三十 | 益一千一百六十一 | 朓二百七十 |
| 十六日 | 一千四百五十四 | 增一百一十七 | 疾一度五十九 | 益一千五十二 | 朓一千四百三十一 |
| 十七日 | 一千四百三十七 | 增一百 | 疾二度七十六 | 益九百 | 朓二千四百八十三 |
| 十八日 | 一千四百一十六 | 增七十九 | 疾三度七十六 | 益七百一十一 | 朓三千三百八十三 |
| 十九日 | 一千三百九十四 | 增五十七 | 疾四度五十五 | 益五百一十二 | 朓四千九十四 |
| 二十日 | 一千三百六十八 | 增三十一 | 疾五度一十二 | 益二百七十九 | 朓四千六百六 |

| | | | | | |
|---|---|---|---|---|---|
| 二十一日 | 一千三百四十一 | 初增九 末減五 | 疾五度四十三 | 初益八十二 末損四十五 | 朏四千八百八十五 |
| 二十二日 | 一千三百一十五 | 減二十二 | 疾五度四十七 | 損一百九十八 | 朏四千九百二十二 |
| 二十三日 | 一千二百九十 | 減四十七 | 疾五度二十五 | 損四百二十三 | 朏四千七百二十四 |
| 二十四日 | 一千二百六十五 | 減七十三 | 疾四度七十八 | 損六百五十七 | 朏四千三百一 |
| 二十五日 | 一千二百四十三 | 減九十四 | 疾四度五 | 損八百四十六 | 朏三千六百四十四 |
| 二十六日 | 一千二百三十五 | 減一百一十二 | 疾三度一十一 | 損一千八 | 朏二千七百九十八 |
| 二十七日 | 一千二百一十三 | 減一百二十四 | 疾一度九十九 | 損一千一百一十六 | 朏一千一百一十六 |
| 二十八日 | 一千二百六 | 初減七十五 | 疾空度七十五 | 損六百七十四 | 朏六百七十四 |

求朔弦望入轉朏朒定數：置入轉餘，乘其日算外損益率，如統法而一，所得，以損益其下朏朒積爲定數。其在四七日下餘如初數已下，初率乘之，初數而一，以損益其下朏朒積爲定數。若初數已上者，以初數減之，餘乘末率，末數而一，用減初率，餘加其日下朏朒積爲定數。其十四日下餘若在初數已上者，初數減之，餘乘末率，末數而一，便爲朏定數。

求朔弦望定日：各以入限、入轉朏朒定數，朏減朒加經朔、弦、望小餘，滿若不足，進退大餘，命甲子，算外，各得定日及餘。若定朔干名與後朔干名同者月大，不同者月小，其月內無中氣者爲閏月。凡注曆，觀定朔小餘，秋分後在統法四分之三已上者，進一日；若春分後定朔晨昏差如春分之日者，三約之，用減四分之三；定朔小餘在此數已上者，亦進一日；或當交虧初在日入已前者，其朔不進。弦、望定小餘不滿日出分者，退一日；望若有交，虧初在日出分已前者，其定望小餘雖滿日出分，亦退一日。又有月行九道遲疾，曆有三大二小者；依盈縮累增損之，則有四大三小，理數然也。若俯循常儀，當察加時早晚，隨其所近而進退之，使不過三大二小。

求定朔弦望加時日度：置定朔、弦、望約分，副之，以乘其日升降分，一萬約之，所得，升加降減其副，以加其日夜半日度，命如前，各得定朔、弦、望加時日躔黃道宿度及分秒。

求月行九道：凡合朔初交，冬入陰曆，夏入陽曆，月行青道；冬至、夏至後，青道半交在春分之宿，出黃道東；立冬、立夏後，青道半交在立春之宿，出黃道東南：至所衝之宿亦如之。冬入陽曆，夏入陰曆，月行白道；冬至、夏至後，白道半交在秋分之宿，出黃道西；立冬、立夏後，白道半交在立秋之宿，出黃道西北：至所衝之宿亦如之。春入陽曆，秋入陰曆，月行朱道；春分、秋分後，朱道半交在夏至之宿，出黃道南；立夏、立秋後，朱道半交在立夏之宿，出黃道西南：至所衝之宿亦如之。春入陰曆，秋入陽曆，月行黑道。春分、秋分後，黑道半交在冬至之宿，出黃道北；立春、立秋後，黑道半交在立冬之宿，出黃道東北：至所衝之宿亦如之。四序離爲八節，至陰陽之所交，皆與黃道相會，故月行有九道。各視月行所入正交積度，滿交象去之，入交積度及交象度，並在交會術中。若在半交象已下爲初限；已上，覆減交象，餘爲末限。置初、末限度及分，三之，爲限分；用減四百，餘以限分乘之，二萬四十而一爲度，命曰月道與黃道差數。距正交後、半交前，以差數加；距半交後、正交前，以差數減。此加減出入黃道六度，單與黃道相校之數，若校赤道，則隨氣遷變不常。仍計去冬、夏二至已來度數，乘差數，如九十而一，爲月道與赤道差數。凡日以赤道內爲陰，外爲陽；月以黃道內爲陰，外爲陽。故月行宿度，入春分交後行陰曆，秋分交後行陽曆，皆爲同名；入春分交後行陽曆，秋分交後行陰曆，皆爲異名。其在同名者，以差數加者加之，減者減之；其在異名者，以差數加者減之，減者加之。二差皆增益黃道宿積度，爲九道宿積度；以前宿九道積度減之，爲其宿九道度及分秒。其分就近約之爲太、半、少。

求月行九道平交入氣：各以其月閏日及餘，加經朔加時入交汎日及餘秒，盈交終日及餘秒去之，乃減交終日及餘秒，即各得平交入其月中氣日及餘秒；若滿氣策即去之，餘爲平交入後月節氣日及餘秒。若求朏朒定數，如求朔、望朏朒術入之，即得所求。

求平交入轉朏朒定數：置所入氣餘，加其日夜半入轉餘，乘其日算外損益率，如統法而一，所得，以損益其下朏朒積，乃以交率乘之，交數而一，爲定數。

求正交入氣：以平交入氣、入轉朏朒定數，朏減朒加平交入氣餘，滿若不足，進退其日，即正交入氣日及餘秒。

求正交加時黃道日度：置正交入氣餘，副之，以乘其日升降分，一萬約之，升加降減其副，乃以一百乘之，如統法而一，以加其日夜半日度，即正交加時黃道日度及分秒。

求正交加時月離九道宿度：置正交度加時黃道日及分，三之，爲限分；用減四百，餘以限分乘之，二萬四千而一，命曰月道與黃道差數；以加黃道宿度，仍計去冬、夏二至已來度數，以乘差數，如九十而一，爲月道與赤道差數；同名以加，異名以減，二差皆增損正交度，即正交加時月離九道宿度及分秒。

求定朔弦望加時月離黃道宿度：置定朔、弦、望加時日躔黃道宿度及分，凡合朔加時，月行潛在日下，與太陽同度，是爲加時月度；各以弦、望度加其所當日度，滿黃道宿次去之，即各得定朔、弦、望加時月離黃道宿度及分秒。

求定朔弦望加時月離九道宿度：置定朔、弦、望加時月離黃道宿度及分秒，加前宿正交後黃道積度，如前求九道術入之，以前定宿正交後九道積度減之，餘爲定朔、弦、望加時月離九道宿度及分秒。凡合朔加時若非正交，即日在黃道、月在九道所入宿度。雖多少不同，考其去極，若應繩準，故曰加時九道。

求定朔午中入轉：各視經朔夜半入轉日及餘秒，以半法加之，若定朔大餘有進退者，亦進退轉日，否則因經爲定。因求次日，累加一日，滿轉周日及餘秒去之，即每日午中入轉。

求晨昏月度：以晨分乘其日算外轉定分，如統法而一，爲晨轉分；用減轉定分，餘爲昏轉分；乃以朔、弦、望小餘乘其日算外轉定分，如統法而一，爲加時分；以減晨昏轉分，餘爲前；不足減者，覆減之，餘爲後；以前加後減定朔、弦、望月度，卽晨、昏月所在度。

求朔弦望晨昏定程：各以其朔昏定月減上弦昏定月，餘爲朔後昏定程；以上弦昏定月減望昏定月，餘爲上弦後昏定程；以望晨定月減下弦晨定月，餘爲望後晨定程；以下弦晨定月減後朔晨定月，餘爲下弦後晨定程。

求每日轉定度數：累計每程相距日轉定分，以減定程，餘爲盈；不足減者，覆減之，餘爲縮；以相距日除之，所得，盈加縮減每日轉定分，爲每日轉定度及分秒。

求每月晨昏月：置朔、弦、望晨昏月，以每日轉定度及分加之，滿宿次去之，爲每日晨昏月。凡注曆，自朔日注昏月，望後一日注晨月。已前月度並依九道所推，以究算術之精微，如求速要，卽依後術求之。

求天正十一月經朔加時平行月：置歲周，以天正閏餘減之，餘以統法約之爲度，不滿，退除爲分秒，卽天正十一月經朔加時平行月積度及分秒。

求天正十一月定朔夜半平行月：置天正經朔小餘，以平行月度分秒乘之，如統法而一爲度，不滿，退除爲分秒，以減天正十一月經朔加時平行月積度，卽天正十一月經朔晨前夜半平行月。其定朔大餘有進退者，亦進退平行度，否則因經爲定，即天正十一月定朔晨前夜半平行月積度及分秒。

求次定朔夜半平行月：置天正十一月定朔晨前夜半平行月積度及分秒，大月加三十五度八十分、秒六十一，小月加二十二度四十三分、秒七十三半，滿周天度及約分、秒去之，即得次定朔晨前夜半平行月積度及分秒。

求弦望定日夜半平行月：各計朔、弦、望相距之日，乘平行度及分秒，以加其月定朔晨前夜半平行月積度及分秒，即其月弦望定日晨前夜半平行月積度及分秒。

求定朔晨前夜半入轉：置其月經朔晨前夜半入轉日及餘秒，若定朔大餘有進退者，亦進退轉日，否則因經爲定，其餘如統法退除爲分秒，即得其月定朔晨前夜半入轉日及分秒。因求次日，累加一日，滿轉周二十七日五十五分、秒四十六去之，即每日晨前夜半入轉。

求定朔弦望晨前夜半定月：置定朔、弦、望晨前夜半入轉分，乘其日算外增減差，百約爲分，分滿百爲度，增減其下遲疾度，爲遲疾定度；遲減疾加定朔、弦、望晨前夜半平行月積度及分秒，以天正冬至加時黃道日度加而命之，即各得定朔、弦、望晨前夜半月離宿度及分秒。如求每日晨、昏月，依前術入之，即得所求。

步晷漏

二至限：一百八十二日六十二分。

一象：九十一日三十一分。

消息法：九千七百三。

辰法：二十五。

半法：六千一十五。

半辰法：一十二半。

刻法：一千二百三。

辰刻：八、餘四百一。

昏明分：三百太。

昏明刻：二、餘六百一半。

冬至岳臺晷影常數：一丈二尺八寸五分。

夏至岳臺晷影常數：一尺五寸七分。

冬至後初限夏至後末限：四十五日、六十二分。

冬至後末限夏至後初限：一百三十七日、空分。

求岳臺晷影入二至後日數：計入二至以來日數，以二至約分減之，乃加半日之分五十，即入二至後來午中日數及分。

求岳臺午中晷影定數：置入二至後日及分，如初限已下者爲初；已上，覆減二至限，餘爲末。其在冬至後初限、夏至後末限者，以入限日及分減一千九百三十七半，爲汎差；仍以入限日及分乘其日盈縮積，其盈縮積者，以入盈縮限日及分與二百相減相乘，爲盈縮積也。五因百約，用減汎差，爲定差；乃以入限日及分自相乘，以定差乘之，滿一百萬爲尺，不滿爲寸分，以減冬至岳臺晷影常數，餘爲其日午中晷影定數。其在冬至後末限、夏至後初限者，以三約入限日及分，減四百八十五少，爲汎差；仍以盈縮差度減去極度，餘者春分後、秋分前，四約，以加汎差，爲定差；春分前、秋分後，以去二分日數乘之，六百而一，以減汎差，爲定差；乃以入限日及分自相乘，以定差乘之，滿一百萬爲尺，不滿爲寸分，以加夏至岳臺晷影常數，爲其日午中晷影定數。

求每日午中定積日：置其日午中入二至後來日數及分，以其日盈縮分盈加縮減之，即每日午中定積日及分。

求每日午中消息定數：置定積日及分，在一象已下自相乘，已上，用減二至限，餘亦自相乘，七因，進二位，以消息法除之，爲消息常數；副置之，用減六百一半，餘以乘其副，以二千六百七十除之，以加常數，爲消息定數。冬至後爲息，夏至後爲消。

求每日黃道去極度：置其日消息定數，十六乘之，滿四百一除之爲度，不滿，退除爲分，春分後加六十七度三十一分，秋分後減一百一十五度三十一分，即每日午中黃道去極度及分。

求每日太陽去赤道內外度：置其日黃道去極度及分，與一象度相減，餘爲太陽去赤道內、外度及分。去極多，爲日在赤道外；去極少，爲日在赤道內。

求每日晨昏分及日出入分半晝分：置其日消息定數，春分後加二千一百少，秋分後減三千三百八少，各爲其日晨分；用減統法，餘爲昏分。以昏明分加晨分，爲日出分；減昏分，爲日入分；以日出分減半法，餘爲半晝分。

求每日距中度：置其日晨分，進位，十四因之，以四千六百一十一除之爲度，不滿，退除爲分，卽距子度；用減半周天，餘爲距中度；五而一，爲每更差數。

求每日夜半定漏：置晨分，進一位，如刻法而一爲刻，不滿爲刻分，卽每日夜半定漏。

求每日晝夜刻及日出入辰刻：置夜半定漏，倍之，加五刻，爲夜刻；減百刻，爲晝刻。以昏明刻加夜半定漏，命子正，算外，得日出辰刻；以晝刻加之，命如前，卽日入辰刻。其辰數，依發斂術求之。

求更點辰刻：置其日夜半定漏，倍之，二十五而一，爲籌差；半之，進位，爲更差。以昏明刻加日入辰刻，卽甲夜辰刻；以更籌差累加之，滿辰刻及分去之，各得每更籌所在辰刻及分。若用司辰漏者，倍夜半定漏，減去待旦十刻，餘依術算，卽得內中更籌也。

求每日昏曉中星及五更中星：置距中度，以其日昏後夜半赤道日度加而命之，卽得其日昏中星所格宿次，命之曰初更中星；以每更差度加而命之，卽乙夜中星；以更差度累加之，去命如前，卽五更及曉中星。若依司辰星漏，倍距子度，減去待旦三十六度五十二分半，餘依術求更點差度，卽內中昏曉五更及攢點中星也。

求九服距差日：各於所在立表候之，若地在岳臺北，測冬至後與岳臺冬至晷影同者，累冬至後至其日，爲距差日；若地在岳臺南，測夏至後與岳臺晷影同者，累夏至後至其日，爲距差日。

求九服晷影：若地在岳臺北冬至前後者，以冬至前後日數減距差日，爲餘日；以餘日減一千九百三十七半，爲汎差；依前術求之，以加岳臺冬至晷影常數，爲其地其日午中晷影定數。冬至前後日多於距差日者，乃減去距差日，餘依法求之，卽得其地其日午中晷影定數。若地在岳臺南夏至前後者，以夏至前後日數減距差日，爲餘日；乃三約之，以減四百八十五少，爲汎差；依前術求之，以減岳臺夏至晷影常數，卽其地其日午中晷影定數。

如夏至前後日數多於距差日，乃減去距差日，餘依法求之，卽得其地其日午中晷影定數，卽晷在表南也。

求九服所在晝夜漏刻：各於所在下水漏，以定二至夜刻，乃相減，餘爲二至差刻。乃置岳臺其日消息定數，以其處二至差刻乘之，如岳臺二至差刻二十除之，所得，爲其地其日消息定數。乃倍消息定數，進位，滿刻法約之爲刻，不滿爲分，以加減其處二至夜刻，春分後、秋分前，以加夏至夜刻；秋分後、春分前，以減冬至夜刻。爲其地其日夜刻；以減百刻，餘爲晝刻。

求日出入差刻及五更中星，並依岳臺法求之。

## 校勘記

〔一〕沒限分九千四百二　以統法減氣盈，得沒限分九千四百一、秒二十四。疑「二」應作「一」，其下並脫「秒二十四」四字。

〔二〕赤道宿度　「宿」原作「入」，據曆法常例改。

〔三〕卽次朔加時入轉日及餘秒　「次」原作「其」，據本條推步內容改。

# 宋史卷七十八

## 志第三十一

## 律曆十一

### 觀天曆

步交會

交終分：三十二萬七千三百六十一、秒九千九百四十四。

交終日：二十七、餘二千五百五十一、秒九千九百四十四。

交中日〔一〕：一十三、餘七千二百九十、秒九千九百七十二。

朔差日：二、餘三千八百三十一、秒五十六。

望策：一十四、餘九千二百六、秒五千。

後限日：一、餘一千九百一十五、秒五千二十八。

前限日：一十二、餘五千三百七十五、秒四千九百四十四。

以上秒母同一萬。

交率：一百八十三。

交數：二千三百三十一。

交終度：三百六十三分七十六。

交中度：一百八十一分八十八。

交象度：九十分九十四。

半交象度：四十五分四十七。

陽曆食限：四千九百，定法四百九十。

陰曆食限：七千九百，定法七百九十。

求天正十一月經朔加時入交汎日：置天正十一月經朔加時積分，以交終分及秒去之，不盡，滿統法爲日，不滿爲餘秒，卽天正十一月經朔加時入交汎日及餘秒。

求次朔及望加時入交汎日：置天正經朔加時入交汎日及餘秒，求次朔〔三〕，以朔差加之；求望，以望策加之，滿交終日及餘秒去之，卽次朔及望加時入交汎日及餘秒。若以經朔小餘減之，餘爲夜半入交汎日。

求定朔望夜半入交汎日：置經朔、望夜半入交汎日，若定朔、望大餘有進退者，亦進退交日，否則因經爲定，卽定朔望夜半入交汎日及餘秒。

求次朔夜半入交汎日：置定朔夜半入交汎日及餘秒，大月加二日，小月加一日，餘皆加九千四百七十八、秒五十六，求次日，累加一日，滿交終日及餘秒去之，卽次定朔及每日夜半入交汎日及餘秒。

求朔望加時入交常日：置經朔、望入交汎日及餘秒，以其朔、望入盈縮限朏朒定數朏減朒加之，卽朔、望加時入交常日及餘秒。

求朔望加時入交定日：置其朔、望入轉朏朒定數，以交率乘之，交數而一，所得，以朏減朒加入交常日及餘秒，滿與不足，進退其日，卽朔、望加時入交定日及餘秒。

求月行入陰陽曆：置其朔、望入交定日及餘秒，在交中已下爲月行陽曆；已上去之，餘爲月行陰曆。

求朔望加時月行入陰陽曆積度：置月行入陰陽曆日及餘秒，以統法通日，內餘，九而一爲分，分滿百爲度，卽朔望加時月行入陰陽曆積度及分。

求朔望加時月去黃道度：置入陰陽曆積度及分，如交象已下爲入少象；已上，覆減交中度，餘爲入老象。皆列於上，下列交中度，相減相乘，進位，如一百二十八而一，爲汎差。又視入老、少象度，如半交象已下爲初；已上去之，餘爲末。皆二因，退位，初減末加汎差，滿百爲度，即朔、望加時月去黃道度及分。

求日月食甚定餘：置定朔小餘，如半統法已下，與半統法相減相乘，如三萬六千九十而一爲時差，以減；如半統法已上減去半統法，餘亦與半統法相減相乘，如一萬八千四十五而一爲時差，午前以減，午後以加：皆加、減定朔小餘，爲日食甚小餘；與半法相減，餘爲午前、後分。其月食者，以定望小餘爲月食甚小餘。

求日月食甚辰刻：各置食甚小餘，倍之，以辰法除之爲辰數，不滿，五因，滿刻法而一爲刻，不滿爲分。其辰數命子正，算外，即食甚辰刻及分。若加半辰，即命起子初。

求氣差：置其朔盈、縮限度及分，自相乘，進二位，盈初縮末一百九十七而一，盈末縮初二百一十九而一，皆用減四千一十，爲氣汎差；以乘午前、後分，如半晝分而一，所得，以減汎差，爲定差。春分後，交初以減，交中以加；秋分後，交初以加，交中以減。如食在夜，反用之。

求刻差：置其朔盈、縮限度及分，與半周天相減相乘，進二位，二百九而一，爲刻汎差；以乘午前、後分，如三千七百半而一，爲定差。冬至後午前、夏至後午後，交初以加，交中以減；冬至後午後、夏至後午前，交初以減，交中以加。

求日入食限交前後分：置朔入交定日及餘秒，以氣、刻、時三差各加減之，如交中日已下爲不食；已上去之，如後限已下爲交後分；前限已上覆減交中日，餘爲交前分。

求日食分：置交前後分，如陽曆食限已下爲陽曆食定分；已上，用減一萬二千八百，餘爲陰曆食定分；如不足減者，日不食。各如定法而一爲大分，不盡，退除爲小分。小分半已上爲半彊，已下爲半弱。命大分以十爲限，卽得日食之分。

求日食汎用分：置日食定分，退二位，列於上，在陽曆列九十八於下，在陰曆列一百五十八於下，各相減相乘，陽以二百五十而一，陰以六百五十而一，各爲日食汎用分。

求月入食限交前後分：置望月行入陰陽曆日及餘秒，如後限已下爲交後分；前限已上覆減交中日，餘爲交前分。

求月食分：置交前後分，如三千七百已下，爲食既；已上，覆減一萬一千七百，不足減者爲不食。餘以八百而一爲大分，不盡，退除爲小分。小分半已上爲半強，已下爲半弱。命大分以十爲限，卽得月食之分。

求月食汎用分：置望交前、後分，自相乘，退二位，交初以一千一百三十八而一，用減一千二百三，交中以一千二百六十四而一，用減一千八十三，各爲月食汎用分。

求日月食定用分：置日月食汎用分，以一千三百三十七乘之，以定朔、望入轉算外轉定分而一，所得，爲日月食定用分。

求日月食虧初復滿小餘：置日月食甚小餘，以定用分減之，爲虧初；加之，爲復滿：即各得所求小餘。若求辰刻，依食甚術入之。

求月食更籌法：置望辰分，四因，退位，爲更法；五除之，爲籌法。

求月食入更籌：置虧初、食甚、復滿小餘，在晨分已下加晨分，昏分已上減去昏分，皆以更法除之爲更數，不盡，以籌法除之爲籌數。其更、籌數命初更，算外，即各得所入更、籌。

求日月食甚宿次：置朔望之日晨前夜半黃道日度及分，以統法約日月食甚小餘，加之，內月食更加半周天，各依宿次去之，即日月食甚所在宿次。

求月食既內外刻分：置月食交前、後分，覆減三千七百，如不足減者，爲食不既。退二位，列於上，下列七十四，相減相乘，進位，如三十七而一，所得，以定用分乘之，如汎用分而一，爲既內分；以減定用分，餘爲既外分。

求日月帶食出入所見之分：各以食甚小餘與日出、入分相減，餘爲帶食差；其帶食差在定用分已上，爲不帶食出入。以乘所食之分，滿定用分而一，若月食既者，以既內分減帶食差，餘乘所食之分，如既外分而一，所得，以減既分，如不足減者，爲帶食既出入。以減所食之分，餘爲帶食出、入所見之分。

求日食所起：日在陽曆，初起西南，甚於正南，復滿東南；日在陰曆，初起西北，甚於正北，復滿東北。其食八分已上者，皆起正西，復滿正東。此據午地而論之，當審黃道斜正可知。

求月食所起：月在陽曆，初起東北，甚於正北，復滿西北；月在陰曆，初起東南，甚於正南，復滿西南。其食八分已上者，皆起正東，復滿正西。此據午地而論之，當審黃道斜正可知。

## 步五星

五星曆策：一十五度、約分二十一、秒九十。

木星周率：四百七十九萬八千五百二十六、秒九十二

周日：三百九十八、餘一萬五百八十六、秒九十二。

歲差：一百一十六、秒七十二。

伏見度：一十三半。

| 變目 | 變日 | 變度 | 限度 | 初行率 |
|---|---|---|---|---|
| 晨伏 | 一十七日 | 三度七十五 | 二度七十三 | 二十三 |
| 晨疾初 | 二十八日 | 六度二 | 四度三十九 | 二十三 |
| 晨疾末 | 二十八日 | 五度六十 | 四度八 | 二十二 |
| 晨遲初 | 二十八日 | 四度六十二 | 三度三十七 | 一十九 |
| 晨遲末 | 二十八日 | 一度九十 | 一度三十八 | 一十四 |
| 晨留 | 二十四日 | | | |
| 晨退 | 四十六日四十四 | 五度七 | 空度八十七 | 空 |
| 夕退 | 四十六日四十四 | 五度七 | 空度八十七 | 一十六 |
| 夕留 | 二十四日 | | | |
| 夕遲初 | 二十八日 | 一度九十 | 一度三十八 | 空 |
| 夕遲末 | 二十八日 | 四度六十二 | 三度三十七 | 一十四 |

| | | | | |
|---|---|---|---|---|
| 夕疾初 | 二十八日 | 五度六十 | 四度八 | 一十九 |
| 夕疾末 | 二十八日 | 六度二 | 四度三十九 | 二十一 |
| 夕伏 | 一十七日 | 三度七十五 | 二度七十五 | 二十二 |

## 木星盈縮曆

| 策數 | 損益率 | 盈積度 | 損益率 | 縮積度 |
|---|---|---|---|---|
| 初 | 益一百七十二 | 空 | 益一百七十二 | 空 |
| 一 | 益一百四十三 | 一度七十二 | 益一百四十三 | 一度七十二 |
| 二 | 益一百一十四 | 三度一十五 | 益一百一十四 | 三度一十五 |
| 三 | 益八十五 | 四度二十九 | 益八十五 | 四度二十九 |
| 四 | 益五十四 | 五度十四 | 益五十四 | 五度一十四 |
| 五 | 益二十二 | 五度六十八 | 益二十二 | 五度六十八 |
| 六 | 損二十二 | 五度九十 | 損二十二 | 五度九十 |

| | | | | |
|---|---|---|---|---|
| 七 | 損五十四 | 五度六十八 | 損五十四 | 五度六十八 |
| 八 | 損八十五 | 五度一十四 | 損八十五 | 五度一十四 |
| 九 | 損一百一十四 | 四度二十九 | 損一百一十四 | 四度二十九 |
| 十 | 損一百四十三 | 三度一十五 | 損一百四十三 | 三度一十五 |
| 十一 | 損一百七十二 | 一度七十二 | 損一百七十二 | 一度七十二 |

火星周率：九百三十八萬二千五百六十、秒七十六。

周日：七百七十九、餘一萬一千一百九十、秒七十六。

歲差：一百一十六、秒一十三。

伏見度：一十八。

| 變目 | 變日 | 變度 | 限度 | 初行率 |
|---|---|---|---|---|
| 晨伏 | 六十八日 | 五十度空分 | 四十七度五十 | 七十四 |
| 晨疾初 | 五十五日 | 三十九度五 | 三十七度九 | 七十二 |
| 晨疾末 | 五十五日 | 三十八度九十四 | 三十七度空 | 七十 |

| | | | | |
|---|---|---|---|---|
| 晨次疾初 | 四十七日 | 三十一度二 | 三十九度四十六 | 六十八 |
| 晨次疾末 | 四十七日 | 二十八度二十 | 一十六度七十九 | 六十四 |
| 晨遲初 | 三十九日 | 一十八度七十二 | 一十七度七十八 | 五十六 |
| 晨遲末 | 三十九日 | 一十度空分 | 九度五十 | 四十 |
| 晨留 | 一十一日 | | | |
| 晨退 | 二十八日九十六 | 八度五十九 | 二度二十二 | 空 |
| 夕退 | 二十八日九十六 | 八度五十九 | 二度二十二 | 四十五 |
| 夕留 | 一十一日 | | | |
| 夕遲初 | 三十九日 | 一十度空分 | 九度五十 | 空 |
| 夕遲末 | 三十九日 | 一十八度七十二 | 一十七度七十八 | 四十 |
| 夕次疾初 | 四十七日 | 二十八度二十 | 二十六度七十九 | 五十六 |
| 夕次疾末 | 四十七日 | 三十一度二 | 二十九度四十六 | 六十四 |

| | | | | |
|---|---|---|---|---|
| 夕疾初 | 五十五日 | 三十八度九十四 | 三十七度空分 | 六十八 |
| 夕疾末 | 五十五日 | 三十九度五 | 三十七度九 | 七十 |
| 夕伏 | 六十八日 | | | |

## 火星盈縮曆

| 策數 | 損益率 | 盈積度 | 損益率 | 縮積度 |
|---|---|---|---|---|
| 初 | 益千一百六十 | 空 | 益四百四 | 空 |
| 一 | 益八百八十 | 一十一度六十 | 益四百二十六 | 四度四 |
| 二 | 益四百三十 | 二十度四十 | 益四百五十 | 八度三十 |
| 三 | 益一百五十五 | 二十四度七十 | 益四百八十五 | 一十二度八十 |
| 四 | 損五十 | 二十六度二十五 | 益三百八十五 | 一十七度六十五 |
| 五 | 損一百二十 | 二十五度七十五 | 益三百五 | 二十一度五十 |
| 六 | 損三百五 | 二十四度五十五 | 益一百二十 | 二十四度五十五 |

| | | | | |
|---|---|---|---|---|
| 七 | 損三百八十五 | 二十一度五十 | 益五十 | 二十五度七十五 |
| 八 | 損四百八十五 | 一十七度六十五 | 損一百五十五 | 二十六度二十五 |
| 九 | 損四百五十 | 一十二度八十 | 損四百三十 | 二十四度七十 |
| 十 | 損四百二十六 | 八度三十 | 損八百八十 | 二十度四十 |
| 十一 | 損四百四 | 四度四 | 損一千一百六十 | 一十一度六十 |

土星周率：四百五十四萬八千四百三十一、秒八十五。

周日：三百七十八、餘一千九十一、秒八十五。

歲差：一百一十六、秒三十。

伏見度：一十六半。

| 變目 | 變日 | 變度 | 限度 | 初行率 |
|---|---|---|---|---|
| 晨伏 | 十九日 | 二度五十 | 一度五十 | 一十四 |
| 晨疾初 | 二十八日 | 三度二十二 | 一度九十三 | 一十二 |
| 晨疾末 | 二十八日 | 二度八十 | 一度六十八 | 一十一 |

| | | | | |
|---|---|---|---|---|
| 晨遲 | 二十八日 | 一度四十 | 空度八十四 | 九 |
| 晨留 | 三十六日 | | | |
| 晨退 | 五十日四 | 三度五十 | 空度四十七 | 空 |
| 夕退 | 五十日四 | 三度五十 | 空度四十七 | 一十 |
| 夕留 | 三十六日 | | | |
| 夕遲 | 二十八日 | 一度四十 | 空度八十五 | 空 |
| 夕疾初 | 二十八日 | 二度八十 | 一度六十八 | 九 |
| 夕疾末 | 二十八日 | 三度二十二 | 一度九十三 | 一十一 |
| 夕伏 | 一十九日 | 二度五十 | 一度五十 | 一十二 |

土星盈縮曆

| 策數 | 損益率 | 盈積度 | 損益率 | 縮積度 |
|---|---|---|---|---|
| 初 | 益二百二十 | 空二度 | 益二百二十 | 空 |

| | | | | |
|---|---|---|---|---|
| 一 | 益一百八十 | 二度二十 | 益一百八十 | 二度二十 |
| 二 | 益一百四十 | 四度 | 益一百四十 | 四度 |
| 三 | 益一百 | 五度四十 | 益一百 | 五度四十 |
| 四 | 益六十 | 六度四十 | 益六十 | 六度四十 |
| 五 | 益二十 | 七度 | 益二十 | 七度 |
| 六 | 損二十 | 七度二十 | 損二十 | 七度二十 |
| 七 | 損六十 | 七度 | 損六十 | 七度 |
| 八 | 損一百 | 六度四十 | 損一百 | 六度四十 |
| 九 | 損一百四十 | 五度四十 | 損一百四十 | 五度四十 |
| 十 | 損一百八十 | 四度 | 損一百八十 | 四度 |
| 十一 | 損二百二十 | 二度二十 | 損二百二十 | 二度二十 |

金星周率：七百二萬四千三百二十一、秒三十四。

周日：五百八十三、餘一萬八百三十一、秒三十四。

歲差：一百一十六、秒六十九。

伏見度：一十一半。

| 變目 | 變日 | 變度 | 限度 | 初行率 |
| --- | --- | --- | --- | --- |
| 夕伏 | 三十八日五十 | 五十度空分 | 四十八度空分 | 一百三十 |
| 夕疾初 | 五十日 | 六十三度七十五 | 六十一度二十 | 一百三十 |
| 夕疾末 | 五十日 | 六十一度二十五 | 五十八度八十 | 一百二十五 |
| 夕次疾初 | 四十日 | 四十六度空分 | 四十四度一十八 | 一百二十 |
| 夕次疾末 | 四十日 | 四十二度空分 | 四十度三十二 | 一百一十 |
| 夕遲初 | 三十日 | 二十六度二十五 | 二十五度二十 | 一百 |
| 夕遲末 | 二十日 | 一十二度空分 | 一十一度五十一 | 七十五 |
| 夕留 | 七日 | | | |
| 夕退 | 九日九十五 | 四度三十一 | 一度二十二 | 空 |
| 夕伏退 | 六日五十 | 五度空分 | 一度五十 | 七十三 |

| | | | | |
|---|---|---|---|---|
| 伏合退 | 六日五十 | 五度空分 | 一度五十 | 八十一 |
| 晨退 | 九日九十五 | 四度三十一 | 一度二十三 | 七十三 |
| 晨留 | 七日 | | | |
| 晨遲初 | 二十日 | 一十二度空分 | 一十一度五十二 | 空 |
| 晨遲末 | 三十日 | 二十六度二十五 | 二十五度二十 | 七十五 |
| 晨次疾初 | 四十日 | 四十二度空分 | 四十度三十二 | 一百 |
| 晨次疾末 | 四十日 | 四十六度空分 | 四十四度一十八 | 一百一十 |
| 晨疾初 | 五十日 | 六十一度二十五 | 五十八度八十 | 一百二十 |
| 晨疾末 | 五十日 | 六十三度七十五 | 六十一度二十 | 一百二十五 |
| 晨伏 | 三十八日五十 | 五十度空分 | 四十八度空分 | 一百三十 |

## 金星盈縮曆

| 策數 | 損益率 | 盈積度 | 損益率 | 縮積度 |
|---|---|---|---|---|
| 初 | 益五十三 | 空 | 益五十三 | 空 |

| | | | | |
|---|---|---|---|---|
| 一 | 益四十九 | 空度五十三 | 益四十九 | 空度五十三 |
| 二 | 益四十二 | 一度二 | 益四十二 | 一度二 |
| 三 | 益三十二 | 一度四十四 | 益三十二 | 一度四十四 |
| 四 | 益二十二 | 一度七十六 | 益二十二 | 一度七十六 |
| 五 | 益七 | 一度九十八 | 益七 | 一度九十八 |
| 六 | 損七 | 二度五 | 損七 | 二度五 |
| 七 | 損二十二 | 一度九十八 | 損二十二 | 一度九十八 |
| 八 | 損三十二 | 一度七十六 | 損三十二 | 一度七十六 |
| 九 | 損四十二 | 一度四十四 | 損四十二 | 一度四十四 |
| 十 | 損四十九 | 一度二 | 損四十九 | 一度二 |
| 十一 | 損五十三 | 空度五十三 | 損五十三 | 空度五十三 |

水星周率：一百三十九萬四千二、秒七。

周日：一百一十五、餘一萬五百五十二、秒七。

歲差：一百一十六、秒四十。

夕見晨伏度：一十五。

晨見夕伏度：二十一。

| 變目 | 變日 | 變度 | 限度 | 初行率 |
|---|---|---|---|---|
| 夕伏 | 一十五日 | 三十度空分 | 二十五度二十 | 二百二十二 |
| 夕疾 | 一十四日 | 二十三度空分 | 一十九度五十五 | 一百七十八 |
| 夕遲 | 一十三日 | 一十三度空分 | 十度九十二 | 一百五十一 |
| 夕留 | 三日 | | | |
| 夕伏退 | 十二日九十三 | 八度七 | 二度二十六 | |
| 晨伏退 | 十二日九十三 | 八度七 | 二度二十六 | 一百五 |
| 晨留 | 三日 | | | |
| 晨遲 | 一十三日 | 一十三度空分 | 十度九十二 | 空 |
| 晨疾 | 一十四日 | 二十三度空分 | 一十九度五十五 | 一百五十一 |

| | | | | |
|---|---|---|---|---|
| 晨伏 | 一十五日 | 三十度空分 | 二十五度二十 | 一百七十九 |

## 水星盈縮曆

| 策數 | 損益率 | 盈積度 | 損益率 | 縮積度 |
|---|---|---|---|---|
| 初 | 益五十九 | 空 | 益五十九 | 空 |
| 一 | 益五十四 | 空度五十九 | 益五十四 | 空度五十九 |
| 二 | 益四十六 | 一度一十二 | 益四十六 | 一度一十二 |
| 三 | 益三十六 | 一度五十九 | 益三十六 | 一度五十九 |
| 四 | 益二十四 | 一度九十五 | 益二十四 | 一度九十五 |
| 五 | 益八 | 二度一十九 | 益八 | 二度一十九 |
| 六 | 損八 | 二度二十七 | 損八 | 二度二十七 |
| 七 | 損二十四 | 二度一十九 | 損二十四 | 二度一十九 |
| 八 | 損三十六 | 一度九十五 | 損三十六 | 一度九十五 |

| | | | | |
|---|---|---|---|---|
| 九 | 損四十六 | 一度五十九 | 損四十六 | 一度五十九 |
| 十 | 損五十四 | 一度一十五 | 損五十四 | 一度一十三 |
| 十一 | 損五十九 | 空度五十九 | 損五十九 | 空度五十九 |

求五星天正冬至後平合中積中星：置天正冬至氣積分，各以其星周率去之，不盡，用減周率，餘滿統法約之爲度，不滿，退除爲分秒，命之爲平合中積；因而重列之爲平合中星，各以前段變日加平合中積，又以前段變度加平合中星，其經退行者卽減之，各得五星諸變中積中星。

求五星入曆：各以其星歲差乘所求積年，滿周天分去之，不盡，以統法約之爲度，不滿，退除爲分秒，以減平合中星，爲平合入曆度及分秒。求諸變者，各以前段限度累加之，爲五星諸變入曆度及分秒。

求五星諸變盈縮定差：各置其星其變入曆度及分秒，如半周天已下爲盈；已上去之，爲縮；以五星曆策度除之爲策數，不盡，爲入策度及分秒；以其策下損益率乘之，如曆策而一爲分，分滿百爲度，以損益其下盈縮積度，卽五星諸段盈縮定差。

求五星平合及諸變定積：各置其星其變中積，以其段盈縮定差盈加縮減之，卽其段定積日及分；以天正冬至大餘及約分加之，滿統法去之，不盡，命甲子，算外，即定日辰及分。

求五星諸變入所在月日：各置其星其變定積，以天正閏日及約分加之，滿朔策及約分除之爲月數，不盡，爲入月已來日數。命月數起天正十一月，算外，即其星其段入其月經朔日數及分。乃以其朔日、辰相距，即所在月、日。

求五星平合及諸變加時定星：各置其星其變中星，以盈縮定差盈加縮減之，內金倍之，水三之，然後加減，即五星諸段定星；以天正冬至加時黃道日度加而命之〔三〕，即其星其段加時所在宿度及分秒。五星皆因留爲後段初日定星，餘依術算。

求五星諸變初日晨前夜半定星：各以其段初行率乘其段加時分，百約之，以順減退加其日加時定星，即爲其星其段初日晨前夜半定星。加命如前，即得所求。

求諸變日率度率：各以其段日辰距至後段日辰，爲其段日率；以其段夜半定星與後段夜半定星相減，餘爲其段度率。

求諸變平行分：各置其段度率，以其段日率除之，爲其段平行度及分秒。

求諸變總差：各以其段平行分與後段平行分相減，餘爲汎差；併前段汎差，四因，退一位，爲總差。若前段無平行分相減爲汎差者，因後段初日行分與其段平行分相減，爲半總差，倍之，爲總差。若後段無平行分相減爲汎差者，因前段末日行分與其段平行分相減，爲半總差，倍之，爲總差。其在再行者，以本段平行分十四乘之，十五而一，爲總差。內金星依順段術求之。

求初末日行分：各半其段總差，加減其段平行分，後行分少，加之爲初，減之爲末；後行分多，減之爲初，加之爲末。退行者，前段減之爲初，加之爲末；後段加之爲初，減之爲末。爲其星其段初、末日行分。

求每日晨前夜半星行宿次：置其段總差，減日率一，以除之，爲日差；累損益初日行分，後行分少，損之；後行分多，益之。爲每日行度及分秒；乃順加退減其星其段初日晨前夜半定星，命之，卽每日夜半星行所在宿次。

徑求其日宿次：置所求日，減一，半之，以日差乘而加減初日行分，後行分少，減之；後行分多，加之算。以所求日乘之，爲積度；以順加退減其星其段初日夜半宿次，卽所求日夜半宿次。

求五星合見伏行差：木、火、土三星，以其段初日星行分減太陽行分，爲行差。金、水二星順行者，以其段初日太陽行分減星行分，爲行差。金、水二星退行者，以其段初日星行分并太陽行分，爲行差。內水星夕伏、晨見，直以太陽行分爲行差。

求五星定合見伏汎用積：木、火、土三星，各以平合晨疾、夕伏定積，便爲定合見、伏汎用積。金、水二星各置其段盈縮定差，內水星倍之，以其段行差除之爲日，不滿，退除爲分，在平合夕見、晨伏者，盈減縮加定積，爲定合見、伏汎用積；在退合夕伏、晨見者，盈加縮減定積，爲定合見、伏汎用積。

求五星定合定積定星：木、火、土三星，以平合行差除其日盈縮分，爲距合差日；以盈縮分減之，爲距合差度；以差日、差度盈減縮加其星定合汎用積，爲其星定合定積、定星〔四〕。金、水二星順合者，以平合行差除其日盈縮分，爲距合差日；以盈縮分加之，爲距合差度；以差日、差度盈加縮減其星定合汎用積，爲其星定合定積、定星。金、水二星退合者，以平合行差除其日盈縮分，爲距合差日；以減盈縮減之分〔五〕，爲距合差度；以差日盈減縮加，以差度盈加縮減再定合汎用積，爲其星再定合定積、定星。各以天正冬至大餘及約分加定積，滿統法去之，命甲子，算外，卽得定合日辰；以天正冬至加時黃道日度加定星，依宿次去之，卽得定合所在宿次。

求五星定見伏定積：木、火、土三星以汎用積晨加、夕減一象，如半周天已下自相乘，已上，覆減一周天，餘亦自相乘，七十五而一，所得，以其星伏見度乘之，十五而一爲差，如其段行差除之爲日，不滿，退除爲分，見加伏減汎用積，爲其星定見、伏定積。金、水二星以行差除其日盈縮分爲日，在夕見、晨伏，盈加縮減汎用積，爲常用積；夕伏、晨見，盈減縮加汎用積，爲常用積；如常用積在半周天已下爲冬至後；已上去之，餘爲夏至後。

各在一象已下自相乘，已上，覆減一周天，餘亦自相乘，冬至後晨、夏至後夕，以十八而一；冬至後夕、夏至後晨，以七十五而一，所得，以其星伏見度乘之，十五而一爲差，如其段行差除之爲日，不滿，退除爲分，冬至後晨見、夕伏，夏至後夕見、晨伏，以加常用積，爲其星定見、伏定積；冬至後夕見、晨伏，夏至後晨見、夕伏，以減常用積，爲其星定見、伏定積；加命如前，卽得定見、伏日辰。

## 校勘記

〔一〕交中日　「中」原作「終」。按交終日之半爲交中日，「終」爲「中」之誤，故改。

〔二〕求次朔　「次」字原脫。按以朔差加天正經朔加時入交汎日及餘秒，得次朔，故補。

〔三〕以天正冬至加時黃道日度加而命之　「而」原作「時」，據本條推步內容改。

〔四〕爲其星定合定積定星　「積」上原脫「定」字。按本條爲求五星定合定積定星，「積」上應有「定」字，故補。

〔五〕以減盈縮減之分　據本條推步內容，本句應作「以盈縮分減之」。

# 宋史卷七十九

## 志第三十二

## 律曆十二

### 紀元曆

崇寧紀元曆

演紀上元上章執徐之歲，距元符三年庚辰，歲積二千八百六十一萬三千四百六十算；至崇寧五年丙戌，歲積二千八百六十一萬三千四百六十六算。

步氣朔第一

日法：七千二百九十。

朞實：二百六十六萬二千六百二十六。

朔實：二十一萬五千二百七十八。

歲周：三百六十五日、餘一千七百七十六。

氣策：一十五、餘一千五百九十二太。

朔策：二十九、餘三千八百六十八。

望策：一十四、餘五千五百七十九。

弦策：七、餘二千七百八十九半。

中盈分：三千一百八十五半。

朔虛分：三千四百二十二。

沒限：五千六百九十七少。

旬周：四十三萬七千四百。

紀法：六十。

求天正冬至：置上元距所求積年，以朞實乘之，爲天正冬至氣積分；滿旬周去之，不滿，如日法而一爲大餘，不盡爲小餘。其大餘命己卯，算外，即所求年天正冬至日辰及餘。

求次氣：置天正冬至大、小餘，以氣策加之，四分之一爲少，之二爲半，之三爲太。如滿秒母，收從小餘，小餘滿日法從大餘，大餘盈紀法乃去之。去命如前，即次氣日辰及餘。

求天正經朔：置天正冬至氣積分，以朔實去之，不盡，爲天正閏餘；用減氣積分，餘爲天正十一月經朔加時積分；滿旬周去之，不滿，如日法而一爲大餘，不盡爲小餘。其大餘命己卯，算外，即所求年天正十一月經朔日辰及餘。

求弦望及次朔經日：置天正經朔大、小餘，以弦策累加之，去命如前，即各得弦、望及次朔經日辰及餘。

求沒日：置有沒常氣小餘，凡常氣小餘在沒限已上者，爲有沒之氣。六十乘之，用減四十四萬三千七百七十一，餘滿六千三百七十一而一爲日，不滿爲餘。命日起其氣初日辰，算外，即爲氣內沒日辰。

求滅日：置有滅經朔小餘，凡經朔小餘不滿朔虛分者，爲有滅之朔。三十乘之，滿朔虛分而一爲日，不滿爲餘。命日起其月經朔日辰，算外，即爲月內滅日辰。

步發斂

候策：五、餘五百三十、秒五十五。

卦策：六、餘六百三十七、秒六。

土王策：三、餘三百一十八、秒三十三。

歲閏：七萬九千二百九十。

月閏：六千六百七半。

閏限：二十萬八千六百七十半。

辰法：一千二百一十五。

半辰法：六百七半。

刻法：七百二十九。

秒法：六十。

求七十二候：各置中節大、小餘命之，爲初候；以候策加之，爲次候；又加之，爲末候。各命己卯，算外，卽得所求日辰。

求六十四卦：各置中氣大、小餘命之，爲公卦用事日；以卦策加之，得辟卦用事日；又加之，得諸侯內卦用事日；以土王策加之，得十有二節之初諸侯外卦用事日；又加之，得大夫卦用事日；復以卦策加之，得卿卦用事日。各命己卯，算外，卽得所求日辰。

求五行用事：各因四立之節大、小餘命之，卽春木、夏火、秋金、冬水首用事日；以土王策減四季中氣大、小餘，即其季土始用事之日。各命己卯，算外，即得所求日辰。

七十二候及卦目與前曆同。

求中氣去經朔：置天正閏餘，以月閏累加之，滿日法爲閏日，不滿爲餘，即其月中氣去經朔日算。因求卦候者，各以卦、候策依次累加減之，中氣前減，中氣後加。各得其月卦、候去經朔日算。

求發斂加時：置所求小餘，倍之，如辰法而一爲辰數，不滿，五因之，如刻法而一爲刻，不盡爲分。命辰數起子正，算外，即各得加時所在辰、刻及分。如半辰數，即命起子初。

步日躔

周天分：二億一千三百一萬八千一十七。

歲差：七千九百三十七。

周天度：三百六十五、約分二十五、秒七十二。

象限：九十一、約分三十一、秒九。

乘法：一百一十九。

除法：一千八百一十一。

秒法：一百。

| 常氣 | 中積日 | 盈縮分 | 先後數 | 損益率 | 朒朓積 |
| --- | --- | --- | --- | --- | --- |
| 冬至 | 空 | 盈七千六十 | 先初 | 益三百八十五 | 朒積空 |
| 小寒 | 一十五 一千五百九十二太 二十一 八十四 | 盈五千九百二十 | 先七千六十 | 益三百二十三 | 朒三百八十五 |
| 大寒 | 三十 三千一百八十五半 四十三 六十九 | 盈四千七百一十七 | 先一萬二千九百八十 | 益二百五十七 | 朒七百八 |
| 立春 | 四十五 四千七百七十八少 六十五 五十四 | 盈三千四百五十一 | 先一萬七千六百九十七 | 益一百八十七 | 朒九百六十五 |
| 雨水 | 六十 六千三百七十一 八十七 三十九 | 盈二千一百二十二 | 先二萬一千一百四十八 | 益一百一十六 | 朒一千一百五十三 |
| 驚蟄 | 七十六 六百七十三太 九 二十四 | 盈七百三十 | 先二萬三千二百七十 | 益四十 | 朒一千二百六十九 |

| | | | | | |
|---|---|---|---|---|---|
| 春分 | 九十一 二千二百六十六半 三十一 九 | 縮七百三十 | 先二萬四千 | 損四十 | 朒一千三百九 |
| 清明 | 一百六 三千八百五十九少 五十二 九十三 | 縮二千一百二十二 | 先二萬三千二百七十 | 損一百一十六 | 朒一千三百六十九 |
| 穀雨 | 一百二十一 五千四百五十二 七十四 七十八 | 縮三千四百五十一 | 先二萬一千一百四十八 | 損一百八十八 | 朒一千一百五十三 |
| 立夏 | 一百三十六 七千四十四太 九十六 六十三 | 縮四千七百一十七 | 先一萬七千六百九十七 | 損二百五十七 | 朒九百六十五 |
| 小滿 | 一百五十二 一千三百四十七半 一十八 四十八 | 縮五千九百二十 | 先一萬二千九百八十 | 損三百二十三 | 朒七百八 |
| 芒種 | 一百六十七 二千九百四十少 四十 三十三 | 縮七千六十 | 先七千六十 | 損三百八十五 | 朒三百八十五 |

| | | | | | |
|---|---|---|---|---|---|
| 夏至 | 一百八十二 四千五百三十三 六十二 一十八 | 縮七千六十 | 後初 | 益三百八十五 | 朒空 |
| 小暑 | 一百九十七 六千一百二十五太 八十四 三 | 縮五千九百二十 | 後七千六十 | 益三百二十三 | 朒三百八十五 |
| 大暑 | 二百一十三 四百二十八半 五 八十七 | 縮四千七百一十七 | 後一萬二千九百八十 | 益二百五十七 | 朒七百八 |
| 立秋 | 二百二十八 二千二十少 二十七 七十二 | 縮三千四百五十一 | 後一萬七千六百九十七 | 益一百八十八 | 朒九百六十五 |
| 處暑 | 二百四十三 三千一百六十四 四十九 五十七 | 縮二千一百二十二 | 後二萬一千一百四十八 | 益一百一十六 | 朒一千一百五十三 |
| 白露 | 二百五十八 五千二百六太 七十一 四十二 | 縮七百三十 | 後二萬三千二百七十 | 益四十 | 朒一千二百六十九 |

| | | | | | |
|---|---|---|---|---|---|
| 秋分 | 二百七十三<br>六千七百九十九半<br>九十三　二十七 | 盈七百三十 | 後二萬四千 | 損四十 | 朒一千三百九 |
| 寒露 | 二百八十九<br>一千一百二少<br>一十五　一十二 | 盈二千一百二十二 | 後二萬三千二百七十 | 損一百一十六 | 朒一千二百六十九 |
| 霜降 | 三百四<br>二千六百九十五<br>三十六　九十六 | 盈三千四百五十一 | 後二萬一千一百四十八 | 損一百八十八 | 朒一千一百五十三 |
| 立冬 | 三百一十九<br>四千二百八十七太<br>五十八　八十一 | 盈四千七百一十七 | 後一萬七千六百九十七 | 損二百五十七 | 朒九百六十五 |
| 小雪 | 三百二十四<br>五千八百八十半<br>八十　六十六 | 盈五千九百二十 | 後一萬二千九百八十 | 損三百二十三 | 朒七百八 |
| 大雪 | 三百五十<br>一百八十三少<br>二　五十一 | 盈七千六十 | 後七千六十 | 損三百八十五 | 朒三百八十五 |

求每日盈縮分先後數：置所求盈縮分，以乘法乘之，如除法而一，爲其氣中平率；與後氣中平率相減，爲合差；半合差，加減其氣中平率，爲初、末汎率。至後加爲初、減爲末，分後減爲初、加爲末。又以乘法乘合差，如除法而一，爲日差；半日差，加減初、末汎率，爲初、末定率。至後減初加末，分後加初減末。以日差累加減其氣初定率，爲每日盈縮分；至後減，分後加。各以每日盈縮分加減氣下先後數〔一〕。冬至後，積盈爲先，在縮減之；夏至後，積縮爲後，在盈減之。其分、至前一氣，無後氣相減，皆因前氣合差爲其氣合差。餘依前術，求朓朒倣此。

求經朔弦望入氣：置天正閏日及餘，如氣策以下者，以減氣策，爲入大雪氣；以上者去之，餘以減氣策，爲入小雪氣：卽天正十一月經朔入氣日及餘。求弦、望及後朔入氣，以弦策累加之，滿氣策去之，卽各得弦、望及次朔入氣日及餘。

求經朔弦望入氣朓朒定數：各以所入氣小餘乘其日損益率，如日法而一，所得，以損益其日下朓朒積，各爲定數。

赤道宿度

斗：二十五。　牛：七少。　女：十一少。　虛：九少、秒七十二。

危：十五半。　室：十七。　壁：八太。

北方七宿九十四度、秒七十二。

奎：十六半。　婁：十二。　胃：十五。　昴：十一少。

畢：十七少。　觜：半。　參：十半。

西方七宿八十三度。

井：三十三少。　鬼：二半。　柳：十三太。　星：六太。

張：十七少。　翼：十八太。　軫：十七。

南方七宿一百九度少。

角：十二。　亢：九少。　氐：十六。　房：五太。

心：六少。　尾：十九少。　箕：十半。

東方七宿七十九度。

按諸曆赤道宿次，就立全度，頗失眞數。今依宋朝渾儀校測距度，分定太、半、少，用爲常數，校之天道，最爲密近。如考唐，用唐所測；考古，用古所測：卽各得當時宿度。

求冬至赤道日度：以歲差乘所求積年，滿周天分去之，不滿，覆減周天分，餘如五千八百三十二而一爲分，不盡，退除爲秒。其分，滿百爲度，命起赤道虛宿七度外去之，至不滿宿，卽所求年天正冬至加時日躔赤道宿度及分秒。

求春分夏至秋分赤道日度：置天正冬至加時赤道日度，累加象限，滿赤道宿次去之，卽各得春分、夏至、秋分加時日在宿度及分秒。

求四正後赤道宿積度：置四正赤道宿全度，以四正赤道日度及分減之，餘爲距後度；以赤道宿度累加之，各得四正後赤道宿積度及分。

求赤道宿積度入初末限：視四正後赤道宿積度及分，在四十五度六十五分、秒五十四半已下爲入初限；已上，用減象限，餘爲入末限。

求二十八宿黃道度：以四正後赤道宿入初、末限度及分，減一百一度，餘以初、末限度及分乘之，進位，滿百爲分，分滿百爲度，至後以減、分後以加赤道宿積度，爲其宿黃道積度；以前宿黃道積度減之，其四正之宿，先加象限，然後以前宿減之。爲其宿黃道度分。其分就近約爲太、半、少。

### 黃道宿度

斗：二十三。　牛：七。　女：十一。　虛：九少、秒七十二。

危：十六。　室：十八。　壁：九半。

北方七宿九十三度太、秒七十二。

奎：十八。　婁：十二太。　胃：十五半。　昴：十一。

畢：十六半。　觜：半。　參：九太。

西方七宿八十四度。

井：三十半。　鬼：二半。　柳：十三少。　星：六太。

張：十七太。　翼：二十。　軫：十八半。

南方七宿一百九度〔二〕。

角：十二太。　亢：九太。　氐：十六少。　房：五太。

心：六。　尾：十八少。　箕：九半。

東方七宿七十八度少。

前黃道宿度，依今曆歲差所在算定。如上考往古，下驗將來，當據歲差，每移一度，依術推變當時宿度，然後可步七曜，知其所在。如徑求七曜所在，置所在積度，以前黃道宿積度減之，爲所在黃道宿度及分。

求天正冬至加時黃道日度：以冬至加時赤道日度及分秒，減一百一度，餘以冬至加時赤道日度及分秒乘之，進位，滿百爲分，分滿百爲度，命曰黃赤道差；用減冬至赤道日度及分秒，即所求年天正冬至加時黃道日度及分秒。

求二十四氣加時黃道日度：置所求年冬至日躔黃赤道差〔三〕，以次年黃赤道差減之，餘以所求氣數乘之，二十四而一，所得，以加其氣中積及約分，又以其氣初日先後數先加後減之，用加冬至加時黃道日度，依宿次命之〔四〕，卽各得其氣加時黃道日躔宿度及分秒。如其年冬至加時赤道宿度空，分秒在歲差已下者，卽加前宿全度。然求黃赤道差〔五〕，餘依術算。

求二十四氣晨前夜半黃道日度：置日法，以其氣小餘減之，餘副置之；以其氣初日盈縮分乘之，如萬約之，所得，盈加縮減其副，滿日法爲度，不滿，退除爲分秒，以加其氣加時黃道日度，卽各得其氣一日晨前夜半黃道日度及分秒；每日加一度，以百約每日盈縮分爲分秒，盈加縮減之，滿黃道宿次去之，卽每日晨前夜半黃道日躔宿度及分秒。其二十四氣初日晨前夜半黃道日度，係屬前氣，自前氣攤算，卽各得所求。

求每日午中黃道日度：置一萬分，以所入氣日盈縮分盈加縮減而半之，滿百爲分，不滿爲秒，以加其日晨前夜半黃道日度，卽其日午中日躔黃道宿度及分〔六〕。

求夏至加時黃道日度：置天正冬至加時黃道日度及分秒，以二至限及分秒加之，滿黃道宿次去之，不滿，爲夏至加時黃道日度及分秒。

求每日午中黃道積度：以二至加時黃道日度距至所求日午中黃道日度，爲入二至後黃道積度及分。

求每日午中黃道入初末限：視二至後黃道積度，在四十三度一十二分、秒八十七以下爲初限；以上，用減象限，餘爲入末限。其積度滿象限去之，爲二分後黃道積度，在四十八度一十八分、秒二十二以下爲初限；以上，用減象限，餘爲入末限。

求每日午中赤道日度：以所求日午中黃道積度，入至後初限、分後末限度及分秒，進三位，加二十萬二千五十少，開平方除之，所得，減去四百四十九半，餘在初限者，直以二至赤道日度加而命之；在末限者，以減象限，餘以二分赤道日度加而命之：卽每日午中赤道日度。以所求日午中黃道積度，入至後末限、分後初限度及分秒，進三位，用減三十萬三千五十少，開平方除之，所得，以減五百五十半，餘在初限者，直以二分赤道日度加而命之；在末限者，以減象限，餘以二至赤道日度加而命之：卽每日午中赤道日度。

求太陽入宮日時刻及分：各置入宮宿度及分秒，以其日晨前夜半日度減之，餘以二十四乘，爲時實；以其日太陽行度及分秒爲法實，如法而一，爲半時數；不滿，進二位，爲刻實；以二十四乘，前法除之爲刻，不滿，退除爲分。其半時命起子正，算外，卽得太陽入宮初正時、刻及分。其逐刻日、時及分，舊曆均其日數，從其簡略，未盡其詳。今但依入宮正術求之，卽允協天道。

步晷漏

二至限：一百八十二、分六十二、秒一十八。

象限：九十一、分三十一、秒九。

一象度：九十一、分二十一、秒四十三。

冬至後初限夏至後末限：六十二日、分二十。

夏至後初限冬至後末限：一百二十日、分四十二。

已上分秒母各同一百。

冬至岳臺晷影常數：一丈二尺八寸三分。

夏至岳臺晷影常數：一尺五寸六分。

昏明分：一百八十二少。

昏明刻：二分三百六十四半。

辰刻：八分二百四十三。

半辰刻：四分一百二十一半。

刻法：七百二十九。

求午中入氣：置所求日大餘及半法，以所入氣大、小餘減之，爲其日午中入氣日及餘。

求午中中積：置其氣中積，以午中入氣日及餘加之，其餘以日法退除爲分秒。爲所求日午中中積及分秒。

求午中入二至後初末限：置午中中積及分，爲入冬至後；滿二至限去之，爲入夏至後。

其二至後，如在初限已下爲入初限；已上，覆減二至限，餘爲入末限。

求岳臺晷影午中定數：冬至後初限、夏至後末限，以百通日，內分，自相乘爲實，置之；以七百二十五除之，所得，加一十萬六百一十七，倂入限分，折半爲法，實如法而一爲分，不滿，退除爲小分，其分滿十爲寸，寸滿十爲尺，用減冬至岳臺晷影常數，卽得所求午中晷影定數。夏至後初限、冬至後末限，以百通日，內分，自相乘，爲實，乃置入限分，九因，再折，加一十九萬八千七十五爲法，其夏至前後，日如在半限以上者，減去半限，餘置於上，列半限於下，以上減下，餘以乘上，進二位，七十七除之，所得加法爲定法，然後除之。實如法而一爲分，不滿，退除爲小分，其分滿十爲寸，寸滿十爲尺，以加夏至岳臺晷影常數，卽得所求日午中晷影定數。

求每日日行積度：以午中入氣餘乘其日盈縮分，日法而一，冬至後盈加縮減、夏至後縮加盈減先後數，以先加後減中積日及分秒，滿與不足，進退其日，爲所求日行積度及分秒。

求每日赤道內外度：置所求日午中日行積度及分，如不滿二至限，在象限已下爲冬至後度；象限已上，用減二至限，爲夏至前度。如滿二至限去之，餘在象限以下爲夏至後度；象限以上，用減二至限，爲冬至前度。並置之於上，列象限於下，以上減下，餘以乘上，冬至前後五百一十七而一，夏至前後四百而一爲度，不滿，退除爲分，以加二至前後度，所得，用減象限，餘置於上，列二至限於下，以上減下，餘以乘上，其度分秒皆以百通，然後乘之。退一位，如三十四萬八千八百五十六而一爲秒，滿百爲分，分滿百爲度，卽所求日黃道去赤道內外度及分。冬至前後爲外，夏至前後爲內。

求每日午中太陽去極度：以每日午中黃道去赤道內、外度及分，內減外加一象度及分，爲每日午中太陽去極度及分。

求每日日出入分晨昏分半晝分：置所求日黃道去赤道內外度及分，以三百六十三乘之，進一位，如一百三十九而一，所得，以加減一千八百二十二半，赤道內以減，赤道外以加。爲所求日日出分；用減日法，爲日入分〔七〕。以昏明分減日出分，爲晨分；加日入分，爲昏分；以日出分減半法，爲半晝分。

求每日晝夜刻日出入辰刻：置日出分，倍之，進一位，滿刻法爲刻，不滿爲分，卽所求日夜刻；以減百刻，餘爲晝刻；半夜刻，滿辰刻爲辰數；命子正，算外，卽日出辰刻；以半辰刻加之，卽命起時初。以晝刻加之，滿辰刻爲辰數；命日出，算外，卽日入辰刻及分。

求每更點差刻及逐更點辰刻：置夜刻，減去十五刻，五而一，爲更差；又五而一，爲點差。以昏明刻加日入辰刻，卽初更辰刻；以更點差刻累加之，滿辰刻及分去之，各得更點所入辰刻及分。

求每日距中度及每更差度：置所求日黃道去赤道內、外度及分，以四千四百三十五乘之，如五千八百一十二而一爲度，不滿，退除爲分，以內加外減一百度七十二分、秒七爲距中度；用減一百六十四度八十一分、秒五十七，餘四因，退一位，爲每更差度。

求昏曉五更及攢點中星：置距中度，以其日午中赤道日度加而命之，卽昏中星所格宿次，命爲初更中星；以每更差度加而命之，卽二更中星；以每更差度累加之，滿赤道宿度去之，卽逐更及攢點中星；加三十六度六十二分、秒五十七，滿赤道宿度去之，卽曉中星。

求九服晷景：各於所在測冬夏二至晷數，乃相減之，餘爲二至差數。如地在岳臺南測夏至晷景在表南者，倂冬夏二至晷數爲二至差數。其所求日在冬至後初限、夏至後末限者，置岳臺冬至晷景常數，以所求日岳臺午中晷景定數減之，餘以其處二至差數乘之，如岳臺二至差數一丈一尺二寸七分而一，所得，以減其處冬至晷數，卽其地其日中晷定數。所求日在夏至後初限、冬至後末限者，置所求日岳臺午中晷景定數，以岳臺夏至晷景常數減之，餘以其處二至差數乘之，如岳臺二至差數而一，所得，以加其處夏至晷數，卽其地其日中晷定數。如其處夏至景在表南者，以所得之數減其處夏至晷數，餘爲其地其日中晷定數，亦在表南也。其所得之數多於其處夏至晷數，卽減去夏至晷數，餘爲其地其日中晷定數，在表北也。

求九服所在晝夜漏刻：各於所在下水漏，以定其處冬夏二至夜刻，但得一至可矣，不必須要冬夏二至。乃與五十刻相減，餘爲至差刻。置所求日黃道去赤道內外度及分，以至差刻乘之，進一位，如二百三十九而一爲刻，不盡，以刻法乘之，復八而一爲分，內減外加五十刻，卽所求日夜刻；減百刻，餘爲晝刻。其日日出入辰刻及更點差刻、每更點辰刻，並依岳臺術求之。

步月離

轉周分：二十萬八百七十三、秒九百九十。

轉周日：二十七、餘四千四十三、秒九百九十。

朔差日：一、餘七千一百一十四、秒九千一十。

望策：一十四、餘五千五百七十九。

弦策：七、餘二千七百八十九半。

已上秒母一萬。

七日：初數六千四百七十八，初約分八十九；末數八百一十二，末約分一十一。

十四日：初數五千六百六十六，初約分七十八；末數一千六百二十四，末約分二十二。

二十一日：初數四千八百五十四，初約分六十七；末數二千四百三十六，末約分三十三。

二十八日：初數四千四十三，初約分五十五。

上弦：九十一度、分三十一、秒四十三。

望：一百八十二度、分六十二、秒八十六。

下弦：二百七十三度、分九十四、秒二十九。

月平行：十三度、分三十六、秒八十七太。

已上分、秒母皆同一百。

求天正十一月經朔入轉：置天正十一月經朔加時積分，以轉周分及秒去之，不盡，滿日法除之爲日，不滿爲餘秒，命日，算外，即所求年天正十一月經朔加時入轉日及餘秒。若以朔差日及餘秒加之，滿轉周日及餘秒去之，即次朔加時入轉日。

求弦望入轉：各因其月經朔加時入轉日及餘秒，以弦策累加之，去命如前，即上弦、望及下弦經日加時入轉日及餘秒。

| 轉日 | 進退衰 | 轉定分 | 加減差 | 遲疾度 | 損益率 | 朓朒積 |
|---|---|---|---|---|---|---|
| 一日 | 退一十 | 一千四百六十八 | 加一百三十一 | 疾初 | 益七百一十四 | 朓初 |
| 二日 | 退十五 | 一千四百五十七 | 加一百二十 | 疾一度三十一 | 益六百五十四 | 朓七百一十四 |

| | | | | | | |
|---|---|---|---|---|---|---|
| 三日 | 退二十 | 一千四百四十二 | 加一百五 | 疾二度五十一 | 益五百七十三 | 朓一千三百六十八 |
| 四日 | 退二十三 | 一千四百二十二 | 加八十五 | 疾三度五十六 | 益四百六十四 | 朓一千九百四十一 |
| 五日 | 退二十六 | 一千三百九十九 | 加六十二 | 疾四度四十一 | 益三百三十八 | 朓二千四百五 |
| 六日 | 退二十六 | 一千三百七十三 | 加三十六 | 疾五度三 | 益一百九十六 | 朓二千七百四十三 |
| 七日 | 退二十六 | 一千三百四十七 | 初加一十一<br>末減一 | 疾五度三十九 | 初益六十<br>末損五 | 朓二千九百三十九 |
| 八日 | 退二十六 | 一千三百二十一 | 減一十六 | 疾五度四十九 | 損八十八 | 朓二千九百九十四 |
| 九日 | 退二十四 | 一千二百九十五 | 減四十二 | 疾五度三十三 | 損二百二十九 | 朓二千九百六 |
| 十日 | 退二十四 | 一千二百七十一 | 減六十六 | 疾四度九十一 | 損三百六十 | 朓二千六百七十七 |
| 十一日 | 退十九 | 一千二百四十七 | 減九十 | 疾四度二十五 | 損四百九十 | 朓二千三百一十七 |
| 十二日 | 退十四 | 一千二百二十八 | 減一百九 | 疾三度三十五 | 損五百九十五 | 朓一千八百二十七 |
| 十三日 | 退十 | 一千二百一十四 | 減一百二十二 | 疾二度二十六 | 損六百七十 | 朓一千二百三十二 |
| 十四日 | 進四 | 一千二百四 | 初減一百三<br>末加三十 | 疾一度三 | 初損五百六十二<br>末益一百六十四 | 朓五百六十二 |

| | | | | | | |
|---|---|---|---|---|---|---|
| 十五日 | 進十一 | 一千二百八 | 加一百二十九 | 遲空度三十 | 益七百三 | 朒一百六十四 |
| 十六日 | 進十七 | 一千二百一十九 | 加一百一十八 | 遲一度五十九 | 益六百四十三 | 朒八百六十七 |
| 十七日 | 進二十二 | 一千二百三十六 | 加一百一 | 遲二度七十七 | 益五百五十一 | 朒一千五百一十 |
| 十八日 | 進二十三 | 一千二百五十八 | 加七十九 | 遲三度七十八 | 益四百三十一 | 朒二千六十一 |
| 十九日 | 進二十六 | 一千二百八十一 | 加五十六 | 遲四度五十七 | 益三百五 | 朒二千四百九十 |
| 二十日 | 進二十六 | 一千三百七 | 加三十 | 遲五度一十三 | 益一百六十四 | 朒二千七百九十七 |
| 二十一日 | 進二十六 | 一千三百三十三 | 初加七 末減三 | 遲五度四十三 | 初益三十八 末損一十六 | 朒二千九百六十一 |
| 二十二日 | 進二十五 | 一千三百五十九 | 減二十二 | 遲五度四十七 | 損一百二十 | 朒二千九百八十三 |
| 二十三日 | 進二十四 | 一千三百八十四 | 減四十七 | 遲五度二十五 | 損二百五十六 | 朒二千八百六十三 |
| 二十四日 | 進二十三 | 一千四百八 | 減七十一 | 遲四度七十八 | 損三百八十八 | 朒二千六百七 |
| 二十五日 | 進十八 | 一千四百三十一 | 減九十四 | 遲四度七 | 損五百一十二 | 朒二千二百一十九 |
| 二十六日 | 進十四 | 一千四百四十九 | 減一百一十二 | 遲三度一十三 | 損六百一十一 | 朒一千七百七 |

| | | | | | | |
|---|---|---|---|---|---|---|
| 二十七日 | 進九 | 一千四百六十三 | 減一百二十六 | 遲二度一 | 損六百八十七 | 朒一千九百九十六 |
| 二十八日 | 退四 | 一千四百七十二 | 初減七十五 | 遲空度七十五 | 初損四百九 | 朒四百九 |

求朔弦望入轉朏朒定數：置入轉餘，以其日算外損益率乘之，如日法而一，所得，以損益其下朏朒積爲定數。其四七日下餘如初數已下者，初率乘之，初數而一，以損益朏朒爲定數。如初數已上者，以初數減之，餘乘末率，末數而一，用減初率，餘加朏朒爲定數。其十四日下餘如初數已上者，初數減之，餘乘末率，末數而一，爲朏朒定數。

求朔弦望定日：各置經朔、弦、望小餘，以入氣、入轉朏朒定數朏減朒加之，滿與不足，進退大餘，命己卯，算外，各得定日日辰及餘。定朔幹名與後朔幹名同者月大，不同者月小，其月內無中氣者爲閏月。凡注曆，觀定朔小餘，秋分後在日法四分之三已上者，進一日；春分後定朔日出分差如春秋之日者，三約之，用減四分之三；定朔小餘及此數已上者，亦進一日；或當交虧初在日入已前者，其朔不進。弦、望定小餘不滿日出分者，退一日；望若有食虧初在日出已前者，定望小餘進滿日出分，亦退一日。又月行九道遲疾，有三大二小〔八〕；日行盈縮累增損之，則有四大三小，理數然也。若俯循常儀，當察加時早晚，隨其所近而進退之，使不過三大二小。

求定朔弦望加時日所在度：置定朔、弦、望約餘，副之，以乘其日盈縮分，萬約之，所得，盈加縮減其副，滿百爲分，分滿百爲度，以加其日夜半日度，命之，各得其日加時日躔黃道宿次。

求平交日辰：置交終日及餘秒，以其月經朔加時入交汎日及餘秒減之，餘爲平交入其月經朔加時後日算及餘秒，以加減其月經朔大、小餘，其大餘命己卯，算外，卽平交日辰及餘秒。求次交者，以交終日及餘秒加之，大餘滿紀法去之，命如前，卽次平交日辰及餘秒。

求平交入轉朏朒定數：置平交小餘，加其日夜半入轉餘，以乘其日損益率，日法而一，所得，以損益其下朏朒積爲定數。

求正交日辰：置平交小餘，以平交入轉朏朒定數朏減朒加之，滿與不足，進退日辰，卽正交日辰及餘秒；與定朔日辰相距，卽所在月日。

求經朔加時中積：各以其月經朔加時入氣日及餘，加其氣中積及餘，其日命爲度，其餘以日法退除爲分秒，卽其月經朔加時中積度及分秒。

求正交加時黃道月度：置平交入經朔加時後日算及約餘秒，以日法通日，內餘，進一位，如五千四百五十三而一爲度，不滿，退除爲分秒，以加其月經朔加時中積，然後以冬至加時黃道日度加而命之，卽得其月正加時月離黃道宿度及分秒。如求次交者，以交終度及分秒加而命之，卽得所求。

求黃道宿積度：置正交加時黃道宿全度，以正交加時月離黃道宿度及分秒減之，餘爲距後度及分秒，以黃道宿度累加之，即各得正交後黃道宿積度及分秒。

求黃道宿積度入初末限：各置黃道宿積度及分秒，滿交象度及分去之，在半交象已下爲初限；已上者，以減交象度，餘爲入末限。入交積度、交象度並在交會術中。

求月行九道宿度：凡月行所交，冬入陰曆，夏入陽曆，月行青道；冬至、夏至後，青道半交在春分之宿，當黃道東；立冬、立夏後，青道半交在立春之宿，當黃道東南：至所衝之宿亦如之。冬入陽曆，夏入陰曆，月行白道；冬至、夏至後，白道半交在秋分之宿，當黃道西；立冬、立夏後，白道半交在立秋之宿，當黃道西北：至所衝之宿亦如之。春入陽曆，秋入陰曆，月行朱道；春分、秋分後，朱道半交在夏至之宿，當黃道南；立春、立秋後，朱道半交在立夏之宿，當黃道西南：至所衝之宿亦如之。春入陰曆，秋入陽曆，月行黑道。春分、秋分後，黑道半交在冬至之宿，當黃道北；立春、立秋後，黑道半交在立冬之宿，當黃道東北：至所衝之宿亦如之。四序離爲八節，至陰陽之所交，皆與黃道相會，故月行有九道。各以所入初、末限度及分減一百一度，餘以所入初、末限度及分乘之，半而退位爲分，分滿百爲度，命爲月道與黃道泛差。凡日以赤道內爲陰，外爲陽；月以黃道內爲陰、外爲陽。故月行正交，入夏至後宿度內爲同名，入冬至後宿度內爲異名。其在同名者，置月行與黃道泛差，九因八約之，爲定差；半交後、正交前以差減，正交後、半交前以差加。此加減出入六度，正如黃、赤道相交同名之差。若較之漸異，則隨交所在，遷變不常。仍以正交度距秋分度數乘定差，如象限而一，所得，爲月道與赤道定差，前加者爲減，減者爲加。其在異名者，置月行與黃道汎差，七因八約之，爲定差；半交後、正交前以差加，正交後、半交前以差減。此加減出入六度，異如黃赤道相交異名之差，若較之漸同，則隨交所在，遷變不常。仍以正交度距春分度數乘定差，如象限而一，所得，爲月行與赤道定差，前加者爲減，減者爲加；皆加減黃道宿積度，爲九道宿積度；以前宿九道積度減之，爲其宿九道度及分。其分就近約爲太、半、少。論春、夏、秋、冬，以四時日所在宿度爲正。

求正交加時月離九道宿度：以正交加時黃道日度及分減一百一度，餘以正交度及分乘之，半而退位爲分，分滿百爲度，命爲月道與黃道汎差。其在同名者，置月行與黃道汎差，九因八約之，爲定差，以加；仍以正交度距秋分度數乘定差，如象限而一，所得，爲月道與赤道定差，以減。其在異名者，置月行與黃道汎差，七因八約之，爲定差，以減；仍以正交度距春分度數乘定差，如象限而一，所得，爲月道與赤道定差，以加。置正交加時黃道月度及分，以二差加減之，卽正交加時月離九道宿度及分。

求定朔弦望加時月所在度：置定朔加時日躔黃道宿次，凡合朔加時，月行潛在日下，與太陽同度，是爲加時月離宿次；各以弦、望度及分秒加其所當弦、望加時日躔黃道宿度，滿宿次去之，命如前，各得定朔、弦、望加時月所在黃道宿度及分秒。

求定朔弦望加時月度：各以定朔、弦、望加時月離黃道宿度及分秒，加前宿正交後黃道積度〔九〕，爲定朔、弦、望加時正交後黃道積度。如前求九道積度，以前宿九道積度減之，餘爲定朔、弦、望加時九道月離宿度及分秒。其合朔加時若非正交〔一〇〕，則日在黃道、月在九道。所入宿度雖多少不同，考其兩極，若應繩準，故云月行潛在日下，與太陽同度。

求定朔午中入轉：以經朔小餘與半法相減，餘以加減經朔加時入轉，經朔小餘少，如半法加之；多，如半法減之。爲經朔午中入轉。若定朔大餘有進退，亦加減轉日，否則因經爲定，命日，算外，卽得所求。次月倣此求之。

求每日午中入轉：因定朔午中入轉日及餘秒，每日累加一日，滿轉周日及餘秒去之，命如前，卽得每日午中入轉日及餘秒。

求晨昏月度：置其日晨分，乘其日算外轉定分，日法而一，爲晨轉分；用減轉定分，餘爲昏轉分；又以朔、弦、望定小餘乘轉定分，日法而一，爲加時分；以減晨昏轉分，爲前；不足，覆減之，餘爲後；乃前加後減加時月度，卽晨、昏月所在宿度及分秒。

求朔弦望晨昏定程：各以其朔昏定月減上弦昏定月，餘爲朔後昏定程；以上弦昏定月減望昏定月，餘爲上弦後昏定程；以望晨定月減下弦晨定月，餘爲望後晨定程；以下弦晨定月減後朔晨定月，餘爲下弦後晨定程。

求每日轉定度：累計每程相距日轉定分，與晨昏定程相減，餘以相距日數除之，爲日差；定程多爲加，定程少爲減。以加減每日轉定分，爲每日轉定度及分秒。

求每日晨昏月：因朔、弦、望晨昏月，加每日轉定度及分秒，滿宿次去之，爲每日晨昏月。凡注曆，自朔日注昏月〔一〕，望後次日注晨月。已前月度以究算術之精微，如求其速要，卽依後術徑求。

求經朔加時平行月：各以其月經朔入氣日及餘秒，其餘以日法退除爲分秒。加其氣中積日及約分，命日爲度，卽爲經朔加時平行月積度及分秒。

求所求日加時平行月：置所求日大餘及加時小餘，以其月經朔大、小餘減之，餘爲入經朔加時後日數及餘；以其日乘月平行度及分秒，列於上位，又以其餘乘月平行度及分秒，滿日法除之爲度，不滿，退除爲分秒，併上位，用加經朔加時平行月，滿周天度及分秒去之，卽得所求日加時平行月積度及分秒。

求所求日加時入轉：以所求日加時入經朔加時後日數及餘，加經朔加時入轉日及餘秒，滿轉周日及餘秒去之，命日，算外，卽得所求。其餘先以日法退除爲分秒。

求所求日加時定月：置所求日加時入轉分，以其日算外加減差乘之，百約爲分，分滿百爲度，加減其下遲疾度，爲遲疾定度；乃以遲減疾加所求日加時平行月，爲定月；各以天正冬至加時黃道日度加而命之，卽得所求日加時月離黃道宿度及分秒。其入轉若在四、七日者，如求朏朒術入之。

## 校勘記

〔一〕各以每日盈縮分加減氣下先後數　疑「減」下脫「爲」字。

〔二〕南方七宿一百九度　累計南方各宿度數，得一百九度少。此處脫「少」字。

〔三〕置所求年冬至日躔黃赤道差　「赤」字原脫，據本條推步內容補。

〔四〕依宿次命之　「命」原作「去」，據曆法常例改。

〔五〕然求黃赤道差　據文義，此處下有脫文。

〔六〕即其日午中日躔黃道宿度及分　據上文「滿百爲分，不滿爲秒」，「分」下脫「秒」字。

〔七〕爲日入分　「日入」二字原倒，據下文乙轉。

〔八〕有三大二小　按此言注曆，句首應有「曆」字。

〔九〕加前宿正交後黃道積度　「加」原作「如」，據本條推步內容改。

〔一〇〕其合朔加時若非正交　「交」原作「加」，據同前理由改。

〔一一〕目朔日注昏月　據本書卷七二「凡注曆，自朔日注昏，望後次日注晨」，本書卷七七「凡注曆，自朔日註昏月，望後一日注晨月」，疑「目」字爲「自」字之誤。

# 宋史卷八十

## 志第三十三

## 律曆十三

### 紀元曆

步交會

交終分：一十九萬八千三百七十七、秒八百八十。

交終日：二十七、餘一千五百四十七、秒八百八十。

交中日：一十三、餘四千四百一十八、秒五千四百四十。

朔差日：二、餘二千三百二十、秒九千一百二十。

望策：一十四、餘五千五百七十九。

已上秒母一萬。

交率：三百二十四。

交數：四千一百二十七。

交終度：三百六十三、約分七十九、秒四十四。

交中度：一百八十一、約分八十九、秒七十二。

交象度：九十、約分九十四、秒八十六。

半交象度：四十五、約分四十七、秒四十三。

日食陽曆限：三千四百，定法三百四十。

陰曆限：四千三百，定法四百三十。

月食限：六千八百，定法四百四十。

已上分秒母各同一百。

推天正十一月經朔加時入交：置天正十一月經朔加時積分，以交終分及秒去之，不盡，滿日法爲日，不滿爲餘秒，卽天正十一月經朔加時入交汎日及餘秒。

求次朔及望入交：置天正十一月經朔加時入交汎日及餘秒，求次朔，以朔差加之；求望，以望策加之：滿交終日及餘秒去之，卽各得次朔及望加時入交汎日及餘秒。若以經朔、望小餘減之，各得朔、望夜半入交汎日及餘秒。

求定朔望夜半入交：因經朔、望夜半入交汎日及餘秒，視定朔、望日辰有進退者，亦進退交日，否則因經爲定，各得所求。

求次定朔夜半入交：各因定朔夜半入交汎日及餘秒，大月加二日，小月加一日，餘皆加五千七百四十二、秒九千一百二十，即次朔夜半入交；若求次日，累加一日；滿交終日及餘秒皆去之，即每日夜半入交汎日及餘秒。

求定朔望加時入交：置經朔、望加時入交汎日及餘秒，以入氣、入轉朓朒定數朓減朒加之，即得定朔、望加時入交汎日及餘秒。

求定朔望加時月行入交積度：置定朔、望加時入交汎日及餘秒，以日法通日，內餘，進一位，如五千四百五十三而一爲度，不滿，退除爲分，即定朔、望加時月行入交積度及分。每日夜半，準此求之。

求定朔望加時月行入交定積度：置定朔、望加時月行入交積度及分，以定朔、望加時入轉遲疾度遲減疾加之，滿與不足，進退交終度及分。即定朔、望加時月行入交定積度及分。每日夜半，準此求之。

求定朔望加時月行入陰陽曆積度：置定朔、望加時月行入交定積度及分，如在交中度及分已下爲入陽曆積度；已上者去之，餘爲入陰曆積度。每日夜半，準此求之。

求定朔望加時月去黃道度：視月入陰陽曆積度及分，如交象已下爲在少象；已上，覆減交中度，餘爲入老象。置所入老、少象度及分於上，列交象度於下，以上減下，餘以乘上，滿一五百而一，所得，用減所入老、少象度及分，餘，列交中度於下，以上減下，餘以乘上，滿一千三百七十五而一，所得爲度，不滿，退除爲分，卽爲定朔、望加時月去黃道度及分。每日夜半，準此求之。

求朔望加時入交常日：置其月經朔、望加時入交汎日及餘秒，以其月入氣朏朒定數朏減朒加之，滿與不足，進退其日，卽得朔、望加時入交常日及餘秒。近交初爲交初，在二十六日、二十七日爲交初；近交中爲交中，在十三日、十四日爲交中。

求日月食甚定數：以其朔望入氣、入轉朏朒定數，同名相從，異名相消，副置之；以定朔、望加時入轉算外損益率乘之，如日法而一，其定朔、望如算外在四七日者，視其餘在初數已下，初率乘之，初數而一；初數已上，以末率乘之，末數而一。所得，視入轉，應朒者依其損益，應朏者益減損加其副；以朏減朒加經朔望小餘，爲汎餘。滿與不足，進退大餘。日食者視汎餘，如半法已下，爲中前；列半法於下，以上減下，餘以乘上，如一萬九百三十五而一，所得，爲差；以減汎餘，爲食甚定餘；用減半法，爲午前分。如汎餘在半法已上，減去半法，爲中後；列半法於下，以上減下，餘以乘上，如日法而一，所得，爲差；以加汎餘，爲食甚定餘；乃減去半法，爲午後分。月食者視汎餘，如半法已上減去半法，餘在一千八百二十二半已下自相乘，已上者，覆減半法，餘亦自相乘，如三萬而一，所得，以減汎餘，爲食甚定餘；如汎餘不滿半法，在日出分三分之二已下，列於上位，已上者，用減日出分，餘倍之，亦列於上位，乃四因三約日出分，列之於下，以上減下，餘以乘上，如一萬五千而一，所得，以加汎餘，爲食甚定餘。

求日月食甚辰刻：倍食甚定餘，以辰法除之爲辰數，不盡，五因之，滿刻法除之爲刻，不滿爲分。命辰數起子正，算外，卽食甚辰刻及分。若加半辰，命起子初。

求日月食甚入氣：食甚大、小餘及食定小餘，幷定朔、望大餘，以此與經朔望大、小餘相減。置其朔望食甚大、小餘，與經朔望大、小餘相減之，餘以加減經朔望入氣日餘，經朔望少卽加之，多卽減之。爲日、月食甚入氣日及餘秒。各置食甚入氣及餘秒，加其氣中積，其餘，以日法退除爲分，卽爲日、月食甚中積及分。

求日月食甚日行積度：置食甚入氣餘，以所入氣日盈縮分乘之，日法而一，加減其日先後數，至後加，分後減。先加後減日、月食甚中積，卽爲日、月食甚日行積度及分。

求氣差：置日食甚日行積度及分，滿二至限去之，餘在象限已下爲在初；已上，覆減二至限，餘爲在末。皆自相乘，進二位，滿三百四十三而一，所得，用減二千四百三十，餘為氣差；以午前、後分乘之，如半晝分而一，以減氣差，為氣差定數。在冬至後末限、夏至後初限，交初以減，交中以加。夏至後末限、冬至後初限，交初以加，交中以減。如半晝分而一，所得，在氣差已上者，即以氣差覆減之，餘，應加者為減，減者為加。

求刻差：置日食甚日行積度及分，滿二至限去之，餘，列二至限於下，以上減下，餘以乘上，進二位，滿三百四十三而一，所得，為刻差；以午前、後分乘而倍之，如半法而一，為刻差定數。冬至後食甚在午前，夏至後食甚在午後，交初以加，交中以減。冬至後食甚在午後，夏至後食甚在午前，交初以減，交中以加。如半法而一，所得，在刻差已上者，即倍刻差，以所得之數減之，餘為刻差定數，依其加減。

求朔入交定日：置朔入交常日及餘秒，以氣、刻差定數各加減之，交初加三千一百，交中減三千，為朔入交定日及餘秒。

求望入交定日：置望入轉朏朒定數，以交率乘之，如交數而一，所得，以朏減朒加入交常日之餘，滿與不足，進退其日，即望入交定日及餘秒。

求月行入陰陽曆：視其朔、望入交定日及餘秒，如在中日及餘秒已下為月在陽曆；如中日及餘秒已上，減去中日，為月在陰曆。

求入食限交前後分：視其朔、望月行入陰陽曆，不滿日者為交後分；在十三日上下者覆滅交中日，爲交前分；視交前、後分各在食限已下者爲入食限。

求日食分：以交前、後分各減陰陽曆食限，餘如定法而一，爲日食之大分；不盡，退除爲小分。命大分以十爲限，卽得日食之分。其食不及大分者，行勢稍近交道，光氣微有映蔽，其日或食或不食。

求月食分：視其望交前、後分，如二千四百已下者，食既；已上，用減食限，餘如定法而一，爲月食之大分；不盡，退除爲小分。命大分以十爲限，得月食之分。

求日食汎用分：置交前、後分，自相乘，退二位，陽曆一百九十八而一，陰曆三百一十七而一，所得，用減五百八十三，餘爲日食汎用分。

求月食汎用分：置交前、後分，自相乘，退二位，如七百四而一，所得，用減六百五十六，餘爲月食汎用分。

求日月食定用分：置日、月食汎用分，副之，以食甚加時入轉算外損益率乘之，如日法而一，如算外在四、七日者，依食定餘求之。所得，應朒者依其損益，應朓者益減損加其副，卽爲日月食定用分。

求月食既內外分：置月食交前、後分，自相乘，退二位，如二百四十九而一，所得，用減二百三十一，餘以定用分乘之，如汎用分而一，爲月食既內分；用減定用分，餘爲既外分。

求日月食虧初復滿小餘：置日、月食甚小餘，各以定用分減之，爲虧初；加之，爲復滿；其月食既者，以既內分減之，爲初既；加之，爲生光：卽各得所求小餘。如求時刻，依食甚術入之。

求月食更點法：置月食甚所入日晨分，倍之，減去七百二十九，餘五約之，爲更法；又五除之，爲點法。

求月食入更點：置虧初、食甚、復末小餘，在晨分已下加晨分，昏分已上減去昏分，餘以更法除之爲更數，不滿，以點法除之爲點數。其更數命初更，算外，卽各得所入更、點。

求日食所起：日在陽曆，初起西南，甚於正南，復於東南；日在陰曆，初起西北，甚於正北，復於東北。其食八分已上，皆起正西，復於正東。此據午地而論之。

求月食所起：月在陽曆，初起東北，甚於正北，復於西北；月在陰曆，初起東南，甚於正南，復於西南。其食八分已上，皆起正東，復於正西。此亦據午地而論之。

求日月出入帶食所見分數：各以食甚小餘與日出、入分相減，餘爲帶食差；以乘所食之分，滿定用分而一，如月食既者，以既內分減帶食差，餘進一位，如既外分而一，所得，以減既分，卽月帶食出入所見之分，不及減者，爲帶食既出入。以減所食分，卽日月出、入帶食所見之分。其食甚在晝，晨爲漸進，昏爲已退；其食甚在夜，晨爲已退，昏爲漸進。

求日月食甚宿次：置食甚日行積度，望卽更加半周天。以天正冬至加時黃道日度加而命之，即各得日、月食甚宿度及分。

步五星

木星周率：二百九十萬七千八百七十九、秒六十四。

周差：二十四萬五千二百五十三、秒六十四。

曆率：二百六十六萬二千六百三十六、秒二十二。

周日：三百九十八、約分八十八、秒六十。

曆度：三百六十五、約分二十四、秒五十。

曆中度：一百八十二〔二〕、約分六十二、秒二十五。

曆策度：一十五、約分二十一、秒八十五。

伏見度：一十三。

| 段目 | 常日 | 常度 | 限度 | 初行率 |
|---|---|---|---|---|
| 合伏 | 十六日八十六 | 三度八十六 | 二度九十三 | 二十三二十五 |
| 晨疾初 | 二十八日 | 六度一十一 | 四度六十四 | 二十二五十四 |

| | | | | |
|---|---|---|---|---|
| 晨疾末 | 二十八日 | 五度五十一 | 四度一十九 | 二十一一十一 |
| 晨遲初 | 二十八日 | 四度三十一 | 三度三十八 | 一十八二十五 |
| 晨遲末 | 二十八日 | 一度九十一 | 一度四十五 | 一十二五十三 |
| 晨留 | 二十四日 | | | |
| 晨退 | 四十六日五十八三十 | 四度八十七八十八 | 度空三十三一十二 | 一十五 |
| 夕退 | 四十六日五十八三十 | 四度八十七八十八 | 度空三十三一十二 | 一十五七十五 |
| 夕留 | 二十四日 | | | |
| 夕遲初 | 二十八日 | 一度九十一 | 一度四十五 | |
| 夕遲末 | 二十八日 | 四度三十八 | 三度二十八 | 一十二五十三 |
| 夕疾初 | 二十八日 | 五度五十一 | 四度一十九 | 一十八二十五 |
| 夕疾末 | 二十八日 | 六度一十一 | 四度六十四 | 二十一一十一 |
| 夕伏 | 十六日八十六 | 三度八十六 | 二度九十三 | 二十二五十四 |

## 木星盈縮曆

| 策數 | 損益率 | 盈積度 | 損益率 | 縮積度 |
|---|---|---|---|---|
| 一 | 益一百五十九 | 初 | 益一百五十九 | 初 |
| 二 | 益一百四十二 | 一度五十九 | 益一百四十二 | 一度五十九 |
| 三 | 益一百二十 | 三度一 | 益一百二十 | 三度一 |
| 四 | 益九十三 | 四度二十一 | 益九十三 | 四度二十一 |
| 五 | 益六十一 | 五度一十四 | 益六十一 | 五度一十四 |
| 六 | 益二十四 | 五度七十五 | 益二十四 | 五度七十五 |
| 七 | 損二十四 | 五度九十九 | 損二十四 | 五度九十九 |
| 八 | 損六十一 | 五度七十五 | 損六十一 | 五度七十五 |
| 九 | 損九十三 | 五度一十四 | 損九十三 | 五度一十四 |
| 十 | 損一百二十 | 四度二十一 | 損一百二十 | 四度二十一 |
| 十一 | 損一百四十二 | 三度一 | 損一百四十二 | 三度一 |

| | | | | |
|---|---|---|---|---|
| 十二 | 損一百五十九 | 一度五十九 | 損一百五十九 | 一度五十九 |

火星周率：五百六十八萬五千六百八十七、秒六十四。

周差：三十六萬四百一十四、秒四十四。

曆率：二百六十六萬二千六百四十七、秒二十。

周日：七百七十九、約分九十二、秒九十七。

曆度：三百六十五、約分二十四、秒六十五。

曆中度：一百八十二、約分六十二、秒三十二半。

曆策度：一十五〔三〕、約分二十一、秒八十六。

伏見度：一十九。

| 段目 | 常日 | 常度 | 限度 | 初行率 |
|---|---|---|---|---|
| 合伏 | 六十七日 | 四十八度 | 四十五度四十八 | 七十一九十二 |
| 晨疾初 | 六十三日 | 四十四度六十 | 四十二度二十六 | 七十一三十六 |
| 晨疾末 | 五十八日 | 四十度九 | 三十七度九十九 | 七十二十四 |

| | | | | |
|---|---|---|---|---|
| 晨次疾初 | 五十二日 | 三十四度六 | 三十二度三十二 | 六十八 |
| 晨次疾末 | 四十五日 | 二十六度三十二 | 二十四度九十九 | 六十三 |
| 晨遲初 | 三十七日 | 十六度六十八 | 十五度八十 | 五十四 |
| 晨遲末 | 二十八日 | 五度七十五 | 五度四十五 | 三十七二十六 |
| 晨留 | 十一日 | | | |
| 晨退 | 二十八日九十六四十八半 | 八度一十五六十九半 | 三度五三十半 | |
| 夕退 | 二十八日九十六四十八半 | 八度一十五六十九半 | 三度五三十半 | 四十一三十 |
| 夕留 | 十一日 | | | |
| 夕遲初 | 二十八日 | 五度七十五 | 五度四十五 | |
| 夕遲末 | 二十七日 | 十六度六十八 | 十五度八十 | 三十七二十六 |
| 夕次疾初 | 四十五日 | 二十六度三十二 | 二十四度九十九 | 五十四 |
| 夕次疾末 | 五十二日 | 三十四度六 | 三十二度三十二 | 六十三 |

| | | | | |
|---|---|---|---|---|
| 夕疾初 | 五十八日 | 四十度九 | 三十七度九十九 | 六十八 |
| 夕疾末 | 六十三日 | 四十四度六十 | 四十二度二十六 | 七十二十四 |
| 夕伏 | 六十七日 | 四十八度 | 四十五度四十八 | 七十一三十六 |

火星盈縮曆

| 策數 | 損益率 | 盈積度 | 損益率 | 縮積度 |
|---|---|---|---|---|
| 一 | 益一千一百六十 | 初 | 益四百五十八 | 初 |
| 二 | 益八百 | 十一度六十 | 益四百五十三 | 四度五十八 |
| 三 | 益四百六十四 | 十九度六十 | 益四百三十三 | 九度一十一 |
| 四 | 益一百五十二 | 二十四度二十四 | 益三百九十六 | 十三度四十 |
| 五 | 損五十七 | 二十五度七十九 | 益三百四十一 | 十七度四十 |
| 六 | 損一百七十二 | 二十五度一十九 | 益二百六十六 | 二十度八十一 |
| 七 | 損二百六十六 | 二十三度二十七 | 益一百七十二 | 二十三度四十七 |

| | | | | |
|---|---|---|---|---|
| 八 | 損三百四十一 | 二十度八十一 | 益五十七 | 二十五度一十九 |
| 九 | 損三百九十六 | 十七度四十 | 損一百五十二 | 二十五度七十六 |
| 十 | 損四百三十三 | 十三度四十四 | 損四百六十四 | 二十四度二十四 |
| 十一 | 損四百五十三 | 九度一十一 | 損八百 | 一十九度六十 |
| 十二 | 損四百五十八 | 四度五十八 | 損一千一百六十 | 一十一度六十 |

土星周率：二百七十五萬六千二百八十八、秒七十八。

周差：九萬三千六百六十二、秒七十八。

曆率：二百六十六萬九千九百二十五、秒九十。

周日：三百七十八、約分九、秒一十七。

曆度：三百六十六、約分二十四、秒四十九。

曆中度：一百八十三、約分一十二、秒二十四半。

曆策度：一十五、約分二十六、秒二。

伏見度：一十七。

| 段目 | 常日 | 常度 | 限度 | 初行率 |
|---|---|---|---|---|

| | | | | |
|---|---|---|---|---|
| 合伏 | 十九日四十八 | 二度四十八 | 一度五十六 | 一十三一十 |
| 晨疾 | 二十七日五十 | 三度二十二 | 二度二 | 一十二四十 |
| 晨次疾 | 二十七日五十 | 二度六十四 | 一度六十五 | 一十一 |
| 晨遲 | 二十七日五十 | 一度四十八 | 空度九十一 | 八二十 |
| 晨留 | 三十六日 | | | |
| 晨退 | 五十一日六五十八 | 三度三十九六十 | 空度二十八四十 | |
| 夕退 | 五十一日六五十八 | 三度三十九六十 | 空度二十八四十 | 九七十五 |
| 夕留 | 三十六日 | | | |
| 夕遲 | 二十七日五十 | 一度四十八 | 空度九十一 | |
| 夕次疾 | 二十七日五十 | 二度六十四 | 一度六十五 | 八二十 |
| 夕疾 | 二十七日五十 | 三度二十二 | 二度二 | 一十一 |
| 夕伏 | 十九日四十八 | 二度四十八 | 一度五十六 | 一十二四十 |

## 土星盈縮曆

| 策數 | 損益率 | 盈積度 | 損益率 | 縮積度 |
|---|---|---|---|---|
| 一 | 益二百一十三 | 初 | 益一百六十三 | 初 |
| 二 | 益一百九十七 | 二度一十三 | 益一百四十九 | 一度六十三 |
| 三 | 益一百六十八 | 四度一十 | 益一百二十八 | 三度一十二 |
| 四 | 益一百二十八 | 五度七十八 | 益一百 | 四度四十 |
| 五 | 益八十一 | 七度六 | 益六十五 | 五度四十 |
| 六 | 益三十三 | 七度八十七 | 益二十三 | 六度五 |
| 七 | 損三十三 | 八度二十 | 損二十三 | 六度二十八 |
| 八 | 損八十一 | 七度八十七 | 損六十五 | 六度五 |
| 九 | 損一百二十八 | 七度六 | 損一百 | 五度四十 |
| 十 | 損一百六十八 | 五度七十八 | 損一百二十八 | 四度四十 |
| 十一 | 損一百九十七 | 四度一十 | 損一百四十九 | 三度一十二 |

| | | | | |
|---|---|---|---|---|
| 十二 | 損二百一十三 | 二度一十三 | 損一百六十三 | 一度六十三 |

金星周率：四百二十五萬六千六百五十一、秒四十三半。

合日：二百九十一、約分九十五、秒一十四。

曆率：二百六十六萬二千六百九十六、秒一十六。

周日：五百八十三、約分九十、秒二十八。

曆度：三百六十五、約分二十五、秒三十二。

曆中度：一百八十二、約分六十二、秒六十六。

曆策度：一十五、約分二十一、秒八十九。

伏見度：一十半。

| 段目 | 常日 | 常度 | 限度 | 初行率 |
|---|---|---|---|---|
| 合伏 | 三十九日二十五 | 四十九度七十五 | 四十七度七十六 | 一百二十七 |
| 夕疾初 | 四十七日七十五 | 六十度一十六 五十 | 五十七度七十六 | 一百二十六五十 |
| 夕疾末 | 四十七日七十五 | 五十九度三十九 | 五十七度一 | 一百二十五五十 |

| | | | | |
|---|---|---|---|---|
| 夕次疾初 | 四十七日七十五 | 五十七度空 | 五十四度七十二 | 一百二十三二十五 |
| 夕次疾末 | 二十九日二十五 | 四十二度二十九 | 四十度六十 | 一百一十五五十 |
| 夕遲初 | 二十九日二十五 | 二十四度七十二 | 二十三度七十三 | 一百 |
| 夕遲末 | 一十八日二十五 | 六度九十三五十 | 六度六十六 | 六十九 |
| 夕留 | 七日 | — | | |
| 夕退 | 九日七十一十四 | 三度七十九八十六 | 一度六十九一十四 | |
| 夕伏退 | 六日 | 四度五十 | 二度二 | 六十八 |
| 合伏退 | 六日 | 四度五十 | 二度二 | 八十二 |
| 晨退 | 九日七十一十四 | 三度七十九八十六 | 一度六十九一十四 | 六十八 |
| 晨留 | 七日 | | | |
| 晨遲初 | 一十八日二十五 | 六度九十三五十 | 六度六十六 | 空 |
| 晨遲末 | 二十九日二十五 | 二十四度七十二 | 二十三度七十三 | 六十九 |

| | | | | |
|---|---|---|---|---|
| 晨次疾初 | 三十九日二十五 | 四十二度二十九 | 四十度六十 | 一百 |
| 晨次疾末 | 四十七日七十五 | 五十七度空 | 五十四度七十二 | 一百一十五五十 |
| 晨疾初 | 四十七日七十五 | 五十九度三十九 | 五十七度一 | 一百二十三二十五 |
| 晨疾末 | 四十七日七十五 | 六十度一十六五十 | 五十七度七十六 | 一百二十五五十 |
| 晨伏 | 三十九日二十二 | 四十度七十五 | 四十七度 | 一百二十六五十 |

## 金星盈縮曆

| 策數 | 損益率 | 盈積度 | 損益率 | 縮積度 |
|---|---|---|---|---|
| 一 | 益五十二 | 初 | 益五十二 | 初 |
| 二 | 益四十八 | 空度五十二 | 益四十八 | 空度五十二 |
| 三 | 益四十一半 | 一度 | 益四十一半 | 一度 |
| 四 | 益三十二半 | 一度四十一半 | 益三十二半 | 一度四十一半 |
| 五 | 益二十一 | 一度七十四 | 益二十一 | 一度七十四 |

| | | | | |
|---|---|---|---|---|
| 六 | 益七 | 一度九十五 | 益七 | 一度九十五 |
| 七 | 損七 | 二度二 | 損七 | 二度二 |
| 八 | 損二十一 | 一度九十五 | 損二十一 | 一度九十五 |
| 九 | 損三十二半 | 一度七十四 | 損三十二半 | 一度七十四 |
| 十 | 損四十一半 | 一度四十一半 | 損四十一半 | 一度四十一半 |
| 十一 | 損四十八 | 一度 | 損四十八 | 一度 |
| 十二 | 損五十二 | 空度五十二 | 損五十二 | 空度五十二 |

水星周率：八十四萬四千七百三十八、秒五。

合日：五十七、約分九十三、秒八十一。

曆率：二百六十六萬二千七百九十四、秒九十五。

周日：一百一十五、約分八十七、秒六十二。

曆度：三百六十五、約分二十六、秒六十八。

曆中度：一百八十二、約分六十三、秒三十四。

曆策度：一十五、約分二十一、秒九十四半。

晨伏夕見：一十四。

夕伏晨見：一十九。

| 段目 | 常日 | 常度 | 限度 | 初行率 |
| --- | --- | --- | --- | --- |
| 合伏 | 十五日 | 二十九度 | 二十四度三十六 | 二百五 |
| 夕疾 | 十五日 | 二十三度七十五 | 一十九度九十五 | 一百八十一六十六 |
| 夕遲 | 十五日 | 一十三度二十五 | 一十一度一十三 | 一百三十五 |
| 夕留 | 二日 | | | |
| 夕伏退 | 一十日 | 八度 | 二度 | |
| 合伏退 | 一十日 | 八度 | 二度 | 一百八 |
| 晨留 | 二日 | | | |
| 晨遲 | 一十五日 | 一十三度二十五 | 一十一度一十三 | |
| 晨疾 | 一十五日 | 二十三度七十五 | 一十九度九十五 | 一百三十五 |

| | | | | |
|---|---|---|---|---|
| 晨伏 | 一十五日 | 二十九度 | 二十四度三十四 | 一百八十一 |

水星盈縮曆

| 策數 | 損益率 | 盈積度 | 損益率 | 縮積度 |
|---|---|---|---|---|
| 一 | 益五十七 | 空度 | 益五十七 | 空度 |
| 二 | 益五十三 | 空度五十七 | 益五十三 | 空度五十七 |
| 三 | 益四十五 | 一度一十 | 益四十五 | 一度一十 |
| 四 | 益三十五 | 一度五十五 | 益三十五 | 一度五十五 |
| 五 | 益二十二 | 一度九十 | 益二十二 | 一度九十 |
| 六 | 益八 | 二度一十二 | 益八 | 二度一十二 |
| 七 | 損八 | 二度二十 | 損八 | 二度二十 |
| 八 | 損二十二 | 二度一十二 | 損二十二 | 二度一十二 |
| 九 | 損三十五 | 一度九十 | 損三十五 | 一度九十 |

| | | | | |
|---|---|---|---|---|
| 十 | 損四十五 | 一度五十五 | 損四十五 | 一度五十五 |
| 十一 | 損五十三 | 一度一十 | 損五十三 | 一度一十 |
| 十二 | 損五十七 | 空度五十七 | 損五十七 | 空度五十七 |

推五星天正冬至後平合及諸段中積中星：置氣積分，各以其星周率除之，所得，周數；不盡者，爲前合；以減周率，餘滿日法爲日，不滿，退除爲分秒，即其星天正冬至後平合中積；命之爲平合中星，以諸段常日、常度累加之，即諸段中積、中星；其段退行者，以常度減之，即其段中星。

求木火土三星平合諸段入曆：置其星周數，求冬至後合，皆加一數置之。以周差乘之，滿其星曆率去之，不盡，滿日法爲度，不滿，退除爲分秒，即爲其星平合入曆度及分秒。以其段限度依次累加之，即得諸段入曆。

求金水二星平合及諸段入曆：置氣積分，各以其星曆率去之，不盡，滿日法除之爲度，不滿，退除爲分秒，以加平合中星，即爲其星天正冬至後平合入曆度及分秒；以其星其段限度依次累加之，即得諸段入曆。

求五星平合及諸段盈縮定差：各置其星其段入曆度及分，如曆中已下爲在盈；已上，減去曆中，餘爲在縮；以其星曆策除之爲策數，不盡，爲入策度及分；命策數，算外，以其策損益率乘之，如曆策而一爲分，分滿百爲度；以損益其下盈縮積，即其星其段盈縮定差。

求五星平合及諸段定積：各置其星其段中積，以其段盈縮定差盈加縮減之，即其段定積日及分；以天正冬至大餘及約分加之，即爲定日及分；盈紀法六十去之，不盡，命己卯，算外，即得日辰。

求五星平合諸段所在月日：各置其段定積，以天正閏日及約分加之，滿朔策及約分除之爲月數，不盡，爲入月已來日數及分。其月數命天正十一月，算外，即其星其段入其月經朔日數及分，乃以日辰相距爲定朔月、日。

求五星平合及諸段加時定星：各置其段中星，以其段盈縮定差盈加縮減之，金星倍之，水星三之，乃可加減。即五星諸段定星；以天正冬至加時黃道日度加而命之，即其星其段加時所在宿度及分秒。五星皆因前留爲前段初日定星，後留爲後段初日定星，餘依術算。

求五星諸段初日晨前夜半定星：各以其段初行率乘其段加時分，百約之，乃以順減退加其日加時定星，即爲其段初日晨前夜半定星；加命如前，即得所求。

求諸段日率度率：各以其段日辰距至後段日辰，爲其段日率；以其段夜半定星與後段夜半定星相減，爲其段度率及分秒。

求諸段平行度：各置其段度率及分秒，以其段日率除之，爲其段平行度及分秒。

求諸段總差：各以其段平行分與後段平行分相減，餘爲汎差；併前段汎差，四因，退一位，爲總差。若前段無平行分相減爲汎差者，因後段初日行分與其段平行分相減，餘爲半總差；倍之，爲總差。若後段無平行分相減爲汎差者，因前段末日行分與其段平行分相減，餘爲半總差，倍之，爲總差。晨遲末段，視段無平行分，因前初段末日行分與晨遲末段平行分相減，爲半總差；其退行者，各置本段平行分，十四乘之，十五而一，爲總差。內金星依順段術入之，即得所求。夕遲初段，視前段無平行分，因後末段初日行分與夕遲初段平行分相減，爲半總差。

求諸段初末日行分：各半其段總差，加減其段平行分，後段平行分多者，減之爲初，加之爲末；後段平行分少者，加之爲初，減之爲末。其在退行者，前減之爲初，加之爲末；後加之爲初，減之爲末。各爲其星其段初、末日行度及分秒。如前後段平行分俱多、俱少者，平注之；本段總差不滿大分者，亦平注之。

求每日晨前夜半星行宿次：置其段總差，減日率一，以除之，爲日差；累損益初日行分，後行分少，損之；後行分多，益之。爲每日行度及分秒；乃順加退減其段初日晨前夜半宿次命之，即每日晨前夜半星行所在宿次。

徑求其日宿次：置所求日，減一，半之，以日差乘而加減初行日分，後行分少，減之；後行分多，加之。以所求日乘之，爲積度；乃順加退減其段初日宿次，卽得所求日宿次。

求五星平合及見伏入氣：置定積，以氣策及約分除之爲氣數，不盡，爲入氣已來日數及分秒。其氣數命天正冬至，算外，卽五星平合及見、伏入氣日及分秒。其定積滿歲周日及分，去之，餘，在來年冬至後。

求五星合見伏行差：木、火、土三星，以其段初日星行分減太陽行分，餘爲行差。金、水二星順行者，以其段初日太陽行分減星行分，餘爲行差。金、水二星退行者，以其段初日星行分倂太陽行分，爲行差。

求五星定合及見伏汎積：木、火、土三星，各以平合晨疾、夕伏定積，便爲定合定見、定伏汎積。金、水二星，各置其段盈縮定差，內水星倍之，以其段行差除之爲日，不滿，退除爲分秒，在平合夕疾、晨伏者，乃盈減縮加定積，爲定合定見、定伏汎積；在退合夕伏、晨見者，乃盈加縮減定積，爲定合定見、定伏汎積。

求五星定合定積定星：木、火、土三星，以平合行差除其日先後數，爲距合差日；以先後數減之，爲距合差度；以差日、差度後加先減其星定合汎積，爲其星定合日定積、定星。金、水二星順合者，以平合行差除其日先後數，爲距合差日；以先後數加之，爲距合差度；

以差日、差度先加後減其星定合汎積，爲其星定合日定積、定星。金、水二星退合者，以退合行差除其日先後數，爲距合差日；以減先後數，爲距合差度；以差日先減後加，以差度先加後減再定合汎積，爲其星再定合積星〔三〕。各以冬至大餘及約分加定積，滿紀法去之，命己卯，算外，卽得定合日辰；以冬至加時黃道日度加定星，依宿次去之，卽得定合所在宿次。

求木火土三星定見伏定積日：各置其星定見、伏汎積，晨加夕減象限日及分秒，如二至限已下自相乘，已上，覆減歲周，餘亦自相乘，百約爲分，以其星伏見度乘之，十五除之，爲差；其差如其段行差而一爲日，不滿，退除爲分秒，見加伏減汎積，爲定積；如前加命，卽得日辰。

求金水二星定見伏定日：夕見、晨伏，以行差除其日先後數，爲日；先加後減汎用積，爲常用積。晨見、夕伏，以行差除其日先後數，爲日；先減後加汎用積，爲常用積。如常用積在二至限已下爲冬至後；已上去之，餘爲夏至後。其二至後日及分在象限已下自相乘，已上，用減二至限，餘亦自相乘，如法而一，所得爲分；冬至後晨、夏至後夕，以十八爲法；冬至後夕、夏至後晨，以七十五爲法。以伏見度乘之、十五除之，爲差；滿行差而一爲日，不滿，退除爲分秒，加減常用積，爲定用積；加命如前，卽得定見、伏日辰。冬至後，晨見、夕伏加之，夕見、晨伏減之；

夏至後，晨見、夕伏減之，夕見、晨伏加之。其水星，夕疾在大暑氣初日至立冬氣九日三十五分已下者，不見；晨留在大寒氣初日至立夏氣九日三十五分已下者，春不晨見，秋不夕見。

熙寧六年六月，提舉司天監陳繹言：「渾儀尺度與法要不合，二極、赤道四分不均，規、環左右距度不對，游儀重澀難運，黃道映蔽橫簫，遊規璺裂，黃道不合天體，天樞內極星不見。天文院渾儀尺度及二極、赤道四分各不均，黃道、天常環、月道映蔽橫簫，及月道不與天合，天常環相攻難轉，天樞內極星不見。皆當因舊修整，新定渾儀，改用古尺，均賦辰度，規、環輕利，黃赤道、天常環並側置，以北際當天度，省去月道，令不蔽橫簫，增天樞爲二度半，以納極星，規、環、二極，各設環樞，以便遊運。」詔依新式製造，置於司天監測驗，以較疏密。七年六月，司天監呈新製渾儀、浮漏於迎陽門，帝召輔臣觀之，數問同提舉官沈括，具對所以改更之理。尋又言：「準詔，集監官較其疏密，無可比較。」詔置於翰林天文院。七月，以括爲右正言，司天秋官正皇甫愈等賞有差。初，括上渾儀、浮漏、景表三議，見天文志，朝廷用其說，令改造法物、曆書。至是，渾儀、浮漏成，故賞之。

元豐五年正月，翰林學士王安禮言：「詳定渾儀官歐陽發所上渾儀、浮漏木樣，具新器之宜，變舊器之失，臣等竊詳司天監浮漏，疏謬不可用，請依新式改造。其至道皇祐渾儀、景表亦各差舛，請如法條奏修正。」從之。元祐四年三月，翰林學士許將等言：「詳定元祐渾天儀象所先奉詔製造水運渾儀木樣，如試驗候天不差，即別造銅器，今校驗皆與天合。」詔以銅造，仍以元祐渾天儀象爲名。將等又言：「前所謂渾天儀者，其外形圓，可偏布星度；其內有璣、有衡，可仰窺天象。今所建渾儀象，別爲二器，而渾儀占測天度之眞數，又以渾象置之密室，自爲天運，與儀參合。若并爲一器，卽象爲儀，以同正天度，則渾天儀象兩得之矣。請更作渾天儀。」從之。七年四月，詔尙書左丞蘇頌撰渾天儀象銘。六月，元祐渾天儀象成，詔三省、樞密院官閱之。紹聖元年十月，詔禮部、祕書省，卽詳定製造渾天儀象所，以新舊渾儀集局官同測驗，擇其精密可用者以聞。

宣和六年七月，宰臣王黼言：

臣崇寧元年邂逅方外之士于京師，自云王其姓，面出素書一，道璣衡之制甚詳。比嘗請令應奉司造小樣驗之，踰二月，乃成璿璣，其圓如丸，具三百六十五度四分度之一，置南北極、崑崙山及黃、赤二道，列二十四氣、七十二候、六十四卦、十干、十二支、晝夜百刻，列二十八宿、并內外三垣、周天星。日月循黃道天行，每天左旋一周，日右旋一度，冬至南出赤道二十四度，夏至北入赤道二十四度，春秋二分黃、赤道交而出卯入酉。月行十三度有餘，生明于西，其形如鉤，下環，西見半規，及望而圓；既望，西缺下環，東見半規，及晦而隱。某星始見，某星已中，某星將入，或左或右，或遲或速，皆與天象脗合，無纖毫差。玉衡植於屏外，持扼樞斗，注水激輪，其下爲機輪四十有三，鈎鍵交錯相持，次第運轉，不假人力，多者日行二千九百二十八齒，少者五日行一齒，疾徐相遠如此，而同發于一機，其密殆與造物者侔焉。自餘悉如唐一行之制。

然一行舊制機關，皆用銅鐵爲之，澀卽不能自運，今制改以堅木若美玉之類。舊制外絡二輪，以綴日月，而二輪蔽虧星度，仰視躔次不審，今制日月皆附黃道，如蟻行磑上。舊制雖有合望，而月體常圓，上下弦無辨，今以機轉之，使圓缺隱見悉合天象。舊制止有候刻辰鐘鼓，晝夜短長與日出入更籌之度，皆不能辨，今制爲司辰壽星，運十二時輪，所至時刻，以手指之，又爲燭龍，承以銅荷，時正吐珠振荷，循環自運。其制皆出一行之外。卽其器觀之，全象天體者，璿璣也；運用水斗者，玉衡也。昔人或謂璣衡爲渾天儀，或謂有璣而無衡者爲渾天象，或謂渾儀望筒爲衡：皆非也。甚者莫知璣衡爲何器。唯鄭康成以運轉者爲璣，持正者爲衡，以今制考之，其說最近。

又月之晦明，自昔弗燭厥理，獨揚雄云：「月未望則載魄于西，既望則終魄于東，其遡於日乎？」京房云：「月有形無光，日照之乃光。」始知月本無光，遡日以爲光。本朝沈括用彈況月，粉塗其半，以象對日之光，正側視之，始盡圓缺之形。今制與三者之說若合符節。宜命有司置局如樣製，相阯於明堂或合臺之內，築臺陳之，以測上象。又別製三器，一納御府，一置鐘鼓院，一備車駕行幸所用。仍著爲成書，以詔萬世。詔以討論制造璣衡所爲名，命黼總領，內侍梁師成副之。

## 校勘記

〔一〕曆中度一百八十二　「二」原作「五」。按二除曆度，得曆中度一百八十二、約分六十二、秒二十五，原「五」字誤，故改。

〔二〕曆策度一十五　「一」原作「二」。按二十四除曆度，得曆策度一十五、約分二十一、秒八十六，原「二」字誤，故改。

〔三〕爲其星再定合積星　據上文，疑本句應作「爲其星再定合日定積、定星」。

# 宋史卷八十一

## 志第三十四

### 律曆十四

中原既失，禮樂淪亡。高宗時，胡銓著審律論，曰：

臣聞司馬遷有言曰：「六律爲萬事根本，其於兵械尤所重，望敵知吉凶，聞聲效勝負，百王不易之道也。」臣嘗深愛遷之言律於兵械爲尤重，而深惜後之談兵者止以戰鬥、擊刺、奇謀，此律之所以汨陳而學者未嘗道也。

夫律、度、量、衡，古也淵源於馬遷，濫觴於班固，劉昭挹其流，孟康、京房、錢樂之之徒汨其泥而揚其波。遷之言曰，黃鐘之實八十一以爲宮，而以九爲法，實如法，得長一寸，則黃鐘爲九寸矣。黃鐘之實十七萬七千一百四十七，而以一萬九千六百八十三爲法，實如法，亦得長一寸，亦黃鐘爲九寸也。然則十七萬七千一百四十七與夫所謂八十一者，雖多少之不同，而其實一也；萬九千六百八十三與夫所謂九者，雖多少之不同，而其法一也。又曰，丑二，寅八，卯十六，辰六十四。夫丑與卯，陰律也；寅與辰，陽律也。生陰律者皆二，所謂下生者倍其實；生陽律者皆四，所謂上生者四其實。遷之言財數百，可謂簡矣，而後之言律者祖焉，是不亦淵源於馬遷乎？

固之言曰，黃鍾之實，八百一十分。蓋遷意也。然以林鍾之實五百四十，而乃以爲六百四十，林鍾、太蔟之實以其長自乘，則聲雖有，小同於黃鍾之宮耳。然則魏柴玉〔二〕製律，而與黃鍾商、徵不合，其失兆此矣。夫自子一分，終於亥十七萬七千一百四十七分，蓋遷術也。而固亦曰，太極元氣，函三爲一，始動於子，參之於丑，歷十二辰之數，而得黃鍾之實，以爲陰陽合德，化生萬物。其說蓋有本矣。然其言三分甤賓損一，下生大呂，而不言夫所謂濁倍之變何？夫甤賓之比於大呂，則甤賓淸而大呂濁，今又損二分之一以生大呂，則大呂之聲乃淸於甤賓，是不知夫倍大呂之濁。然則蕭衍之論，至於夾鐘而裁長三寸七分，其失兆此矣。是不亦濫觴於班固乎？

昭之言曰，推林鍾之實至十一萬八千九十八、太蔟之實至十五萬七千四百六十四，二乘而三約之者，爲下生之實；四乘而三約之者，爲上生之實。此遷、固之意，昭則詳矣。然以甤賓爲上生大呂，而大呂乃下生夷則，何也？蓋昭之說陽生陰爲下生，陰生陽爲上生。今以蕤賓爲上生大呂，則是陽生陰，乃上生也；以大呂爲下生夷則，是陰生陽，乃下生也。其蔽亦由不知夫大呂有濁倍之變，則其視遷、固去本遠矣。是不亦挹其流於劉昭乎？

若夫孟康、京房、錢樂之之徒，則又大不然矣。夫班固以八十一分爲黃鐘之實，起十二律之周徑，度其長以容其實，初未嘗有徑三圍九之說也。康之徒惑於八十一分之實，以一寸爲九十分，而不察方圓之異，於是有徑三圍九之論興焉。天律之形圜，如以爲徑三圍九，則刓其四用之方，而不足於九分之數，以之容黍，豈能至於千二百哉！然則所謂圍九，方分也。何以知之？知龠之方，則知黃鐘之分亦方也。固雖無明說，其論洛下閎起曆之法曰：「律容一龠，積八十一寸，則一日之分也。」夫八十一寸者，是乃八百一十分，以千二百黍納之龠中，則不搖而自滿，是無異黃鐘之容也。龠之制，方寸而深八分。一龠之方，則黃鐘之分，安得而不方哉！圍九方分而圜之，則徑不止於三分矣。故夫徑三圍九之說，孟康爲之也。

然由律生呂，數十有二，止矣；京氏演爲六十，錢樂之廣爲三百六十，則與黃帝之說悖矣。蓋樂之用淮南之術，一律而生五音，十二律而爲六十音，而六之，故三百六十音，以當一歲之日。以黃鐘、太蔟、姑洗、林鐘、南呂生三十有四，以大呂、夾鐘、中呂、蕤賓、夷則、無射生二十有七，應鐘生二十有八，始於包育，而終於安運。然由黃鐘迄于壯進百有五十，則三分損一焉以下生；由依行迄于億兆二百有九，則三分益一焉以上生；惟安運爲終而不生。其言與黃帝之法大相牴牾。自遷、固而下，至是雜然莫適爲主，至五季王朴而後議少定，沈括、蔣之奇論之當矣。是不亦汩其泥而揚其波乎？

嗚呼！律也者，固以實爲本而法爲末，陛下修其實於上，而有司方定其法於下，以協天地中和之聲，則夫數子者，其說有可考焉，臣敢輕議哉！

淳熙間，建安布衣蔡元定著律呂新書，朱熹稱其超然遠覽，奮其獨見，爬梳剔抉，參互考尋，推原本根，比次條理，管括機要，闡究精微。其言雖多出於近世之所未講，而實無一字不本於古人之成法。其書有律呂本原、律呂證辨。本原者，黃鐘第一，黃鐘之實第二，黃鐘生十二律第三，十二律之實第四，變律第五，律生五聲圖第六，變聲第七，八十四聲圖第八，六十調圖第九，候氣第十，審度第十一，嘉量第十二，謹權量第十三。證辨者，造律第一，律長短圍徑之數第二，黃鐘之實第三，三分損益上下相生第四，和聲第五。權臣既誣元定以僞學，貶死舂陵，雖有其書，卒爲空言，嗚呼惜哉！

久之，宜春歐陽之秀復著律通，其自序曰：

自律呂之度數不見於經，而釋經者反援漢志以爲據，蓋濫觴於管子、呂氏春秋，流衍於淮南子、司馬遷之書，而波助於劉歆、京房之學。班固漢志，盡歆所出也；司馬彪志，盡房所出也。後世協律者，類皆執守以爲定法。歷代合樂，不爲無人，而終不足以得天地陰陽之和聲，所以不能追還於隆古之盛者，大抵由三分損益之說拘之也。夫律固不能舍損益之說以求之，由其有損有益，而後有上生下生之異。至其專用三分以爲損益之法則失之，未免乎聲與數之不相合，有非天成之自然耳。

蓋嘗因其損益、上下生之義，而去其專用三分之蔽，乃多爲分法以求之，自黃鐘以往，其下生者盈十，而上生者止一而已。此其數之或損或益，出於自然，而與舊法固不侔矣。若謂相生之法，一下必一上，既上而復下，則其法之窮也，於蕤賓、大呂間見之。夫黃鐘而降，轉以相生，至於姑洗則下生應鐘，而應鐘之上生蕤賓者，法也。今乃蕤賓之生大呂，又從而上生焉，此班志所載，所以變其說爲下生大呂，而大呂之長遂用倍法矣。夫律之相生而用倍法，猶爲有理，獨專用三分以爲損益，則律之長短，不中乎天地自然之數爾。

生律之分，蓋不止於三分損益之一端，以一律而分爲三，此生律之極數，特一求徵聲之法耳。苟以三分損益，一下生而一上生，則聲律殆無窮矣，何至於十二而止也乎。夫十二律之生也，十律皆下生，一律獨上生。唯其下生者，損之極也，而後上生者益焉。上生則律窮矣，此窮上反下、窮下反上之理也。琴一弦之間具十二律，皆用下生之法，而末以上生法終之。若以七弦而緊慢之爲旋宮之法，則應鐘一均之律，宮聲之外，多用倍法生一律矣。此天地聲音自然而然，不可拘於一而不知通變也。故正律止於十二而已。

竊意十二律之度數，當具於周禮之冬官，如考工記鳧氏爲鐘、磬氏爲磬之類，各有一職。然冬官一篇既亡，則世無以考其度數之詳，而三分損益之說散見於書傳者，恐或得之目擊而不及識其全，或得之口授而未能究其誤，或求諸耳決而不能究其眞，因是遂著爲定論。夫人皆以爲法之盡善矣，豈知三分損益所生之律，乃僅得其聲之近似而未眞。蓋非師曠之聰，則耳不能齊，其聲之近似者，足以惑人之聽，是以不復求其法之未盡善者。此蔡邕所以不如耳決之明者，亦不能盡信其法也。

後世之制樂者，不知律法之固有未善，而每患其聲音高下之不協，以至取古昔遺亡之器而求之，蓋亦不知本矣。聲以數而傳，數以聲而定，二者皆有自然之則。如侈者聲必咋，弇者聲必鬱，高者數必短，下者數必長。侈弇者，數也，未聞其聲而已知其有咋鬱之分；高下者，聲也，未見其數已知其有長短之異。故不得其自然之聲，則數不可得而考；不得其自然之數，則聲不可得而言。今之制律者，不知出此，而顧先區區於秬黍之縱横、古尺之修短、斛斗之廣狹、鐘磬之高下謀之，是何足以得其聲之和哉！

邵雍曰：「世人所見者，漢律曆耳。」然則三分損益之法爲未善，亦隱然矣。近世蔡元定特著一書，可謂究心，然其說亦有可用與否。其可用者，多其所自得，而又有證於古，凡載於吾書者可見矣；其否者，皆由習熟於三分上下生之說，而不於聲器之近似者察之也。豈嘗察之而未有法以易之乎？此律通之所以作也。

蓋律之所以長短，不止乎三分損益之一端，自四分以往，推而至於有二十分之法。管之所以廣狹，必限於千二百黍之定數，因其容受有方分、圜分之異，與黍體不相合，而遂分辨其空龠有實積、隙積之理。其還相爲宮之法，有以推見其爲一陰一陽相繼之道，而非一上一下相生之謂也。

嗟乎！觀吾書者，能知其數之出於自然而然，則知由先漢以前至于今日，上下幾二千年，凡史傳所述三分損益一定之說者，可以删而去之矣。使其說之可用也，則累世律可協、樂可和，何承天、劉焯輩不改其法矣。故京房六十律不足以和樂，而況錢樂之衍爲三百六十之非法，徒增多而無用乎？是其數非出於自然之無所加損，而徒欲傅會於當期之日數云爾。

古之聖人所以定律止於十二者，自然之理數也。苟不因自然之理數，則以三分損益之法衍之，聲律殆不特三百六十而已也，而況京房之六十乎？且房之律，吾意其自爲之也，而託言受之焦延壽，以欺乎人，以售其說。使律法之善，何必曰受諸人？律法不善矣，雖焦延壽何益哉！所謂善不善者，亦顧其法之可用與否耳。曩者，魏漢津嘗創用指尺以制律，乃竊京房之故智，上以取君之信，下以遏人之議，能行之於一日，豈能使一世而用之乎？

今律通之作，其數之損益可以互相生，總爲百四十四以爲之體，或變之，又可得二百一十有六以爲之用，乾坤之策具矣。世不用則已，用則聲必和，亦因古黃鐘九寸法審之，以人物之聲而稍更定之耳。或曰：「律止十二，胡爲復衍百四十四律乎？」應之曰：「十二者，正聲也；百四十四者，變聲也。使不爲百四十四者，何以見十二宮七聲長短之有定數，而宮、商、角、徵、羽清濁之有定分乎？其要主於和而已。故有正聲則有變聲也，通其變然後可與論律矣。」

律通上下二篇：十二律名數第一，黃鐘起數第二，生律分正法第三，生律分變法第四，正變生律分起算法第五，十二宮百四十四律數第六，律數傍通法第七，律數傍通別法第八，九分爲寸法辨第九、第十，五十九律會同第十一，空圍龠實辨第十二，十二律分陰陽圖說第十三，陽聲陰聲配乾坤圖第十四，五聲配五行之序第十五，七聲配五行之序第十六，七聲分類第十七，十二宮七聲倡和第十八，六十調圖說第十九，辨三律聲法第二十。眞德秀、趙以夫皆盛稱之。

舒州桐城縣丞李如篪作樂書，評司馬光、范鎭所論律，曰：

鎭得蜀人房庶言尺法，庶言：「嘗得古本漢書，云：『度起於黃鐘之長，以子穀秬黍中者，一黍之起，積一千二百黍之廣，度之九十分，黃鐘之長，一爲一分。』今文脫去『之起積一千二百黍』八字，故自前世累黍爲之，縱置之則太長，橫置之則太短。今新尺橫置之不能容一千二百黍，則大其空徑四氂六毫，是以樂聲太高，皆由儒者誤以一黍爲一分，其法非是。不若以千二百黍實管中，隨其短長斷之，以爲黃鐘九寸之管九十分，其長一爲一分，取三分以度空徑，數合則律正矣。」鎭盛稱此論，以爲先儒用意皆不能到。其意謂制律之法，必以一千二百黍實黃鐘九寸之管九十分，其管之長一爲一分，是度由律起也。光則據漢書正本之「度起於黃鐘之長。以子穀秬黍中者，一黍之廣，度之九十分〔三〕，黃鐘之長，一爲一分。」本無「之起積一千二百黍」八字。其意謂制律之法，必以一黍之廣定爲一分，九十分則得黃鐘之長，是律由度起也。書云：「同律、度、量、衡。」先言律而後及度、量、衡，是度起於律，信矣。然則鎭之說是，而光之說非也。然庶之論積一千二百黍之廣之說則非，必如其說，則是律非起於度而起於量也。光之說雖非先王作律之本，而後之爲律者，不先定其分寸，亦無以起律。又其法本之漢志之文，則光之說亦不得謂其非是也。

故嘗論之，律者，述氣之管也。其候氣之法，十有二月，每月爲管，置於地中。氣之來至，有淺有深，而管之入地者，有短有長。十二月之氣至，各驗其當月之管，氣至則灰飛也。其爲管之長短，與其氣至之淺深，或不相當則不驗。上古之聖人制爲十二管，以候十二辰之氣，而十二辰之音亦由之而出焉。以十二管較之，則黃鐘之管最長，應鐘之管至短；以林鐘比於黃鐘，則短其三分之一；以太蔟比之林鐘，則長其三分之一；其餘或長或短，皆上下於三分之一之數。其默符於聲氣自然之應者如此也，當時惡睹所謂三分損益哉！又惡睹夫一千二百黍爲黃鐘容受之量與夫一黍之廣一爲一分之說哉！古之聖人既爲律矣，欲因之以起度、量、衡之法，遂取秬黍之中者以實黃鐘之管，滿龠傾而數之，得黍一千有二百，因以制量；以一黍之廣而度之，得黃鐘管九十分之一，因以起度；以一龠之黍之重而兩之，因以生衡。去古既遠，先王作律之本始，其法不傳，而猶有所謂一千二百黍爲一龠容受之量與夫一黍之廣一爲一分者可考也。推其容受而度其分寸，則律可得而成也。先王之本於律以起度、量、衡者，自源而生流也；後人以度、量、衡而起律者，尋流而及源也。

光、鎭爭論往復，前後三十年不決，大概言以律起度，以度起律之不同。鎭深闢光以度起律之說，不知後世舍去度數，安得如古聖人默符聲氣之驗，自然而成律也哉！至若庶之增益漢志八字以爲脫誤，及其他紛紛之議，皆穿鑿以爲新奇，雖鎭力主之，非至當之論有補於律法者也。

如篪書曰樂本，曰樂章。

沙隨程迥著三器圖議，曰：「體有長短，所以起度也；受有多寡，所以生量也；物有輕重，所以用權也。是器也，皆準之上黨羊頭山之秬黍焉。以之測幽隱之情，以之達精微之理。推三光之運，則不失其度；通八音之變，則可召其和。以辨上下則有品，以分隆殺則有節。凡朝廷之出治，生民之日用，未有頃刻不資焉者也。古人以度定量，以量定權，必參相得，然後黃鐘之律可求，八音五聲從之而應也。皇祐中，阮逸、胡瑗累黍定尺，既大於周尺，姑欲合其量也，然竟於權不合，乃謂黍稱二兩，已得官稱一兩，反疑史書之誤。及韓琦、丁度詳定，知逸、瑗之失，亦莫能以三器參相攷也。」

先是，鎮上封事曰：「樂者，和氣也；發和氣者，音聲也。音聲生於無形，故古人以有形之物傳其法，俾後人參考之。有形者何？秬黍也、律也、尺也、龠也、鬴也、斛也、算數也、權稱也、鐘也、磬也，是十者必相合而不相戾，而後爲得也。」迥謂：「以黍定三器，則十者無不該。三者，尺爲之本。周尺也者，先儒攷其制，脗合者不一。至宋祁取隋書大業中歷代尺十五等，獨以周尺爲之本，以攷諸尺。韓琦嘉祐累黍尺二，其一亦與周尺相近。司馬備刻之於石，光舊物也。苟以是定尺，又以是參定權量，以合諸器，如挈裘而振其領，其順者不可勝數也。」迥博學好古，朱熹深禮敬之。其後江陵府學教授廬陵彭應龍，既注漢律曆志，設爲問答，著鐘律辨疑三卷，至爲精密，發古人所未言者。

宋曆在東都凡八改，曰應天、乾元、儀天、崇天、明天、奉元、觀天、紀元。星翁離散，紀元曆亡，紹興二年，高宗重購得之，六月甲午，語輔臣曰：「曆官推步不精，今曆差一日，近得紀元曆，自明年當改正，協時月正日，蓋非細事。」

是歲，始議製渾儀。十一月，工部言，渾儀法要當以子午爲正，今欲定測樞極，合差局官二員。詔差李繼宗等充測驗定正官，俟造畢進呈日，同參詳指說制度官丁師仁、李公謹入殿安設。三年正月壬戌，進呈渾儀木樣。壬申，太史局令丁師仁等言，省識東都渾儀四座：在測驗渾儀刻漏所曰至道儀，在翰林天文局曰皇祐儀，在太史局天文院曰熙寧儀，在合臺曰元祐儀，每座約銅二萬餘斤，今若半之，當萬餘斤。且元祐製造，有兩府提舉。時都司覆實，用銅八千四百斤。詔工部置物料，臨安府傭工匠，仍令工部長貳提舉。

五年，日官言，正月朔旦日食九分半，虧在辰正。常州布衣陳得一言，當食八分半，虧在巳初，其言卒驗。侍御史張致遠言：「今歲正月朔日食，太史所定不驗，得一嘗爲臣言，皆有依據。蓋患算造者不能通消息、盈虛之奧，進退、遲疾之分，致立朔有訛。凡定朔小餘七千五百以上者，進一日。紹興四年十二月小餘七千六百八十，太史不進，故十一月小盡；今年五月小餘七千一百八十，少三百二十，乃爲進朔，四月大盡。建炎三年定十一月三十日甲戌爲臘，陰陽書曰，臘者，接也，以故接新，在十二月近大寒前後戌日定之，若近大寒戌日在正月十一日，若卽用遠大寒戌日定之，庶不出十二月。如宣和五年十二月二十七日丙午大寒，後四日庚戌，雖近，緣在六年正月一日，此時以十九日戊戌爲臘。得一於歲旦日食，嘗預言之，不差毫刻。願詔得一改造新曆，委官專董其事；仍盡取其書，參校太史有無，以補遺闕；擇曆算子弟粗通了者，授演撰之要，庶幾日官無曠，曆法不絕。」二月丙子，詔祕書少監朱震，即祕書省監視得一改造新曆。八月曆成，震請賜名統元，從之。詔翰林學士孫近爲序，以六年頒行，遷震一秩，賜得一通微處士，官其一子。道士裴伯壽等受賞有差。得一等上推甲子之歲，得十一月甲子朔夜半冬至日度起於虛中以爲元。著曆經七卷，曆議二卷，立成四卷，考古春秋日食一卷，七曜細行二卷，氣朔入行草一卷，詔付太史氏，副藏祕府。

紹興九年，史官重修神宗正史，求奉元曆不獲，詔陳得一、裴伯壽赴闕補修之。十四年，太史局請製渾儀，工部員外郎謝伋言：「臣嘗詢渾儀之法，太史官生論議不同，鑄作之工，今尙闕焉。臣愚以爲宜先詢訪制度，敷求通曉天文曆數之學者，參訂是非，斯合古制。」蘇頌之子應詔赴闕，請訪求其父遺書，考質制度。宰相秦檜曰：「在廷之臣，罕能通曉。」高宗曰：「此闕典也，朕已就宮中製造，範制雖小，可用窺測，日以晷度、夜以樞星爲則，非久降出，第當廣其尺寸爾。」於是命檜提舉。時內侍邵諤善運思，專令主之，累年方成。

統元曆頒行雖久，有司不善用之，暗用紀元法推步而以統元爲名。乾道二年，日官以紀元曆推三年丁亥歲十一月甲子朔，將頒行，裴伯壽詣禮部陳統元曆法當進作乙丑朔，於是依統元曆法正之。

光州士人劉孝榮言：「統元曆交食先天六刻，火星差天二度。嘗自著曆，期以半年可成，願改造新曆。」禮部謂：「統元曆法用之十有五年，紀元曆法經六十年，日月交食有先天分數之差，五星細行亦有二三度分之殊。算造曆官拘於依經用法，致朔日有進退，氣節日分有誤，于時宜改造。」伯壽言：「造曆必先立表測景驗氣，庶幾精密。」判太史局吳澤私於孝榮，且言銅表難成、木表易壞以沮之。迺詔禮部尙書周執羔提領改造新曆，執羔亦謂測景驗氣，經涉歲月。孝榮乃采萬分曆，作三萬分以爲日法，號七曜細行曆，上之。三年，執羔以曆來上，孝宗曰：「日月有盈縮，須隨時修改。」執羔對曰：「舜協時月正日，正爲積久不能無差，故協正之。」孝宗問曰：「今曆與古曆何如？」對曰：「堯時冬至日在牽牛，今冬至日在斗一度。」

孝榮七曜細行曆自謂精密，且預定是年四月戊辰朔日食一分，日官言食二分，伯壽並非之，既而精明不食。孝榮又定八月庚戌望月食六分半，候之，止及五分。又定戊子歲二月丁未望月食九分已上，出地，其光復滿。伯壽言：「當食既，復滿在戌正三刻。」

侍御史單時言：「比年太史局以統元曆稍差而用紀元曆，紀元寖差，邇者劉孝榮議改曆，四月朔日食不驗，日官兩用統元、紀元以定晦朔，二曆之差，歲益已甚，非所以明天道、正人事也。如四月朔之日不食，雖爲差誤，然一分之說，猶爲近焉。八月望之月食五分，新曆以爲食六分，亦爲近焉。聞欲以明年二月望月食爲驗，是夜或有陰晦風雨，願令日官與孝榮所定七政躔度其說異同者，俟其可驗之時，以渾象測之，察其稍近而屢中者，從其說以定曆，庶幾不致甚差。」詔從之。十一月，詔國子司業權禮部侍郎程大昌、監察御史張敦實監太史局驗之。時孝宗務知曆法疏密，詔太史局以高宗所降小渾儀測驗造曆。四年二月十四日丁未望，月食生光復滿，如伯壽言。

時等又言：「去年承詔十二月癸卯、乙巳兩夜監測太陰、太白，新曆爲近；今年二月十四日望月食，臣與大昌等以渾儀定其光滿，則舊曆差近，新曆差遠。若遽以舊曆爲是，則去年所測四事皆新曆爲近，今者所定月食，乃復稍差，以是知天道之難測。儒者莫肯究心，一付之星翁曆家，其說又不精密。願令繼宗、孝榮等更定三月一日內七政躔度之異同者，仍令臣等往視測驗而造曆焉。」三月，詔時與大昌同驗之。太史局止用紀元曆與新曆測驗，未嘗參以統元曆。臣等先求判太史局李繼宗、天文官劉孝榮等統元、紀元、新曆異同，於三月初九日夜、十一日早、十四日夜、二十日早詣太史局，召三曆官上臺，用銅儀窺管對測太陰、木、火、土星昏晨度經歷度數，參稽所供，監視測驗。初九日昏度：舊曆太陰在黃道張宿十二度八十七分，在赤道張宿十度；新曆在黃道張宿十四度四十分，在赤道張宿十五度太。臣等驗得在赤道張宿十五度半。今考之新曆稍密，舊曆皆疏。十一日早晨度：木星在黃道室宿十五度七分〔三〕，在赤道室宿十三度少；土星在黃道虛宿七度三分，在赤道虛宿七度彊。新曆木星在黃道室宿十五度四十四分，在赤道室宿十四度少弱；土星在黃道虛宿六度二十一分，在赤道虛宿六度少弱。臣等驗得五更三點，土星在赤道虛宿六度弱；五更五點，木星在赤道室宿十四度。今考之新曆稍密，舊曆皆疏。十二日〔四〕，都省令定驗統元、紀元及新曆疏密。統元曆昏度，太陰在黃道氐宿初度九十四分，在赤道氐宿三度少；紀元曆在黃道氐宿初度八十三分，在赤道氐宿二度太；新曆在黃道亢宿八度七十一分，在赤道亢宿九度少弱。三曆官以渾儀由南數之，其太陰北去角宿距星二十一度少弱。新舊曆官稱昏度亢宿未見，祗以窺管測定角宿距星，復以曆書考東方七宿，角占十二度，亢占九度少；既亢宿未見，當除角宿十二度，卽太陰此時在赤道亢宿九度少弱。今考之新曆全密，紀元、統元曆皆疏。二十日早晨度：統元曆太陰在黃道斗宿十一度九十一分，在赤道斗宿十二度少；火星在黃道危宿七度九十一分，在赤道危宿七度少；土星在黃道虛宿八度八十二分，在赤道虛宿八度太彊。紀元曆太陰在黃道斗宿十一度四十分，在赤道斗宿十一度半；火星在黃道危宿六度，在赤道危宿六度太；土星在黃道虛宿七度三十九分，在赤道虛宿七度半弱。新曆太陰在黃道斗宿十度六十一分，在赤道斗宿十度少；火星在黃道危宿七度二十分，在赤道危宿六度；土星在黃道虛宿六度五十三分，在赤道虛宿六度半。三曆官驗得太陰在赤道斗宿十度，火星在赤道危宿六度彊，土星在赤道虛宿六度半。今考之太陰，紀元曆疏；火星，新曆、紀元曆全密，統元曆疏；土星，新曆全密，紀元、統元曆疏。」

又詔時與尙書禮部員外郎李燾同測驗，時等言：「先究統元、紀元、新曆異同，召三曆官上臺，用銅儀窺管對測太陰、土、火、木星晨度經歷度數，參稽所供，監視測驗。二十四日早晨度：統元曆太陰在黃道危宿十一度九十分，在赤道危宿九度；木星在黃道室宿十八度一十五分，在赤道壁宿初度少；火星在黃道危宿十度七十分，在赤道危宿十度；土星在黃道虛宿八度九十五分，在赤道虛宿九度。紀元曆太陰在赤道〔五〕危宿十度五十三分，在赤道危宿八度半；木星在黃道室宿十七度六十八分，在赤道室宿十六度少；火星在黃道危宿九度八十四分，在赤道危宿九度；土星在黃道留在虛宿七度四十分，在赤道虛宿七度半。新曆太陰在黃道危宿十三度五分，在赤道危宿十二度；木星在黃道室宿十八度一十分，在赤道室宿十六度半彊；火星在黃道危宿十度八分，在赤道危宿九度；土星在黃道虛宿六度六十分始留，在赤道虛宿六度半彊始留。三曆官驗得太陰在赤道危宿十度，木星在赤道室宿十六度太，火星在赤道危宿九度半，土星在赤道虛宿六度半弱。今考之太陰，統元曆精密，紀元曆、新曆皆疏；木星，新曆稍密，紀元、統元曆皆疏；火星，紀元、新曆皆稍密，統元曆疏；土星，新曆稍密，紀元、統元曆皆疏。二十七日早晨度：統元曆木星在黃道壁宿初度四十六分，在赤道壁宿初度太彊；火星在黃道危宿十二度九十二分，在赤道危宿十二度彊；土星留在黄道虛宿八度九十八分，在赤道虛宿九度。紀元曆木星在黄道壁宿初度二十五分，在赤道壁宿初度分空；火星在黄道危宿十二度九十七分，在赤道危宿十一度；土星留在黄道虛宿七度四十八分，在赤道虛宿七度半。新曆木星在黄道壁宿初度四十四分，在赤道壁宿初少彊；火星在黄道危宿十二度二十二分，在赤道危宿十一度半；土星留在黄道虛宿六度六十分，在赤道虛宿六度半彊。三曆官驗得木星在赤道壁宿初度少，火星在赤道危宿十一度，土星在赤道虛宿六度半。今觀木星，新曆稍密，紀元、統元曆皆疏；火星，紀元曆全密，統元、新曆皆疏；土星，新曆稍密，紀元、統元曆皆疏。」

由是朝廷始知三曆異同，迺詔太史局以新舊曆參照行之。禮部言：「新舊曆官互相異同，參照實難，新曆比之舊曆稍密。」詔用新曆，名以乾道曆，己丑歲頒行。

孝榮有考春秋日食一卷，漢魏周隋日月交食一卷，唐日月交食一卷，宋朝日月交食一卷，氣朔入行一卷，彊弱日法格數一卷。

## 校勘記

〔一〕柴玉　原作「曹王」，據三國志魏志卷二九杜夔傳改。

〔二〕度之九十分　「度之」二字原脫，據漢書卷二一上律曆志補。

〔三〕木星在黃道室宿十五度七分　據上下文，句首應有「舊曆」二字。

〔四〕十二日　據上文「於三月初九日夜、十一日早、十四日夜、二十日早詣太史局」云云，十四日和十二日必有一誤。

〔五〕赤道　據上下文，應作「黃道」。

# 宋史卷八十二

## 志第三十五

### 律曆十五

乾道四年，禮部員外郎李燾言：「統元曆行之既久，與天不合，固宜；大衍曆最號精微，用之亦不過三十餘年，後之欲行遠也，難矣。抑曆未差，無以知其失；未驗，無以知其是。仁宗用崇天曆，天聖至皇祐四年十一月日食，二曆不效〔一〕，詔以唐八曆及宋四曆參定，皆以景福爲密，遂欲改作。而劉羲叟謂：『崇天曆頒行逾三十年〔二〕，所差無幾，詎可偶緣天變，輕議改移？』又謂：『古聖人曆象之意，止於敬授人時，雖則預考交會，不必脗合辰刻，或有遲速，未必獨是曆差。』迺從羲叟言，復用崇天曆。羲叟曆學爲宋第一，歐陽脩、司馬光輩皆遵用之。崇天曆既復用，又十三年，治平二年，始改用明天曆，曆官周琮〔三〕皆遷官。後三年，驗熙寧三年七月月食不效，迺詔復用崇天曆，奪琮等所遷官。熙寧八年，始更用奉元曆，沈括實主其議。明年正月月食，遂不效，詔問修曆推恩者姓名，括具奏辨，得不廢。識者謂括彊辨，不許其深於曆也。然後知羲叟之言然。願申飭曆官，加意精思，勿執今是；益募能者，熟復討論，更造密度，補治新曆。」緣燾嘗承詔監視測驗，値新曆太陰、熒惑之差，恐書成所差或多，見識能者，迺詔諸道訪通曆者。久之，福州布衣阮興祖上言新曆差謬，荆大聲不以白部，即補興祖爲局生。

初，新曆之成也，大聲、孝榮共爲之；至是，大聲乃以太陰九道變赤道別演一法，與孝榮立異于後。祕書少監、崇政殿說書兼權刑部侍郎汪大猷等言：「承詔於御史臺監集局官，參算明年太陰宿度，箋注御覽詣實。今大聲等推算明年正月至月終九道太陰變赤道，限十二月十五日以前具稿成，至正月內，臣等召曆官上臺，用渾儀監驗疏密。」從之。

五年，國子司業兼權禮部侍郎程大昌、侍御史單時，祕書丞唐孚、祕書郎李木言：「都省下靈臺郎充曆算官蓋堯臣、皇甫繼明、宋允恭等言：『厥今更造乾道新曆，朝廷累委官定驗，得見日月交食密近天道，五星行度允協躔次，惟九道太陰間有未密。搜訪能曆之人補治新曆，半年未有應詔者，獨荆大聲別演一法，與劉孝榮乾道曆定驗正月內九道太陰行度。今來二法皆未能密於天道，乾道太陰一法與諸曆比較，皆未盡善。今撮其精微，撰成一法，其先推步到正月內九道太陰正對在赤道宿度，願委官與孝榮、大聲驗之。如或精密，即以所修九道經法，請得與定驗官更集孝榮、大聲等同赴臺，推步明年九道太陰正對在赤道宿度，點定月分定驗，從其善者用之。』大昌等從大聲、孝榮所供正月內太陰九道宿度，已赴太史局測驗上中旬畢，及取大聲、孝榮、堯臣等三家所供正月下旬太陰宿度，參照覽視，測驗疏密，堯臣、繼明、允恭請具今年太陰九道宿度。欲依逐人所請，限一月各具今年太陰九道變黃道正對赤道其宿某度，依經具稿，送御史臺測驗官不時視驗，然後見其疏密。」

裴伯壽上書言：

孝榮自陳預定丁亥歲四月朔日食、八月望月食，俱不驗。又定去年二月望夜二更五點月食九分以上，出地復滿。臣嘗言於宰相，是月之食當食既出地，紀元曆亦食既出地，生光在戌初二刻，復滿在戌正三刻。是夕，月出地時有微雲，至昏時見月已食既，至戌初三刻果生光，卽食既出地可知；復滿在戌正三刻，時二更二點：臣所言卒驗。孝榮言見行曆交食先天六刻，今所定月食復滿，乃後天四刻，新曆謬誤爲甚。

其一曰步氣朔，孝榮先言氣差一日，觀景表方知其失，此不知驗氣者也。臣之驗氣，差一二刻亦能知之。紀元節氣，自崇寧間測驗，逮今六十餘載，不無少差，苟非測驗，安知其失？凡日月合朔，以交食爲驗，今交食既差，朔亦弗合矣。

其二曰步發斂，止言卦候而已。

其三曰步日躔，新曆乃用紀元二十八宿赤道度，暨至分宮，遽減紀元過宮三十餘刻，殊無理據。而又赤道變黃道宿度，婁、胃二宿頓減紀元半度。在術則婁、胃二宿合二十八度，婁當十二度太，今新曆婁作十二度半，乃棄四分度之一。室、軫二宿虛收復多，少數變宿，分宮旣訛，是以乾道己丑歲太陽過宮差誤。

其四曰步晷漏，新曆不合前史。唐開元十二年測景于天下，安南測夏至午中晷在表南三寸三分，新曆算在表北七寸；其鐵勒測冬至午中晷長一丈九尺二寸六分，新曆算晷長一丈四尺九寸九分，乃差四尺二寸七分，其謬蓋若此。

其五曰步月離，諸曆遲疾、朏朒極數一同，新曆朏之極數少朒之極數四百九十三分〔四〕，疾之極數少遲之極數二十分，不合曆法。

其六曰步交會，新曆妄設陽準、陰準等差，蓋欲苟合已往交食，其間復有不合者，則遷就天道，所以預定丁亥、戊子二歲日月之食，便見差違。

其七曰步五星，以渾儀測驗新曆星度，與天不合。蓋孝榮與同造曆人皆不能探端知緒，乃先造曆，後方測驗，前後倒置，遂多差失。夫立表驗氣，窺測七政，然後作曆，豈容掇拾緒餘，超接舊曆，以爲新術，可乎？

新曆出於五代民間萬分曆，其數朔餘太彊，明曆之士往往鄙之。今孝榮乃三因萬分小曆，作三萬分爲日法，以隱萬分之名。三萬分曆卽萬分曆也。緣朔餘太彊，孝榮遂減其分，乃增立秒，不入曆格。前古至于宋諸曆，朔餘並皆無秒，且孝榮不知王處訥於萬分增二，爲應天曆日法，朔餘五千三百七，自然無秒，而去王朴用秒之曆。

臣與造統元曆之後，潛心探討，復三十餘年，考之諸曆，得失曉然。誠假臣演撰之職，當與太史官立表驗氣，窺測七政，運算立法，當遠過前曆。

詔送監視測驗官詳之，達于尚書省。

時談天者各以技術相高，互相詆毀。諫議大夫單時、祕書少監汪大猷、國子司業權禮部侍郎程大昌、祕書丞唐孚、祕書郎李木言：「乾道新曆，荆大聲、劉孝榮同主一法，自初測驗以至權行施用，二人無異議。後緣新曆不密，詔訪求通曆者，孝榮乃訟阮興祖緣大聲補局生，自是紛紛不已。大聲官以判局提點曆書爲名，乃言不當責以立法起算。不知起曆授時，何所憑據。且正月內五夜，比較孝榮所定五日並差，大聲所定五日內三日的中，兩日稍疏。繼伯壽進狀獻術，時等將求其曆書上臺測驗，務求至當，而大聲等正居其官，乃飾辭避事，測驗弗精。且大聲、孝榮同立新法，今猶反覆，苟非各具所見，他日曆成，大聲妄有動搖，卽前功盡廢。請令孝榮、大聲、堯臣、伯壽各具乾道五年五月已後至年終，太陰五星排日正對赤道躔度，上之御史臺，令測驗官參考。」詔從之。

六年，日官言：「比詔權用乾道曆推算，今歲頒曆于天下，明年用何曆推算？」詔亦權用乾道曆一年。秋，成都曆學進士賈復自言，詔求推明熒惑、太陰二事，轉運使資遣至臨安，願造新曆畢還蜀，仍進曆法九議。孝宗嘉其志，館于京學，賜廩給。太史局李繼宗等言：「十二月望，月食大分七、小分九十三。賈復、劉大中等各虧初、食甚分夜不同。」詔禮部侍郎鄭聞監李繼宗等測驗。是夜，食八分。祕書省言，靈臺郎宋允恭、國學生林永叔、草澤祝斌、黃夢得、吳時舉、陳彥健等各推算日食時刻、分數異同。乃詔諫議大夫姚憲監繼宗等測驗五月朔日食。憲奏時刻、分數皆差舛，繼宗、澤、大聲削降有差。

太史局春官正、判太史局吳澤等言：「乾道十年頒賜曆日，其中十二月已定作小盡，乾道十一年正月一日注：癸未朔，畢乾道十一年正月一日。崇天、統元二曆算得甲申朔，紀元、乾道二曆算得癸未朔，今乾道曆正朔小餘，約得不及進限四十二分，是爲疑朔。更考日月之行，以定月朔大小，以此推之，則當是甲申朔。今曆官弗加精究，直以癸未注正朔，竊恐差誤，請再推步。」於是俾繼宗監視，皆以是年正月朔當用甲申。乗今歲五月朔，太陽交食，本局官生瞻視到天道日食四分半：虧初西北，午時五刻半；食甚正北，未初二刻；復滿東北，申初一刻。後令永叔等五人各言五月朔日食分數并虧初、食甚、復滿時刻皆不同。并見行乾道曆比之，五月朔天道日食多算二分少彊，虧初少算四刻半，食甚少算三刻，復滿少算二刻已上。又考乾道曆比之崇天、紀元、統元三曆，日食虧初時刻爲近；較之乾道，日食虧初時刻爲不及。繼宗等參考來年十二月係大盡，及十一年正月朔當用甲申，而太史局丞、同判太史局荆大聲言乾道曆加時係不及進限四十二分，定今年五月朔日食虧初在午時一刻。今測驗五月朔日食虧初在午時五刻半，乾道曆加時弱四百五十分，苟以天道時刻預定乾道十二年正月朔，已過甲申日四百五十分。大聲今再指定乾道十一年正月合作甲申朔，十年十二月合作大盡，請依太史局詳定行之。」五月，詔曆官詳定。

淳熙元年，禮部言：「今歲頒賜曆書，權用乾道新曆推算，明年復欲權用乾道曆。」詔從之。十一月，詔，太史局春官正吳澤推算太陽交食不同，令祕書省敕責之，并罰造曆者。三年，判太史局李繼宗等奏：「令集在局通算曆人重造新曆，今撰成新曆七卷，推算備草二卷，校之紀元、統元、乾道諸曆，新曆爲密，願賜曆名。」於是詔名淳熙曆，四年頒行，令禮部、祕書省參詳以聞。

淳熙四年正月，太史局言：「三年九月望，太陰交食。以紀元、統元、乾道三曆推之，初虧在攢點九刻，食二分及三分已上；以新曆推之，在明刻內食大分空，止在小分百分中二十七。是夜，瞻候月體盛明，雖有雲而不翳，至旦不見虧食，於是可見紀元、統元、乾道三曆〔五〕不逮新曆之密。今當預期推算淳熙五年曆，蓋舊曆疏遠，新曆未行，請賜新曆名，付下推步。」

禮部驗得孟邦傑、李繼宗等所定五星行度分數，各有異同。繼宗云，六月癸酉，木星在氐宿三度一十九分；邦傑言，夜昏度瞻測得木星在氐宿三度半，半係五十分，雖見月體，而西南方有雲翳之。繼宗云，是月戊寅，木星在氐宿三度四十一分；邦傑言，四望有雲，雖雲間時露月體，所可測者木星在氐宿三度太，太係七十五分。繼宗云，庚辰土星在畢宿三度二十四分，金星在參宿五度六十五分，火星在井宿七度二十七分；邦傑言，五更五點後，測見土星入畢宿二度半，半係五十分，金星入參宿六度半，火星入井宿八度多三分。繼宗云，七月辛丑，太陰在角宿初度七十一分，木星在氐宿五度七十六分；邦傑言，測見昏度太陰入軫宿十六度太，太係七十五分，木星入氐宿六度少，少係二十五分。孝宗曰：「自古曆無不差者，況近世此學不傳，求之草澤，亦難其人。」詔以淳熙曆權行頒用一年。

五年，金遣使來朝賀會慶節，妄稱其國曆九月庚寅晦爲己丑晦。接伴使、檢詳丘崈辨之，使者辭窮，於是朝廷益重曆事。李繼宗、吳澤言：「今年九月大盡，係三十日，於二十八日早晨度瞻見太陰離東濁高六十餘度，則是太陰東行未到太陽之數。然太陰一晝夜東行十三度餘，以太陰行度較之，又減去二十九日早晨度太陰所行十三度餘，則太陰尚有四十六度以上未行到太陽之數，九月大盡，明矣。其金國九月作小盡，不當見月體；今既見月體，不爲晦日。乞九月三十日、十月一日差官驗之。」詔遣禮部郎官呂祖謙。祖謙言：「本朝十月小盡，一日辛卯朔，夜昏度太陰躔在尾宿七度七十分。以太陰一晝夜平行十三度三十一分，至八日上弦日，太陰計行九十一度餘。按曆法，朔至上弦，太陰平行九十一度三十一分，當在室宿一度太。金國十月大盡，一日庚寅朔，夜昏度太陰約在心宿初度三十一分。太陰一晝夜亦平行十三度三十一分，自朔至本朝八日爲金國九日，太陰已行一百四度六十二分，比之本朝十月八日上弦，太陰多行一晝夜之數。今測見太陰在室宿二度，計行九十二度餘，始知本朝十月八日上弦，密於天道。」詔祖謙復測驗。是夜，邦傑用渾天儀法物測驗，太陰在室宿四度，其八日上弦夜所測太陰在室宿二度。按曆法，太陰平行十三度餘，行遲行十二度〔六〕。今所測太陰，比之八日夜又東行十二度，信合天道。

十年十月，詔，甲辰歲曆字誤，令禮部更印造，頒諸安南國，繼宗、澤及荆大聲削降有差。

十二年九月，成忠郎楊忠輔言：「淳熙曆簡陋，於天道不合。今歲三月望，月食三更二點，而曆在二更二點；數虧四分，而曆虧幾五分。四月二十三日，水星據曆當夕伏，而水星方與太白同行東井間，昏見之時，去濁猶十五餘度。七月望前，土星已伏，而曆猶注見。八月未弦，金已過氐矣，而曆猶在亢。此類甚多，而朔差者八年矣。夫守疏敝之曆，不能革舊，其可哉！忠輔於易粗窺大衍之旨，創立日法，撰演新曆，不敢以言者，誠懼太史順過飾非。恃刻漏則水有增損、遲疾，恃渾儀則度有廣狹、斜正。所賴今歲九月之交食在晝，而淳熙曆法當在夜，以晝夜辨之，不待紛爭而決矣。輒以忠輔新曆推算，淳熙十二年九月定望日辰退乙未，太陰交食大分四、小分八十五，晨度帶入漸進大分一、小分七；虧初在東北，卯正一刻一十一分，係日出前；食甚在正北，辰初一刻一十分；復滿在西北，辰正初刻，並日出後。其日日出卯正二刻後，與虧初相去不滿一刻。以地形論之，臨安在岳臺之南，秋分後晝刻比岳臺差長，日當先曆而出，故知月起虧時，日光已盛，必不見食。以淳熙曆推之，九月望夜，月食大分五、小分二十六，帶入漸進大分三、小分四十七；虧初在東北，卯初三刻，係攢點九刻後；食甚在正北，卯正三刻後；復滿在西北，辰正初刻後，並在晝。」禮部迺考其異同，孝宗曰：「日月之行有疏數，故曆久不能無差，大抵月之行速，多是不及，無有過者。可遣臺官、禮部官同驗之。」詔遣禮部侍郎顏師魯。其夜戌正二刻，陰雲蔽月，不辨虧食。師魯請詔精於曆學者與太史定曆，孝宗曰：「曆久必差，聞來年月食者二，可俟驗否。」

十三年，右諫議大夫蔣繼周言，試用民間有知星曆者，遴選提領官，以重其事，如祖宗之制。孝宗曰：「朝士鮮知星曆者，不必專領。」迺詔有通天文曆算者，所在州、軍以聞。八月，布衣皇甫繼明等陳：「今歲九月望，以淳熙曆推之，當在十七日，實曆敝也。太史乃注於十六日之下，徇私遷就，以掩其過。請造新曆。」而忠輔乞與曆官劉孝榮及繼明等各具已見，合用曆法，指定今年八月十六日太陰虧食加時早晚、有無帶出、所見分數及節次、生光復滿方面、辰刻、更點同驗之，仰合乾象，折衷疏密。再請今年八月二十九日驗月見東方一事，苟見月餘光，則其日不當以爲晦也。又今年九月十六日驗月未盈一事，苟見月體東向之光猶薄，則其日不當爲望也。知晦望之差，則朔之差明矣。必使氣之與朔無毫髮之差，始可演造新曆。付禮部議，各具先見，指定太陰虧食分數、方面、辰刻，定驗折衷。詔師魯、繼周監之。既而孝榮差一點，繼明等差二點，忠輔差三點，迺罷遣之。

十四年，國學進士會稽石萬言：

淳熙曆立元非是，氣朔多差，不與天合。按淳熙十四年曆，淸明、夏至、處暑、立秋四氣，及正月望、二月十二月下弦、六月八月上弦、十月朔，並差一日。如卦候、盈、虛、沒、滅、五行用事，亦各隨氣朔而差。南渡以來，渾儀草刱，不合制度，無圭表以測日景長短，無機漏以定交食加時，設欲考正其差，而太史局官尙如去年測驗太陰虧食，自一更一點還光一分之後，或一點還光二分，或一點還光三分以上，或一點還光三分以下，使更點乍疾乍徐，隨景走弄，以肆欺蔽。若依晉泰始、隋開皇、唐開元課曆故事，取淳熙曆與萬所造之曆各推而上之於千百世之上，以求交食，與夫歲、月、日、星辰之著見於經史者爲合與否，然後推而下之，以定氣朔，則與前古不合者爲差，合者爲不差，甚易見也。

然其差謬非獨此耳，冬至日行極南，黃道出赤道二十四度，晝極短，故四十刻，夜極長，故六十刻；夏至日行極北，黃道入赤道二十四度，晝極長，故六十刻，夜極短，故四十刻；春、秋二分，黃、赤二道平而晝夜等，故各五十刻。此地中古今不易之法。至王普重定刻漏，又有南北分野、冬夏晝夜長短三刻之差。今淳熙曆皆不然，冬至晝四十刻極短、夜六十刻極長，乃在大雪前二日，所差一氣以上；自冬至之後，晝當漸長，夜當漸短，今過小寒，晝猶四十刻，夜猶六十刻，所差七日有餘；夏至晝六十刻極長、夜四十刻極短，乃在芒種前一日，所差亦一氣以上；自夏至之後，晝當漸短，夜當漸長，今過小暑，晝猶六十刻，夜猶四十刻，所差亦七日有餘；及晝、夜各五十刻，又不在春分、秋分之下。

至於日之出入，人視之以爲晝夜，有長短，有漸，不可得而急與遲也，急與遲則爲變。今日之出入增減一刻，近或五日，遠或三四十日，而一急一遲，與日行常度無一合者。請考正淳熙曆法之差，俾之上不違於天時、下不乖於人事。

送祕書省、禮部詳之。

皇甫繼明、史元寔、皇甫迨、龐元亨等言：「石萬所撰五星再聚曆，乃用一萬三千五百爲日法，特竊取唐末崇元舊曆而婉其名爾。淳熙曆立法乖疏，丙午歲定望則在十七日，太史知其不可，遂注望於十六日下，以掩其過。臣等嘗陳請於太史局官對辨，置局更曆，迄今未行。今考淳熙曆經則又差於將來。戊申歲十一月下弦則在二十四日，太史局官必俟頒曆之際，又將妄退於二十三日矣。法不足恃，必假遷就，而朔望二弦，曆法綱紀，苟失其一，則五星盈縮、日月交會、與夫昏旦之中星、晝夜之晷刻，皆不可得而正也。渾儀、景表，壺漏之器，臣等私家無之，是以曆之成書，猶有所待。國朝以來，必假剏局而曆始成，請依改造大曆故事，置局更曆，以袪太史局之敝。」事上聞，宰相王淮奏免送後省看詳，孝宗曰：「使祕書省各司同察之，亦免有異同之論。」六月，給事中兼修玉牒官王信亦言更曆事，以爲曆法深奧，若非詳加測驗，無以見其疏密。乞令繼明與萬各造來年一歲之曆，取其無差者。詔從之。十二月，進所造曆。淮等奏：「萬等曆日與淳熙十五年曆差二朔，淳熙曆十一月下弦在二十四日，恐曆法有差。」孝宗曰：「朔豈可差？朔差則所失多矣。」乃命吏部侍郎章森、祕書丞宋伯嘉參定以聞。

十五年，禮部言：「萬等所造曆與淳熙曆法不同，當以其年六月二日、十月晦日月不應見而見爲驗，兼論淳熙曆下弦不合在十一月二十四日，是日請遣官監視。」詔禮部侍郎尤袤與森監之。六月二日，森奏：「是夜月明，至一更二點入濁。」十月晦，袤奏：「晨前月見東方。」孝宗問：「諸家孰爲疏密？」周必大等奏：「三人各定二十九日早，月體尙存一分，獨忠輔、萬謂既有月體，不應小盡。」孝宗曰：「十一月合朔在申時，是以二十九日尙存月體耳。」

十六年，承節郎趙渙言：「曆象大法及淳熙曆，今歲冬至幷十二月望，月食皆後天一辰，請遣官測驗。」詔禮部侍郎李巘、祕書省鄧馹〔七〕等視之。巘等請用太史局渾儀測驗，如乾道故事，差祕書省提舉一員專監之。詔差祕書丞黃艾、校書郎王叔簡。

紹熙元年八月，詔太史局更造新曆頒之。二年正月，進立成二卷、紹熙二年七曜細行曆一卷，賜名會元，詔巘序之。

紹熙四年，布衣王孝禮言：「今年十一月冬至，日景表當在十九日壬午，會元曆注乃在二十日癸未，係差一日。崇天曆癸未日冬至加時在酉初七十六分，紀元曆在丑初一刻六十七分，統元曆在丑初二刻二分，會元曆在丑初一刻三百四十分。迨今八十有七年，常在丑初一刻，不減而反增。崇天曆寔天聖二年造，紀元曆崇寧五年造，計八十二年。是時測景驗氣，知冬至後天乃減六十七刻半，方與天道協。其後陳得一造統元曆，劉孝榮造乾道、淳熙、會元三曆，未嘗測景。苟弗立表測景，莫識其差。乞遣官令太史局以銅表同孝禮測驗。」朝廷雖從之，未暇改作。

慶元四年，會元曆占候多差，日官、草澤互有異同，詔禮部侍郎胡紘充提領官，正字馮履充參定官，監楊忠輔造新曆。右諫議大夫兼侍講姚愈言：「太史局文籍散逸，測驗之器又復不備，幾何而不疏略哉！漢元鳳間，言曆者十有一家，議久不決，考之經籍，驗之帝王錄，然後是非洞見。元和間，以太初違天益遠，晦朔失實，使治曆者修之，以無文證驗，雜議蠭起，越三年始定。此無他，不得儒者以總其綱，故至于此也。周官馮相氏、保章氏志日月星辰之運動，而冢宰實總之。漢初，曆官猶宰屬也。熙寧間，司馬光、沈括皆嘗提舉司天監，故當是時曆數明審，法度嚴密。乞命儒臣常兼提舉，以專其責。」

五年，監察御史張巖論馮履唱爲詖辭，罷去。詔通曆算者所在具名來上。及忠輔曆成，宰臣京鏜上進，賜名統天，頒之，凡曆經三卷，八曆冬至考一卷，三曆交食考三卷，晷景考一卷，考古今交食細草八卷，盈縮分損益率立成二卷，日出入晨昏分立成一卷，岳臺日出入晝夜刻一卷，赤道內外去極度一卷，臨安午中晷景常數一卷，禁漏街鼓更點辰刻一卷，禁漏五更攢點昏曉中星一卷，將來十年氣朔二卷，己未庚申二年細行二卷，總三十二卷〔八〕。

慶元五年七月辛卯朔，統天曆推日食，雲陰不見。六年六月乙酉朔，推日食不驗。

嘉泰二年五月甲辰朔，日有食之，詔太史與草澤聚驗於朝。太陽午初一刻起虧，未初刻復滿。統天曆先天一辰有半，迺罷楊忠輔，詔草澤通曉曆者應聘修治。

開禧三年，大理評事鮑澣之言：「曆者，天地之大紀，聖人所以觀象明時，倚數立法，以前民用而詔方來者。自黃帝以來，至於秦、漢，六曆具存，其法簡易，同出一術。既久而與天道不相符合，於是太初、三統之法相繼改作，而推步之術愈見闊疏，是以劉洪、祖沖之之滅破斗分，追求月道，而推測之法始加詳焉。至于李淳風、一行而後，總氣朔而合法，效乾坤而擬數，演算之法始加備焉。故後世之論曆，轉爲精密，非過於古人也，蓋積習考驗而得之者審也。試以近法言之：自唐麟德、開元而至於五代所作者，國初應天而至於紹熙、會元所史者十二書，無非推求上元開闢爲演紀之首，氣朔同元，而七政會於初度。從此推步，以爲曆本，未嘗敢輒爲截法，而立加減數於其間也。獨石晉天福間，馬重績更造調元曆，不復推古上元甲子七曜之會，施於當時，五年輒差，遂不可用，識者咎之。今朝廷自慶元三年以來，測驗氣景，見舊曆後天十一刻，改造新曆，賜名統天，進曆未幾，而推測日食已不驗，此猶可也。但其曆書演紀之始，起於唐堯二百餘年，非開闢之端也。氣朔五星，皆立虛加、虛減之數；氣朔積分，乃有泛積、定積之繁。以外算而加朔餘，以距算而減轉率，無復彊弱之法，盡廢方程之舊。其餘差漏，不可備言。以是而爲術，乃民間之小曆，而非朝廷頒正朔、授民時之書也。漢人以謂曆元不正，故盜賊相續，言雖迂誕，然而曆紀不治，實國家之重事。願詔有司選演撰之官，募通曆之士，置局討論，更造新曆，庶幾幷智合議，調治日法，追迎天道，可以行遠。」

瀹之又言：「當楊忠輔演造統天曆之時，每與議論曆事，今見統天曆舛近，亦私成新曆。誠改新曆，容臣投進，與太史、草澤諸人所著之曆參攷之。」七月，瀹之又言：「統天曆來年閏差，願以諸人所進曆，令祕書省參考頒用。」

祕書監兼國史院編修官、實錄院檢討官曾漸言：「改曆，重事也，昔之主其事者，無非道術精徹之人，如太史公、洛下閎、劉歆、張衡、杜預、劉焯、李淳風、一行、王朴等，然猶久之不能無差。其餘不過遞相祖述，依約乘除，捨短取長，移疏就密而已，非有卓然特達之見也。一時偶中，即復舛戾。宋朝敝在數改曆法。統天曆頒用之初，即已測日食不驗，因仍至今，置閏遂差一月，其爲當改無疑。然朝廷以一代鉅典責之專司，必其人確然著論，破見行之非，服衆多之口，庶幾可見。按乾道、淳熙、慶元〔九〕，凡三改曆，皆出劉孝榮一人之手，其後遂爲楊忠輔所勝；久之，忠輔曆亦不驗，故孝榮安職至今。紹熙以來，王孝禮者數以自陳，每預測驗，或中或不中；李孝節、陳伯祥本皆忠輔之徒；趙達、卜筮之流；石如愚獻其父書，不就測驗晷景，止定月食分數，其術最疏；陳光則幷與交食不論，愈無憑依。此數人者，未知孰爲可付，故鮑澣之屢以爲請。今若降旨開局，不過收聚此數人者，和會其說，使之無爭。來年閏差，其事至重。今年八月，便當頒曆外國，而三數月之間急遽成書，結局推賞，討論未盡，必生詆訾。今劉孝榮、王孝禮、李孝節、陳伯祥所擬改曆，及澣之所進曆，皆已成書，願以衆曆參攷，擇其與天道最近且密者頒用，庶幾來年置閏不差。請如先朝故事，搜訪天下精通曆書之人，用沈括所議，以渾儀、浮漏、圭表測驗，每日記錄，積三五年，前後參較，庶幾可傳永久。」

漸又言：「慶元三年以後，氣景比舊曆有差，至四年改造新曆未成時，當頒五年曆，洒差官以測算晷景、氣朔加時辰刻附會元曆頒賜。今若頒來年氣朔，既有去年十月以後、今年正月以前所測晷景，已見天道冬至加時分數，來年置閏，比之統天曆亦已不同，兼諸所進曆並可參攷。請速下本省，集判局官於本省參攷，使澣之覆考，以最近之曆推算氣朔頒用。」於是詔漸充提領官，澣之充參定官，草澤精算造者、嘗獻曆者與造統天曆者皆延之，於是開禧新曆議論始定。詔以戊辰年權附統天曆頒之。既而婺州布衣阮泰發獻渾儀十論，且言統天、開禧曆皆差。朝廷令造木渾儀，賜文解罷遣之。

嘉定三年，鄒淮言曆書差忒，當改造。試太子詹事兼同修國史、實錄院同修撰兼祕書監戴溪等言，請詢漸、濙之造曆故事。詔溪充提領官，濙之充參定官，鄒淮演撰，王孝禮、劉孝榮提督推算官生十有四人，日法用三萬五千四百。四年春，曆成，未及頒行，溪等去國，曆亦隨寢。韓侂胄當國，或謂非所急，無復敢言曆差者，於是開禧曆附統天曆行於世四十五年。

嘉泰元年〔一〇〕，中奉大夫、守祕書監俞豐等請改造新曆。監察御史施康年劾太史局官吳澤、荆大聲、周端友循默尸祿，言災異不及時，詔各降一官。臣僚言：「頒正朔，所以前民用也。比曆書一日之間，吉凶並出，異端並用，如土鬼、暗金兀之類，則添注於凶神之上猶可也，而其首則揭九良之名，其末則出九曜吉凶之法、勘昏行嫁之法，至於周公出行、一百二十歲宮宿圖，凡閭閻鄙俚之說，無所不有。是豈正風俗、示四夷之道哉！願削不經之論。」從之。二年五月朔，日食，太史以爲午正，草澤趙大猷言午初三刻半日食三分。詔著作郎張嗣古監視測驗，大猷言然，曆官乃抵罪。

嘉定四年，祕書省著作郎兼權尙左郎丁端祖請考試司天生。十三年，監察御史羅相

言：「太史局推測七月朔太陽交食，至是不食。願令與草澤新曆精加討論。」於是澤等各降一官。

淳祐四年，兼崇政殿說書韓祥請召山林布衣造新曆。從之。五年，降算造成永祥一官，以元算日食未初三刻，今未正四刻，元算虧八分，今止六分故也。

八年，朝奉大夫、太府少卿兼尙書左司郎中兼敕令所刪修官尹渙言：「曆者，所以統天地、侔造化，自昔皆擇聖智典司其事。後世急其所當緩，緩其所當急，以爲利吾國者惟錢穀之務，固吾圉者惟甲兵是圖，至於天文、曆數一切付之太史局，荒疏乖謬，安心爲欺，朝士大夫莫有能詰之者。請召四方之通曆算者至都，使曆官學焉。」

十一年，殿中侍御史陳垓言：「曆者，天地之大紀，國家之重事。今淳祐十年冬所頒十一年曆，稱成永祥等依開禧新曆推算，辛亥歲十二月十七日立春在酉正一刻，今所頒曆迺相師堯等依淳祐新曆推算，到壬子歲立春日在申正三刻。質諸前曆，迺差六刻，以此頒行天下，豈不貽笑四方！且許時演撰新曆，將以革舊曆之失。又考驗所食分數，開禧舊曆僅差一

二刻，而李德卿新曆差六刻二分有奇，與今頒行前後兩曆所載立春氣候分數亦差六刻則同。由此觀之，舊曆差少，未可遽廢；新曆差多，未可輕用。一旦廢舊曆而用新曆，不知何所憑據。請參考推算頒行。」

十二年，祕書省言：「太府寺丞張湜同李德卿算造曆書，與譚玉續進曆書頗有牴牾，省官參訂兩曆得失疏密以聞。其一曰：玉訟德卿竊用崇天曆日法三約用之。考之崇天曆用一萬五百九十爲日法，德卿用三千五百三十爲日法，玉之言然。其二曰：玉訟積年一億二千二十六萬七千六百四十六，不合曆法。今考之德卿用積年一億以上。其三曰：玉訟壬子年六月，癸丑年二月、六月、九月，丙辰年〔三〕七月置閏皆差一日。今祕書省檢閱林光世用二家曆法各爲推算。其四曰：德卿曆與玉曆壬子年立春、立夏以下十五節氣時刻皆同，雨水、驚蟄以下九節氣各差一刻。其五曰：德卿推壬子年二月乙卯朔日食，帶出已退所見大分八；玉推日食，帶出已退所見大分七。辰當壁宿六度，同。其六曰：德卿曆斗分作三百六十五日二十四分二十八秒，玉曆斗分作三百六十五日二十四分二十九秒，二曆斗分僅差一秒。惟二十八秒之法，起於齊祖沖之，而德卿用之。使沖之之法可久，何以歷代增之？玉既指其謬，又多一秒，豈能必其天道合哉！請得商確推算，合衆長而爲一，然後賜名頒行。」十二年，曆成，賜名會天，寶祐元年行之，史闕其法。

咸淳六年十一月三十日冬至，至後爲閏十一月。既已頒曆，浙西安撫司準備差遣臧元震言：

曆法以章法爲重，章法以章歲爲重。蓋曆數起於冬至，卦氣起於中孚，十九年謂之一章，一章必置七閏，必第七閏在冬至之前，必章歲至、朔同日。故前漢志云：「朔旦冬至，是謂章月。」後漢志云：「至、朔同日，謂之章月。」「積分成閏，閏七而盡，其歲十九，名之曰章。」唐志曰：「天數終於九，地數終於十，合二終以紀閏餘。」章法之不可廢也若此。

今所頒庚午歲曆，乃以前十一月三十日爲冬至，又以冬至後爲閏十一月，莫知其故。蓋庚午之閏，與每歲閏月不同；庚午之冬至，與每歲之冬至又不同。蓋自淳祐壬子數至咸淳庚午，凡十九年，是爲章歲，其十一月是爲章月。以十九年七閏推之，則閏月當在冬至之前，不當在冬至之後。以至、朔同日論之，則冬至當在十一月初一日，不當在三十日。今以冬至在前十一月三十日，則是章歲至、朔不同日矣。若以閏月在冬至後，則是十九年之內止有六閏，又欠一閏。

且一章計六千八百四十日，於內加七閏月，除小盡，積日六千九百四十日或六千九百三十九日，約止有一日。今自淳祐十一年辛亥章歲十一月初一日章月冬至後起算，十九年至咸淳六年庚午章歲十一月初一日當爲冬至，方管六千八百四十日。今算造官以閏月在十一月三十日冬至之後，則此一章止有六閏，更加六閏除小盡外，實積止六千九百十二日，比之前後章歲之數，實欠二十八日。曆法之差，莫甚於此。

况天正冬至乃曆之始，必自冬至後積三年餘分，而後可以置第一閏。今庚午年章歲丙寅日申初三刻冬至，去第二日丁卯僅有四分日之一，且未正日，安得遽有餘分？未有餘分，安得遽有閏月？則是後一章之始不可推算，其謬可知矣。

今欲改之，有簡而易行之說。蓋曆法有平朔，有經朔，有定朔。一大一小，此平朔也；兩大兩小，此經朔也；三大三小，此定朔也。今正以定朔之說，則當以前十一月大爲閏十月小，以閏十一月小爲十一月大，則丙寅日冬至卽可爲十一月初一，以閏十一月初一之丁卯爲十一月初二日，庶幾遞趲下一日置閏，十一月二十九日丁未始爲大盡。然則冬至既在十一月初一，則至、朔同日矣；閏月既在至節前，則十九年七閏矣。此昔人所謂晦節無定，由時消息，上合履端之始，下得歸餘於終，正謂此也。

夫曆久未有不差，差則未有不改者。後漢元和初曆差，亦是十九年不得七閏，曆雖已頒，亦改正之。顧今何靳於改之哉！

元震謂某儒者，豈欲與曆官較勝負，既知其失，安得默而不言邪！於是朝廷下之有司，遣官偕元震與太史局辨正，而太史之詞窮，元震轉一官，判太史局鄧宗文、譚玉等各降官有差。因更造曆，六年，曆成，詔試禮部尙書馮夢得序之；七年，頒行，即成天曆也。

德祐之後，陸秀夫等擁立益王，走海上，命禮部侍郎鄧光薦與蜀人楊某等作曆，賜名本天曆，今亡。

## 校勘記

〔一〕仁宗用崇天曆天聖至皇祐四年十一月日食二曆不效　據中興聖政卷四七，「仁宗用崇天曆，自天聖至皇祐，其四年十一月月食，曆家言曆不效。」史文有誤。

〔二〕崇天曆頒行逾三十年　「十」字原脫，據中興聖政卷四七、玉海卷一〇補。

〔三〕周琮　中興聖政卷四七作「周琮等」，是。

〔四〕新曆朏之極數少朒之極數四百九十三分　下「數」字原脫，據上下文補。

〔五〕紀元統元乾道三曆　「統元」二字原脫。按既言「三曆」，不應只舉二名，據上文「以紀元、統元、乾道三曆推之」，顯脫「統元」二字，故補。

〔六〕行遲行十二度　按「遲行」係與上句「平行」相對而言，上「行」字衍。

〔七〕祕書省鄧馹　按「祕書省」爲官署名而非官名，據上文「祕書丞宋伯嘉」和下文「祕書丞黃艾」例，疑「省」爲「丞」之誤。

〔八〕總三十二卷　按上文所列只二十八卷，和此數不符。

〔九〕乾道淳熙慶元　據上文，乾道、淳熙、會元三曆爲劉孝榮所造；楊忠輔曾在慶元年間造統天曆，此處「慶元」應作「會元」。

〔一〇〕嘉泰元年　按本卷體例，係按年代順序記事，而本段上文所敍爲嘉定三年事，下文所敍爲嘉定四年事，不當又插入本段，疑史文有舛錯。

〔一一〕丙辰年　「年」字原脫，按上下文皆以干支紀年，「丙辰」下應有「年」字，故補。

# 宋史卷八十三

## 志第三十六

## 律曆十六

### 紹興統元　乾道　淳熙　會元曆

演紀上元甲子，距紹興五年乙卯，歲積九千四百二十五萬一千五百九十一。乾道上元甲子，距乾道三年丁亥，歲積九千一百六十四萬五千八百二十三。淳熙上元甲子，距淳熙三年丙申，歲積五千二百四十二萬一千九百七十二。會元上元甲子，距紹熙二年辛亥，歲積二千五百四十九萬四千七百六十七。

步氣朔

元法：六千九百三十。乾道三萬。淳熙五千六百四十。會元統率三萬八千七百。

歲周：二百五十三萬一千一百三十八；歲周日：三百六十五、餘一千六百八十八。乾道朞實一千九十五萬七千三百八，歲周三百六十五、餘七千三百八。淳熙歲實二百五萬九千九百七十四，歲周日三百六十五、餘一千三百七十四。會元氣率一千四百一十三萬四千九百三十二。

氣策：一十五日、餘一千五百一十四、秒十五。乾道餘六千五百五十四半。淳熙餘一千二百三十二、秒二十五。會元餘八千四百五十五半。

朔實：二十萬四千六百四十七。乾道八十八萬五千九百一十七、秒七十六。淳熙一十六萬六千五百五十二、秒五十六。會元朔率一百一十四萬二千八百三十四。

歲閏：七萬五千三百七十四。乾道三十二萬六千二百九十四、秒八十八，又有閏限八十五萬八千七百二十六、秒五十二，月閏二萬七千一百九十一、秒二十四。會元四十二萬九百二十四，又有閏限七十二萬一千九百一十。乾道又有沒限二萬三千四百四十五半。淳熙四千四百七、秒七十五。會元三萬二百四十四半。

朔策：二十九日、餘三萬六千七十七〔一〕。乾道餘一萬五千九百一十七、秒七十六。淳熙餘三千九百九十二〔二〕、秒五十六。會元餘二萬五百三十四，約分五十三、秒五。

望策：十四日、餘五千三百三半。乾道餘一萬二千九百五十八、秒八十八〔三〕。淳熙餘四千三百一十六、秒二十八。會元餘二萬九千六百一十七。

弦策：七日、餘二千六百五十一太。乾道餘一萬一千四百七十九、秒四十四。淳熙餘二千一百五十八、秒一十四。會元餘一萬四千八百八半。

中盈分：三千三百二十八、秒三十〔四〕。乾道一萬三千一百九。淳熙二千四百六十四、秒五十。會元一萬六千九百一十一。

朔虛分：三千二百五十三。乾道一萬四千八十二、秒二十四。淳熙二千六百四十七、秒四十四。會元一萬八千一百六十六。

旬周：四十一萬五千八百。乾道一百八十萬。淳熙三十三萬八千四百、秒一。會元二百三十二萬二千。

紀法：六十。三曆同。

推天正冬至：置距所求積年，以歲周乘之，爲氣積分；以旬周去之，不盡，總法約之爲大餘，不滿爲小餘。大餘命甲子，算外，卽得所求年天正冬至日辰及餘。其小餘總法退除爲約分，卽百爲母。

求次氣：置冬至大、小餘，以氣策及餘秒加之，秒盈秒法從一小餘，小餘滿總法從一大餘，滿紀法去，命甲子，算外，合得次氣日辰及餘秒。

求天正經朔：置天正冬至氣積分，以朔實去之，不盡爲閏餘；以減冬至氣積分，餘爲天正十一月經朔加時朔積分；以旬周去之，不滿，總法約之爲大餘，不滿爲小餘。命甲子，算外，卽得所求年天正十一月經朔加時朔積分。以旬周去之，不滿，總法約之爲大餘，不滿爲小餘〔五〕。大餘命甲子，算外，即得所求天正十一月經朔日辰及餘。

求弦望及次朔經日：置天正十一月經朔大、小餘，以弦策加之，爲上弦；累加之，去命如前，各得弦、望及次月朔經日及餘也。

求沒日：置有沒之氣小餘，以一百八十乘之，秒從之，用減一百二十六萬五千五百六十九，餘以一萬八千一百六十九除之爲日，不滿爲餘。命其氣初日，算外，即得其氣辰。凡二十四氣，小餘五千四百一十五、秒一百六十五。

求滅日：置有滅經朔小餘〔六〕，三十乘之，滿朔虛分除爲日，不滿爲餘。命經朔初日，算外，即得其月滅日辰。經朔小餘不滿朔虛分者，爲有滅之朔。

## 步發斂

候策：五日、餘五百四、秒一百二十五。乾道餘二千一百八十四、秒二十五。淳熙餘四百一十、秒七十五。會元餘二千八百二十二、秒五十〔七〕。

卦策：六日、餘六百五、秒一百一十四。乾道餘二千六百二十一、秒二十四。淳熙餘四百九十二、秒九十。會元餘三千三百八十二、秒二十。

土王策：三日、餘三百二、秒一百四十七。乾道餘二千三百一十、秒二十七〔八〕。淳熙餘二百四十六、秒四十五。會元一千六百九十一、秒一十。

辰法：五百七十七半。乾道二千五百。淳熙四百七十。會元三千二百二十五。

半辰法：二百八十八太。乾道一千二百五十。淳熙二百三十五。會元一千六百一十二半。

刻法：六百九十三。乾道三百。淳熙五百六十四。會元三百八十七。

秒法：一百八十。乾道三十。淳熙、會元同一百。淳熙又有月閏五千一百一十一、秒九十四。

求六十四卦、五行用事日、二十四氣、七十二候。四曆俱與前曆同，此不載。

求發斂去經朔日：置天正閏餘，以中盈及朔虛分累益之，即每月閏餘；滿總法除之爲閏日，不盡爲小餘，即各得其月中氣去經朔日辰。因求卦候者，各以卦、候、土王策依次累加減之，中氣前減，中氣後加。各得其月卦、候去經朔日辰。

求發斂加時：置所求小餘，以辰法除之爲辰數〔九〕，不滿，進一位，以刻法而一爲刻，不盡爲刻分。其辰數命子正，算外，各得加時所在辰、刻及分。加辰刻即命起子初。

步日躔

周天分：二百五十三萬一千二百二十六、秒八十七。乾道分一千九十五萬七千七百一十七、秒五。

歲差：八十八、秒八十七。乾道四百九、秒五。淳熙一萬一千五百一十三。會元軌差五百二十五、秒一十三。

周天度：三百六十五、約分二十五、秒六十四。三曆同。

乘法：五十五。乾道八十七。淳熙一百一十九。會元一百一十九。

除法：八百三十七。乾道一千三百二十四。淳熙一千八百一十二。會元一千八百一十一。

秒法：一百。三曆同。

乾道又有象限九十一度、分三十一、秒九；淳熙、會元同。淳熙又有乾實三億九百萬七千六百一十三，半周天一百八十二度、分二十五、秒七十二。會元半周天度同、分六十二、秒八十六。

| 常氣 | 中積及餘 | 盈縮分 | 升降差 | 損益率 | 朏朒積 |
| --- | --- | --- | --- | --- | --- |
| 冬至 | 空 | 統元空 | 升七千一百五十六 | 益三百七十一 | 朒空 |
| | | 乾道空 | 升七千二百六十七 | 益一千六百三十 | 同 |
| | | 淳熙空 | 升七千六十 | 益二百九十八 | 同 |
| | | 會元空 | 升七千一百八 | 益二千五十七 | 朒初 |
| 小寒 | 十五　統元一千五百一十四　秒一十五 | 盈七千一百五十六 | 升五千九百八十 | 益三百一十 | 朒三百七十一 |
| | 乾道六千五百五十四半 | 盈七千二百六十七 | 升五千九百八十一 | 益一千三百四十三 | 朒一千六百三十 |
| | 淳熙一千二百五十二　秒一十五　二十一 八十四 | 盈七千六十 | 升五千九百二十 | 益二百五十 | 朒二百九十八 |
| | 會元八千四百五十五半　二十一 八十四 | | 升五千七百七十三 | 益一千六百七十二 | 朒二千五十七 |

| | | | | | | |
|---|---|---|---|---|---|---|
| 大寒三十 | 統元 | 三千二十八　秒三十 | 盈一萬三千一百三十六 | 升四千七百七十一 | 益二百四十七 | 朒六百八十一 |
| | 乾道 | 一萬三千一百九 | 盈一萬三千二百四十八 | 升四千六百八十 | 益一千五十 | 朒二千九百七十三 |
| | 淳熙 | 二千四百六十四　秒五十　四十三　六十九 | 盈一萬二千九百八十 | 升四千七百一十九 | 益一百九十九 | 朒五百四十八 |
| | 會元 | 一萬六千九百一十一　四十三　六十九 | | 升四千四百五十六 | 益一千二百九十 | 朒三千七百二十九 |
| 立春四十五 | 統元 | 四千五百四十二　秒四十五 | 盈一萬七千九百七 | 升三千四百九十三 | 益一百八十一 | 朒九百二十八 |
| | 乾道 | 一萬九千六百六十三半 | 盈一萬七千九百二十八 | 升三千三百六十三 | 益七百五十五 | 朒四千二十三 |
| | 淳熙 | 三千六百九十六　秒七十五　六十五　五十四 | 盈一萬七千六百九十七 | 升三千四百五十一 | 益一百四十五 | 朒七百四十七 |
| | 會元 | 二萬五千三百六十六半　六十五　五十四 | | 升三千一百五十九 | 益九百一十四 | 朒五千一十九 |
| 雨水六十 | 統元 | 六千五十六　秒六十 | 盈二萬一千四百 | 升二千一百五十八 | 益一百一十二 | 朒一千一百九 |
| | 乾道 | 二萬六千二百一十八半 | 盈二萬一千二百 | 升二千二十九 | 益四百五十五 | 朒四千七百七十八 |
| | 淳熙 | 四千九百二十九　秒空　八十七　三十五 | 盈二萬一千一百四十八 | 升二千一百二十二 | 益九十 | 朒八百九十二 |
| | 會元 | 三萬三千八百二十二　八十七　三十九 | | 升一千八百八十一 | 益五百四十四 | 朒五千九百三十三 |

| | | | | | | |
|---|---|---|---|---|---|---|
| 驚蟄七十六 | 統元 | 六百四十　秒七十五 | 盈二萬三千五百五十八 | 升七百三十 | 益三十八 | 朒一千二百二十一 |
| | 乾道 | 二千七百七十二半 | 盈二萬三千三百二十 | 升六百八十 | 益一百五十二 | 朒五千二百三十三 |
| | 淳熙 | 五百二十一　秒二十五　九二十四 | 盈二萬三千二百七十 | 升七百三十 | 益三十一 | 朒九百八十二 |
| | 會元 | 三千五百七十七半　九二十四 | | 升六百二十三 | 益一百八十一 | 朒六千四百七十七 |
| 春分九十一 | 統元 | 二千一百五十四　秒九十 | 盈二萬四千二百八十八 | 降七百三十 | 損三十八 | 朒一千二百五十九 |
| | 乾道 | 九千三百二十七 | 盈二萬四千 | 降六百八十 | 損一百五十二 | 朒五千三百八十五 |
| | 淳熙 | 一千七百五十三　秒五十　三十一九 | 盈同乾道 | 降同統元 | 損三十一 | 朒一千一十三 |
| | 會元 | 一萬二千三十三　三十一九 | | 降六百二十三 | 損一百八十一 | 朒六千六百五十八 |
| 清明一百六 | 統元 | 三千六百六十八　秒一百五 | 盈二萬二千五百五十八 | 降二千一百五十八 | 損一百一十二 | 朒一千二百二十一 |
| | 乾道 | 一萬五千八百八十一半 | 盈二萬三千三百二十 | 降二千二十九 | 損四百五十五 | 朒五千二百三十三 |
| | 淳熙 | 二千九百八十五　秒七十五　五十二九十三 | 盈二萬三千二百七十 | 降二千一百二十三 | 損九十 | 朒九百八十二 |
| | 會元 | 二萬四百八十八半　五十二九十四 | | 降一千八百八十一 | 損五百四十四 | 朒六千四百七十七 |

| 節氣 | 曆 | 數 | 盈縮 | 降 | 損益 | 朒朓 |
|---|---|---|---|---|---|---|
| 穀雨一百二十一 | 統元 | 五千一百八十二　秒一百二十 | 盈二萬一千四百 | 降三千四百九十三 | 損一百八十一 | 朒一千一百九 |
| | 乾道 | 二萬二千四百三十六 | 盈二萬一千二百九十一 | 降三千三百六十三 | 損七百五十五 | 朒四千七百七十八 |
| | 淳熙 | 四千二百一十八　秒空　七十四　七十八 | 盈二萬一千一百四十八 | 降三千四百五十一 | 損一百四十五 | 朒八百九十二 |
| | 會元 | 二萬八千九百四十四　七十四　七十九 | | 降三千一百五十九 | 損九百一十四 | 朒五千九百三十三 |
| 立夏一百三十六 | 統元 | 六千九百九十六　秒一百三十五 | 盈一萬七千九百七 | 降四千七百七十一 | 損二百四十七 | 朒九百二十八 |
| | 乾道 | 二萬八千九百九十半 | 盈一萬七千九百二十八 | 降四千六百八十 | 損一千五十 | 朒四千二十三 |
| | 淳熙 | 五千四百五十八　秒二十五　九十六　六十三 | 盈一萬七千六百九十七 | 降四千七百一十七 | 損一百九十九 | 朒七百四十七 |
| | 會元 | 三萬七千三百九十九半　九十六　六十三 | | 降四千四百五十六 | 損一千二百九十 | 朒五千一十九 |
| 小滿一百五十二 | 統元 | 一千二百八十　秒一百五十 | 盈一萬三千一百三十六 | 降五千九百八十 | 損一萬三千一百三十六 | 朒六百八十一 |
| | 乾道 | 五千五百四十五 | 盈一萬三千二百四十八 | 降五千九百八十一 | 損一千三百四十三 | 朒二千九百七十三 |
| | 淳熙 | 一千四十二　秒五十　十八　四十八 | 盈一萬二千九百八十 | 降五千九百二十 | 損二百五十 | 朒五百四十八 |
| | 會元 | 七千一百五十五　一十八　四十八 | | 降五千七百七十三 | 損一千六百七十二 | 朒三千七百二十九 |

| | | | | | |
|---|---|---|---|---|---|
| 芒種一百六十七 | 統元二千七百九十四　秒一百六十五 | 盈七千一百五十六 | 降七千一百五十六 | 損三百七十一 | 朒三百七十一 |
| | 乾道一萬二千九十九半 | 盈七千二百六十七 | 降七千二百六十七 | 損一千六百三十 | 朒一千六百三十 |
| | 淳熙二千二百七十四　秒五十五　四十三十三 | 盈七千六十 | 降七千六十 | 損二百九十八 | 朒二百九十八 |
| | 會元一萬五千六百一十半　四十三十三 | | 降七千一百八 | 損二千五十七 | 朒二千五十七 |
| 夏至一百八十二 | 統元四千三百九　秒空 | 空 | 降七千一百五十六 | 益三百七十一 | 朓空 |
| | 乾道一萬八千六百五十四 | 空 | 降七千二百六十七 | 益一千六百三十 | 朓空 |
| | 淳熙三千五百七　秒空　六十二一十八 | 空 | 降七千六十 | 益二百九十八 | 朓空 |
| | 會元二萬四千六十六　六十二一十八 | | 降七千一百八 | 益二千五十七 | 朓空 |
| 小暑一百九十七 | 統元五千八百二十三　秒十五 | 縮七千一百五十六 | 降五千九百八十 | 益三百一十 | 朓三百七十一 |
| | 乾道二萬五千二百八半 | 縮七千二百六十七 | 降五千九百八十一 | 益一千三百四十三 | 朓一千六百三十 |
| | 淳熙四千七百五十九　秒二十五　八十四二 | 縮七千六十 | 降五千九百二十 | 益二百五十 | 朓二百九十八 |
| | 會元三萬二千五百二十一半　八十四三 | | 降五千七百七十三 | 益一千六百七十二 | 朓二千五十七 |

|  |  | | | | | |
|---|---|---|---|---|---|---|
| 大暑二百十三 | 統元四百七秒三十 | 縮一萬三千一百三十六 | 降四千七百七十一 | 益二百四十七 | 朒六百八十一 |
| | 乾道一千七百六十三 | 縮一萬三千二百四十八 | 降四千六百八十 | 益一千五十 | 朒二千九百七十三 |
| | 淳熙三百三十一　秒五十　五八十七 | 縮一萬二千九百八十 | 降四千七百一十七 | 益一百九十九 | 朒五百四十八 |
| | 會元二千二百七十七　五八十八 | | 降四千五百五十六 | 益一千二百九十 | 朒三千七百二十九 |
| 立秋二百二十八 | 統元一千九百一十一　秒四十五 | 縮一萬七千九百七 | 降三千四百九十三 | 益一百八十一 | 朒九百二十八 |
| | 乾道八千三百十七半 | 縮一萬七千九百二十八 | 降三千三百六十三 | 益七百五十五 | 朒四千二十三 |
| | 淳熙一千五百六十二　秒七十五　二十七七十二 | 縮一萬七千六百九十七 | 降三千四百五十一 | 益一百四十五 | 朒七百四十七 |
| | 會元一萬七百三十二半　二十七七十三 | | 降三千一百五十九 | 益九百一十四 | 朒五千一十九 |
| 處暑二百四十三 | 統元三千四百三十五　秒六十 | 縮二萬一千四百 | 降二千一百五十八 | 益一百一十二 | 朒一千一百九 |
| | 乾道一萬四千八百七十二 | 縮二萬一千二百九十一 | 降二千二十九 | 益四百五十五 | 朒四千七百七十八 |
| | 淳熙二千七百九十六　秒空　四十九五十七 | 縮二萬一千一百四十八 | 降二千一百二十二 | 益九十 | 朒八百九十二 |
| | 會元一萬九千一百八十八　四十九五十八 | | 降一千八百八十一 | 益五百四十四 | 朒五千九百三十三 |

| | | | | | | |
|---|---|---|---|---|---|---|
| 白露 | 二百五十八 | 統元四千九百四十九　秒七十五 | 縮二萬三千五百五十八 | 降七百三十 | 益三十八 | 朏一千二百二十一 |
| | | 乾道二萬一千四百二十六半 | 縮二萬三千三百二十 | 降六百八十 | 益一百五十二 | 朏五千二百三十三 |
| | | 淳熙四千二十八　秒二十五　七十一 四十二 | 縮二萬三千二百七十 | 降七百三十 | 益三十一 | 朏九百八十二 |
| | | 會元二萬七千六百四十三半　七十一 四十三 | | 降六百二十三 | 益一百八十一 | 朏六千四百七十七 |
| 秋分 | 二百七十三 | 統元六千四百六十三　秒九十 | 縮二萬四千二百八十八 | 升七百三十 | 損三十八 | 朏一千二百五十九 |
| | | 乾道二萬七千九百八十一 | 縮二萬四千 | 升六百八十 | 損一百五十二 | 朏五千五百八十五 |
| | | 淳熙五千二百六十　秒五十　九十三 二十七 | 縮二萬四千 | 升七百三十 | 損三十一 | 朏一千一十三 |
| | | 會元三萬六千九十九　九十三 二十七 | | 升六百二十三 | 損一百八十一 | 朏六千六百五十八 |
| 寒露 | 二百八十九 | 統元一千四十七　秒一百五 | 縮二萬三千五百五十八 | 升二千一百五十八 | 損一百十二 | 朏一千二百二十一 |
| | | 乾道四千五百三十五半 | 縮二萬三千三百二十 | 升二千二十九 | 損四百五十五 | 朏五千二百三十三 |
| | | 淳熙八百五十二　秒七十五　十五 一十一 | 縮二萬三千二百七十 | 升二千一百二十二 | 損九十 | 朏九百八十二 |
| | | 會元五千八百五十四半　一十五 一十二 | | 升一千八百八十一 | 損五百四十四 | 朏六千四百七十七 |

| | | | | | |
|---|---|---|---|---|---|
| 霜降 | 三百四 | | | | |
| 統元二千五百六十一　秒一百二十 | 縮二萬一千四百 | 升三千四百九十三 | 損一百八十一 | 朒一千二百九 |
| 乾道一萬一千九十 | 縮二萬一千二百九十一 | 升三千三百六十三 | 損七百五十五 | 朒四千七百七十八 |
| 淳熙二千八十五　秒空　三十六 九十六 | 縮二萬一千一百四十八 | 升三千四百五十一 | 損一百四十五 | 朒八百九十二 |
| 會元一萬四千三百一十　三十六 九十七 | | 升三千一百五十九 | 損九百一十四 | 朒五千九百三十三 |
| 立冬 | 三百十九 | | | | |
| 統元四千七十五　秒一百三十五 | 縮一萬七千九百七 | 升四千七百七十一 | 損二百四十七 | 朒九百二十 |
| 乾道一萬七千六百四十四半 | 縮一萬七千九百二十八 | 升四千六百八十 | 損一千五十 | 朒四千二十三 |
| 淳熙三千三百一十七　秒二十五　五十八 八十一 | 縮一萬七千六百九十七 | 升四千七百一十七 | 損一百九十九 | 朒七百四十六 |
| 會元二萬二千七百六十五半　五十八 八十二 | | 升四千四百五十六 | 損一千二百九十 | 朒五千一十九 |
| 小雪 | 三百三十四 | | | | |
| 統元五千五百八十九　秒一百五十 | 縮一萬三千一百二十六 | 升五千九百八十 | 損三百一十 | 朒六百八十一 |
| 乾道二萬四千一百九十九 | 縮一萬三千二百四十八 | 升五千九百八十一 | 損一千三百四十三 | 朒二千九百七十三 |
| 淳熙四千五百四十九　秒五十　八十 六十六 | 縮一萬二千九百八十 | 升五千九百二十 | 損三百五十 | 朒五百四十八 |
| 會元三萬一千二百二十一　八十 六十七 | | 升五千七百七十三 | 損一千六百七十二 | 朒三千七百二十九 |

| | | | | | |
|---|---|---|---|---|---|
| 大雪 | | | | | |
| | 統元一百七十三　秒一百六十五 | 縮七千一百五十六 | 升七千一百五十六 | 損三百七十一 | 朒三百七十一 |
| | 乾道七百五十三半 | 縮七千二百六十七 | 升七千二百六十七 | 損一千六百三十 | 朒一千六百三十 |
| | 三百五十 | | | | |
| | 淳熙一百四十一　秒七十五　$\frac{二}{五十一}$ | 縮七千六十 | 升七千六十 | 損二百九十八 | 朒二百九十八 |
| | 會元九百七十六半　$\frac{二}{五十二}$ | | 升七千一百八 | 損二千五十七 | 朒二千五十七 |

求每月盈縮分〔一〇〕，朔、弦、望入氣朒朒定數，赤道宿度，冬至赤道日度，赤道宿積度入初末限，二十八宿黃道度，天正冬至加時黃道日度，二十四氣加時黃道日度，二十四氣初日晨前夜半黃道日躔宿次，晨前夜半黃道日躔宿次〔一一〕，太陽入宮日時刻及分。法同前曆，此不載。

## 步月離

轉周分：一十九萬九百五十三、秒二千五百六十三。乾道八十二萬六千六百三十七、秒七千三百九十五。淳熙一十五萬五千四百七、秒九千七百四十。會元轉率一百六萬六千三百六十一、秒七千三百一十。

轉周日：二十七、餘三千八百四十三、秒二千五百六十三。乾道餘一萬六千六百三十七、秒七千三百九十五。淳熙餘三千一百二十七、秒九千七百四〔一二〕。會元餘二萬一千四百六十一、秒七千三百一十。

朔差日：一、餘六千七百六十三、秒七千四百三十七。乾道餘二萬九千二百八十、秒二百五。淳熙餘五千五百四、秒五千八百六十。會元餘三萬七千七百七十二、秒二千六百一十。

望策：一十四、餘五千三百三、秒五千。

弦策：七、餘二千六百五十一、秒七千五百。乾道餘一萬一千四百七十九、秒四千四百。淳熙餘二千一百五十八、秒一千四百。會元一萬四千八百八、秒五十。

七日：初數六千一百五十八，約分八十九；末數七百七十二，約分一十一。

十四日：初數五千三百八十七，約分七十八；末數一千五百四十三，約分二十二。

二十一日：初數四千六百一十五，約分六十七；末數二千三百一十五，約分三十三。

二十八日：初數三千八百四十三，約分五十五；末數空。

以上秒母一萬。

以下秒母一百。

上弦：九十一度三十一分、秒四十一。三曆同。

望：一百八十二度六十二分、秒八十二。三曆秒八十六。

下弦：二百七十三度九十四分、秒二十三。三曆秒二十九。

平行分：一十三度三十六分、秒八十七半。

推天正十一月經朔入轉，經弦、望及次朔入轉。法同前曆，此不載。

| 入轉日 | 進退差 | 轉定分 | 損益率 | 朓朒數 | 轉日度 | 加減差 | 遲疾度 |
|---|---|---|---|---|---|---|---|
| 一日 | 統元退十二 | 一千四百六十八 | 益六百八 | 朓空 | 空 | 加一百三十一 | 疾空 |
| | | 乾道一千四百六十四 | 益二千八百五十 | 朓空 | | 加一百二十七 | 疾空 |
| | 淳熙退十一 | 一千四百六十八 | 益五百五十三 | 朓空 | | | 疾空 |
| | | 會元一千四百六十七 | 益三千七百六十三 | 朓初 | | 加一百三十 | 疾初 |
| 二日 | 統元退十八 | 一千四百五十六 | 益六百一十八 | 朓六百八十 | 十四度六十八 | 加一百一十九 | 疾一度三十一 |
| | | 乾道一千四百五十三 | 益二千六百三 | 朓二千八百五十 | | 加一百一十六 | 疾一度二十七 |
| | 淳熙退十五 | 一千四百五十七 | 益五百六 | 朓五百五十三 | | | 疾一度三十一 |
| | | 會元一千四百五十四 | 益三千三百八十七 | 朓三千七百六十三 | | 加一百一十七 | 疾一度三十 |
| 三日 | 統元退二十一 | 一千四百三十八 | 益五百一十三 | 朓一千二百九十八 | 二十九度二十四 | 加一百一 | 疾二度五十 |
| | | 乾道一千四百三十八 | 益二千二百六十六 | 朓五千四百五十三 | | 加一百一 | 疾二度四十三 |
| | 淳熙退二十 | 一千四百三十二 | 益四百四十三 | 朓一千五十九 | | | 疾二度五十一 |
| | | 會元一千四百四十 | 益二千九百八十一 | 朓七千一百五十 | | 加一百三 | 疾二度四十七 |

| | | | | | | | |
|---|---|---|---|---|---|---|---|
| 四日 | 統元退二十三<br>淳熙退二十三 | 一千四百一十七<br>乾道一千四百一十六<br>一千四百二十二<br>會元一千四百二十二 | 益四百一十一<br>益一千七百七十三<br>益三百五十八<br>益二千四百六十一 | 朒一千八百二十一<br>朒七千七百一十九<br>朒一千五百二<br>朒一萬一百三十一 | 四十三度六十二 | 加八十<br>加七十九<br>加八十五 | 疾三度五一<br>疾三度四十四<br>疾三度五十六<br>疾三度五十 |
| 五日 | 統元退二十四<br>淳熙退二十六 | 一千三百九十四<br>乾道一千三百九十四<br>一千三百九十九<br>會元一千四百一 | 益二百九十三<br>益一千二百七十九<br>益二百六十二<br>益一千八百五十三 | 朒二千二百三十二<br>朒九千四百九十二<br>朒一千八百六十<br>朒一萬二千五百九十二 | 五十七度七十九 | 加五十七<br>加五十七<br>加六十四 | 疾四度<br>疾四度二十三<br>疾四度四十一<br>疾四度三十五 |
| 六日 | 統元退二十四<br>淳熙退二十六 | 一千三百七十<br>乾道一千三百七十三<br>一千三百七十三<br>會元一千三百七十六 | 益一百七十二<br>益八百八<br>益一百五十二<br>益一千一百二十九 | 朒二千五百二十五<br>朒一萬七百七十二<br>朒二千一百二十二<br>朒一萬四千四百四十五 | 七十一度七十三 | 加三十三<br>加三十六<br>加三十九 | 疾四度<br>疾四度八十<br>疾五度三十<br>疾四度九十九 |

| | | | | | | | |
|---|---|---|---|---|---|---|---|
| 七日 | 統元退二十四 | 一千三百四十六 | 初益五十四末損七 | 朓二千六百九十七 | 八十五度四十三 | 初加十末減一 | 疾五度二十一 |
| | | 乾道一千三百四十七 | 初益二百四十七末損二十三 | 朒一萬一千五百七十九 | | | 疾五度一十六 |
| | 淳熙退二十六 | 一千三百四十七 | 初益四十六末損四 | 朒二千二百七十四 | | | 疾五度三十九 |
| | | 會元一千三百四十九 | 初益三百七十六末損二十九 | 朒一萬五千五百七十四 | | 初加一十三末減一 | 疾五度三十八 |
| 八日 | 統元退二十四 | 一千三百二十二 | 損七十六 | 朓二千七百四十四 | 九十八度八十九 | 減十五 | 疾五度三十 |
| | | 乾道一千三百二十三 | 損三百一十四 | 朒一萬一千八百三 | | 減一十四 | 疾五度二十六 |
| | 淳熙退二十六 | 一千三百二十一 | 損六十七 | 朒二千三百一十六 | | | 疾五度四十九 |
| | | 會元一千三百一十九 | 損五百二十一 | 朒一萬五千九百二十一 | | 減一十八 | 疾五度五十 |
| 九日 | 統元退二十三 | 一千二百九十八 | 損二百 | 朓一千六百六十八 | 一百十二度十一 | 減三十九 | 疾五度十五 |
| | | 乾道一千二百九十九 | 損八百三十九 | 朒一萬一千四百八十九 | | 減三十八 | 疾五度一十六 |
| | 淳熙退二十四 | 一千二百九十五 | 損一百七十八 | 朒二千二百四十九 | | | 疾五度三十三 |
| | | 會元一千二百九十二 | 損一千三百二 | 朒一萬五千四百 | | 減四十五 | 疾五度三十二 |

| | | | | | | | |
|---|---|---|---|---|---|---|---|
| 十日 | 統元退二十三 | 一千二百七十五 | 損三百二十一 | 朒二千四百六十八 | 一百二十五度 | 減六十二 | 疾四度七十六 |
| | | 乾道一千二百七十五 | 損一千四百五 | 朒一萬六百五十 | | 減六十二 | 疾四度七十四 |
| | 淳熙退二十四 | 一千二百七十一 | 損二百七十八 | 朒二千七十一 | | | 疾四度九十一 |
| | | 會元一千二百六十八 | 損一千九百九十七 | 朒一萬四千九十七 | | 減六十八 | 疾四度八十七 |
| 十一日 | 統元退二十 | 一千二百五十二 | 損四百三十八 | 朒二千一百四十七 | 一百三十七度八十四 | 減八十五 | 疾四度十四 |
| | | 乾道一千二百五十四 | 損一千八百六十三 | 朒九千二百四十五 | | 減八十三 | 疾四度一十二 |
| | 淳熙退十九 | 一千二百四十七 | 損三百八十 | 朒一千七百九十三 | | | 疾四度二十五 |
| | | 會元一千二百四十八 | 損二千五百七十七 | 朒一萬二千一百 | | 減八十九 | 疾四度一十八 |
| 十二日 | 統元退十七 | 一千二百三十二 | 損五百四十五 | 朒一千七百九 | 一百五十度三十六 | 減一百五 | 疾三度二十九 |
| | | 乾道一千二百四十 | 損三千一百七十六 | 朒七千三百八十二 | | 減九十七 | 疾三度二十九 |
| | 淳熙退十四 | 一千二百二十六 | 損四百六十 | 朒一千四百一十三 | | | 疾三度三十五 |
| | | 會元一千二百三十 | 損三千九十七 | 朒九千五百二十三 | | 減一百七 | 疾三度二十九 |

| | | | | | | | |
|---|---|---|---|---|---|---|---|
| 十三日 | 統元退九 | 一千二百一十五 | 損六百三十六 | 朓一千一百六十四 | 一百六十八度六十六 | 減一百二十二 | 疾二度二十四 |
| | | 乾道一千二百一十五 | 損二千七百三十八 | 朓五千二百六 | | 減一百二十二 | 疾二度三十二 |
| | 淳熙退十 | 一千二百一十四 | 損五百一十八 | 朓九百五十三 | | | 疾二度二十六 |
| | | 會元一千二百一十七 | 損三千四百七十三 | 朓六千四百二十六 | | 減一百二十 | 疾二度二十二 |
| 十四日 | 統元進二 | 一千二百六 | 初損五百三十一末益一百五十一 | 朓五百三十一 | 一百七十四度八十三 | 初減一百一末減二十五 | 疾一度二 |
| | | 乾道一千一百九十八 | 初損二千四百六十八末益六百五十 | 朓二千四百六十八 | | 初減一百一十末加二十五 | 疾一度一十 |
| | 淳熙進四 | 一千二百四 | 初損四百三十五末益二百二十七 | 朓四百三十五 | | | 疾一度三 |
| | | 會元一千二百六 | 初損二千九百五十三末益八百三十九 | 朓二千九百五十三 | | | 疾一度二 |
| 十五日 | 統元進一十四 | 一千二百八 | 益六百六十九 | 朓一百五十一 | 一百八十六度八十九 | 加一百二十九 | 遲初度二十九 |
| | | 乾道一千二百一十三 | 益二千七百八十三 | 朒六百五十 | | 加一百二十四 | 遲空二十九 |
| | 淳熙進十一 | 一千二百八 | 益五百四十四 | 朒一百二十七 | | | 遲空三十 |
| | | 會元一千二百九 | 益三千七百五 | 朒八百三十九 | | 加一百二十八 | 遲空二十九 |

| | | | | | | | |
|---|---|---|---|---|---|---|---|
| 十六日 | 統元進十九 | 一千二百二十二 | 益五百九十八 | 朒八百二十 | 一百九十八度九十七 | 加一百十五 | 遲一度五十八 |
| | 乾道 | 一千二百二十二 | 益二千五百八十一 | 朒三千四百三十三 | | 加一百一十五 | 遲一度五十三 |
| | 淳熙進十七 | 一千二百一十九 | 益四百九十八 | 朒六百七十一 | | | 遲一度五十九 |
| | 會元 | 一千二百二十二 | 益三千三百二十九 | 朒四千五百四十四 | | 加一百一十五 | 遲一度五十七 |
| 十七日 | 統元進二十一 | 一千二百四十一 | 益四百九十九 | 朒一千四百一十八 | 二百十一度十九 | 加九十六 | 遲二度七十三 |
| | 乾道 | 一千二百三十六 | 益二千二百六十六 | 朒六千一十四 | | 加一百一 | 遲二度六十八 |
| | 淳熙進二十二 | 一千二百三十六 | 益四百二十六 | 朒一千一百六十九 | | | 遲二度七十七 |
| | 會元 | 一千二百三十八 | 益二千八百六十六 | 朒七千八百七十三 | | 加九十九 | 遲二度七十二 |
| 十八日 | 統元進二十三 | 一千二百六十二 | 益三百八十六 | 朒一千九百一十七 | 二百二十三度六十 | 加七十五 | 遲三度六十九 |
| | 乾道 | 一千二百五十七 | 益一千七百九十六 | 朒八千二百八十 | | 加八十 | 遲三度六十九 |
| | 淳熙進二十三 | 一千二百五十八 | 益三百三十三 | 朒一千五百九十五 | | | 遲三度七十八 |
| | 會元 | 一千二百五十七 | 益二千三百一十六 | 朒一萬七百三十九 | | 加八十 | 遲三度七十一 |

| | | | | | | | |
|---|---|---|---|---|---|---|---|
| 十九日 | 統元進二十四 | 一千二百八十五 | 益二百六十七 | 朒二千三百三 | 三百三十六度二十三 | 加五十二 | 遲四度四十四 |
| | 乾道 | 一千二百七十八 | 益一千三百二十三 | 朒一萬七十六 | | 加五十九 | 遲四度四十九 |
| | 淳熙進二十六 | 一千二百八十一 | 益二百三十六 | 朒一千九百二十八 | | | 遲四度五十七 |
| | 會元 | 一千二百七十八 | 益一千七百八 | 朒一萬三千五十五 | | 加五十九 | 遲四度五十一 |
| 二十日 | 統元進二十四 | 一千三百九 | 益一百四十一 | 朒二千五百七十 | 二百四十九度 | 加二十七 | 遲四度九十六 |
| | 乾道 | 一千三百三 | 益七百六十三 | 朒一萬一千三百九十九 | | 加三十四 | 遲五度八 |
| | 淳熙進二十六 | 一千三百七 | 益一百二十七 | 朒二千一百六十四 | | | 遲五度一十三 |
| | 會元 | 一千三百三 | 益九百八十四 | 朒一萬四千七百六十三 | | 加三十四 | 遲五度一十 |
| 二十一日 | 統元進二十四 | 一千三百三十三 | 初益四十末損二十 | 朒二千七百一十一 | 二百六十二度十六 | 初加八末減四 | 遲五度二十三 |
| | 乾道 | 一千三百三十一 | 初益一百五十七末損二十二 | 朒一萬一千一百六十二 | | 初加七末減一 | 遲五度四十二 |
| | 淳熙進二十六 | 一千三百三十三 | 初益二十九末損一十二 | 朒二千二百九十二 | | | 遲五度四十三 |
| | 會元 | 一千三百三十三 | 初益二百三末損五十八 | 朒一萬五千七百四十七 | | 初加七末減二 | 遲五度四十四 |

| 日 | 曆 | 進 | 積 | 損 | 朒 | 度 | 減 | 遲 |
|---|---|---|---|---|---|---|---|---|
| 二十二日 | 紀元 | 進二十四 | 一千三百五十七 | 損一百四 | 朒二千七百三十一 四十九 | 二百七十五度 | 減二十 | 遲五度二十七 |
| | 乾道 | | 一千三百六十二 | 損五百二十九 | 朒一萬一千二百九十七 | | 減二十四 | 遲五度四十八 |
| | 淳熙 | 進二十五 | 一千三百五十九 | 損九十三 | 朒二千三百八 | | | 遲五度四十七 |
| | 會元 | | 一千三百六十二 | 損七百二十四 | 朒一萬五千八百九十二 | | 減二十五 | 遲五度四十九 |
| 二十三日 | 紀元 | 進二十三 | 一千三百八十一 | 損二百一十八 | 朒二千六百二十七 | 二百八十九度六 | 減四十四 | 遲五度七 |
| | 乾道 | | 一千三百八十七 | 損一千一百二十二 | 朒一萬一千七百 | | 減五十 | 遲五度二十四 |
| | 淳熙 | 進二十二 | 一千三百八十四 | 損一百九十八 | 朒二千二百一十五 | | | 遲五度二十五 |
| | 會元 | | 一千三百八十八 | 損一千四百七十六 | 朒一萬五千一百六十八 | | 減五十一 | 遲五度二十四 |
| 二十四日 | 紀元 | 進二十二 | 一千四百四 | 損三百四十八 | 朒二千三百九十九 | 三百二度八十七 | 減六十七 | 遲四度六十三 |
| | 乾道 | | 一千四百一十二 | 損一千六百八十三 | 朒一萬六百三十六 | | 減七十五 | 遲四度七十四 |
| | 淳熙 | 進二十三 | 一千四百八 | 損三百 | 朒二千一十七 | | | 遲四度七十八 |
| | 會元 | | 一千四百一十 | 損二千一百一十三 | 朒一萬三千六百九十二 | | 減七十三 | 遲四度七十三 |

| | | | | | | | |
|---|---|---|---|---|---|---|---|
| 二十五日 | 統元進二十一 | 一千四百二十六 | 損四百六十三 | 朒二千五百一十一 | 三百十六度九十一 | 減八十九 | 遲九十六 |
| | | 乾道一千四百二十七 | 損一千一十九 | 朒八千五百九十三 | | 減九十 | 遲九十九 |
| | 淳熙進十八 | 一千四百三十 | 損三百九十七 | 朒一千七百一十七 | | | 遲七 |
| | | 會元一千四百三十 | 損二千六百九十二 | 朒一萬一千五百七十九 | | 減九十三 | 遲空 |
| 二十六日 | 統元進十四 | 一千四百四十七 | 損五百六十七 | 朒一千五百八十八 | 三百三十一度十七 | 減一百九 | 遲七 |
| | | 乾道一千四百四十六 | 損二千四百四十六 | 朒六千九百三十四 | | 減一百九 | 遲九 |
| | 淳熙進十四 | 一千四百四十九 | 損四百七十二 | 朒一千三百二十 | | | 遲三十一 |
| | | 會元一千四百四十九 | 損三千一百八十五 | 朒八千八百八十七 | | 減一百一十 | 遲七 |
| 二十七日 | 統元進十一 | 一千四百六十一 | 損六百四十四 | 朒一千二十二 | 三百四十五度九十八 | 減一百二十四 | 遲一度九十八 |
| | | 乾道一千四百六十二 | 損二千八百五 | 朒四千四百八十八 | | 減一百二十五 | 遲二度空 |
| | 淳熙進九 | 一千四百六十三 | 損五百三十二 | 朒八百四十八 | | | 遲二度一 |
| | | 會元一千四百六十一 | 損三千五百八十九 | 朒五千七百二 | | 減一百二十二 | 遲一度九七 |

| | | | | | | | |
|---|---|---|---|---|---|---|---|
| 二十八日 | 統元退四 | 一千四百七十二 | 損三百七十七 | 朒三百七十七 | 三百六十度二十五 | 減七十四 | 遲空七十四 |
| | | 乾道一千四百七十 | 初損一千六百八十三 | 朒一千六百八十三 | | 初減七十五 | 遲空七十五 |
| | 淳熙退四 | 一千四百七十三 | 初損三百一十六 | 朒三百十六 | | | 遲空七十五 |
| | | 會元一千四百六十九 | 初損二千一百一十三 | 朒二千一百一十三 | | 初減七十三 | 遲空七十三 |

乾道又有七日初數二萬六千六百五十九、初約八十九，末數三千三百四十一、末約一十一；十四日初數二萬二千三百一十九、初約七十八，末數六千六百八十一、末約二十三；二十一日初數一萬九千九百九十八、初約六十七，末數一萬二十二、末約三十三；二十八日初數一萬六千六百三十七、初約五十五，末數空、末約空。淳熙七日初數五千一十一、末數六百二十，初約八十九、末約一十二；十四日初數四千三百八十三、末數一千二百五十七，初約七十八、末約二十二；二十一日初數三千七百五十五、末數一千八百八十五，初約六十七、末約三十三；二十八日初數三千一百二十七、初約五十五。會元七日初數三萬四千三百九十、初約八十九，末數四千三百一十、末約一十一；十四日初數三萬八千、初約七十八，末數八千六百二十、末約二十二；二十一日初數二萬五千七百七十一、初約六十七，末數一萬二千九百二十九、末約三十三〔三〕；二十八日初數二萬一千四、初約五十五，末數一百六十一。

求朔、弦、望入轉朏朒定數，朔、弦、望定日，朔、弦、望加時日所在度；推月行九道；求九道宿度，月行九道平交入氣，平定入轉，朏朒定數，正交入氣，正交加時黃道日度，正交加時月離九道宿度，定朔、弦、望月所在宿度，定朔夜半入轉，次朔夜半入轉，月晨昏度，朔、弦、望晨昏定程，轉定度，晨昏月，天正十一月經朔加時平行月，天正十一月定朔日晨前夜半平行月，次朔夜半平行月〔四〕，定弦、望夜半平行月，天正定朔夜半入轉，弦、望及後朔定日夜半入轉，定朔、弦、望夜半月度。法同前曆，此不載。

步晷漏

二至限：一百八十二、六十二分。乾道分同，秒一十八。淳熙、會元同。

象限：九十一、三十一分。三曆同，秒九。

消息法：一萬二千三十一。

辰法：五百七十七半，計八刻二百三十一分。乾道餘一百。淳熙餘一百八十八。會元餘一百二十九。

昏明刻：二百四十六半。乾道餘一百五十。淳熙餘二百八十二。

昏明餘數：一百七十三少。乾道昏明分七百五十。淳熙昏明分一百四十一。會元九百六十七半。

冬至岳臺晷景〔五〕：一丈二尺八寸三分。

夏至岳臺晷景：一尺五寸六分。

冬至後初限夏至後末限：六十二日。分空。

夏至後初限冬至後末限：一百二十日六十二分。

求每日消、息定數，黃道去極度及赤道內、外度，晨昏日出、入分及半晝分，每日距中度，夜半定漏，晝、夜刻及日出、入辰刻，更籌辰刻，昏、明度，五更攢點中星，九服距差日，九服晷景，九服所在晝、夜漏刻。法與前曆同，此不載。

步交會

交終分：一十八萬八千五百八十、秒六千四百五十七。乾道八十一萬六千三百六十六、秒六千三十四。淳熙交實一十五萬三千四百七十六、秒九千五百四十三。會元交率一百五萬三千一百一十三、秒二千一百四十。

交終日：二十七、餘一千四百七十、秒六千四百五十七。乾道餘六千三百六十六、秒六千三十四。淳熙餘一千一百九十六、秒九千五百四十三。會元餘八千二百一十三、秒二千一百四十。

交中日：一十三、餘四千二百、秒三千二百二十八半。乾道餘一萬八千一百八十三、秒三十七。淳熙餘三千四百一十八、秒四千七百七十一半。會元餘二萬三千四百五十六、秒六千七十。

朔差：二日、餘二千二百六、秒三千五百四十三。乾道餘九千五百五十一、秒一千五百六十六。淳熙餘一千七百九十五、秒六千五百十七。會元餘一萬二千三百二十、秒七千八百六十。

後限：一日、餘一千一百三、秒一千七百七十一半。乾道餘四千七百七十五、秒五千七百八十三。

前限：十二日、餘三千九十七、秒一千四百五十。乾道餘一萬三千四百七、秒七千二百三十四。

望策：十四日、餘五千三百三、秒五千。乾道餘二萬二千九百五十八、秒八千八百。淳熙餘四千三百一十六、秒二千八百。會元餘二萬九千六百一十七。

交率：四十二。乾道八十。淳熙六十一。會元五百七。

交數：五百三十五。乾道一千一十九。淳熙七百七十七。

交終度：三百六十三度七十六分。乾道分七十九、秒四十。淳熙同。會元分同、秒四十四。

交象度：九十度九十四分。乾道分同、秒八十五。淳熙同。會元分同、秒八十六。

半交象度：一百八十一度八十八分。乾道度四十五、分四十七、秒四十二半。淳熙同。會元秒四十三。

陽曆食限：二千七百四十五。乾道一萬四千四百。淳熙二千六百三十。會元一萬八千。

陽曆定法：二百七十四半。乾道一千四百四十。淳熙二百六十三。

陰曆食限：四千五百八十五。乾道一萬八千。淳熙三千二百四十。會元二萬二千五百。

陰曆定法：四百五十八半。乾道三百二十四（一六）。

乾道又有月食限二萬九千一百，淳熙五千四百六十，會元三萬六千。乾道月食定法一千八百，淳熙三百五十六。乾道月食既限一萬一千一百。淳熙月食既限一千九百。

推天正十一月加時入交汎日；求次朔及望入交汎日，定朔、望夜半交汎，次朔夜半入交汎日，朔、望加時入交常日，朔望加時入交定日，月行陰陽曆，朔、望加時入陰陽曆積度，朔、望加時月去黃道度，食甚定餘，日月食甚入氣，日月食甚中積、氣差、刻差，日入食限，日入食分，日食汎用分，月入食限，月入食分，月食汎用分，日月食定用分，日月食虧初、復滿小餘，月食既內、外分，日月食所起，月食更、點定法，月食入更點，日月帶食出入所見分數，日月食甚宿次。法同前曆，此不載。

## 步五星

五星會策：一十五度、二十一分、秒九十。

木星終率：二百七十六萬四千二百三十八、秒三十二。乾道一千一百九十六萬六千五百八十一、秒五十五。淳熙周實二百二十四萬九千七百一十五、秒六十五。會元周率一千五百四十三萬六千八百三十四、秒九十八。

終日：三百九十八、約分八十八、秒七十九。乾道分八十八、秒六十。淳熙約分八十八、秒五十七。會元分八十八、秒四十六。

歲差：六十七、秒九十八。乾道周差一百萬八千八百六十四、秒五十。淳熙一十八萬九千七百四十一、秒六十五。

伏見度：一十三。

乾道曆率一千九十五萬七千二百四十九、秒九，淳熙二百五萬九千九百八十一、秒一十，會元一千四百一十三萬五千四百五十六、秒九。乾道曆中度一百八十三、分六十二、秒二十四，淳熙同，會元秒八十六。乾道曆策度一十五、分二十一、秒八十五，淳熙同，會元秒九十。

| 段目 | 常日 | 常度 | 限度 | 初行率 |
| --- | --- | --- | --- | --- |
| 晨伏 | 十六日 | 三度 | 二度 | 統元分二十三<br>乾道分二十二秒七十四<br>淳熙分同統元<br>會元分同乾道秒八十五 |
| 晨疾 | 統元三十七日<br>乾道三十一日<br>淳熙二十九日<br>會元同乾道 | 七度<br>六度<br>度同乾道<br>度同乾道 | 五度<br>度同統元<br>四度<br>度同統元 | 分二十二<br>分同統元<br>分同統元<br>分二十 |

| | | | | | |
|---|---|---|---|---|---|
| 晨次疾 | 統元 | 三十七日 | 六度　六十六 | 五度　空 | 二十 |
| | 乾道 | 二十九日 | 五度　五十八 | 四度　二十四 | 二十　六十四 |
| | 淳熙 | 二十九日 | 五度　五十九 | 四度　二十四 | 二十　七十 |
| | 會元 | 三十日 | 五度　八十五 | 四度　四十四 | 二十二 |
| 晨遲 | 統元 | 三十七日 | 三度 | 二度　六十 | 十五 |
| | 乾道 | 二十七日 | 四度 | 三度　八 | 一十七　八十四 |
| | 淳熙 | 二十八日 | 四度 | 三度　二十 | 一十七　九十 |
| | 會元 | 二十八日 | 四度 | 三度　八 | 一十八 |
| 晨留 | 統元 | 二十五日 | 空 | 空 | 空 |
| | 乾道 | 二十四日 | 空 | 空 | 空 |
| | 淳熙 | 二十二日 | | | |
| | 會元 | 二十二日 | | | |
| 晨退 | 統元 | 四十六日　五十六 | 五度　一十六 | 空　三十一　五十七半 | |
| | 乾道 | 四十六日　六十九　三十 | 四度　八十四　八十八 | 空　三十五　四十四 | 空 |
| | 淳熙 | 四十六日　六十九　二十八半 | 四度　八十一 | 空　四十一　十半 | 空 |
| | 會元 | 四十六日　六十九　二十三 | 四度　九十二　九十五半 | 空　三十　三十一 | 空 |

| | | | | | |
|---|---|---|---|---|---|
| 夕退 | 統元四十六日 一十六 | 五度 一十六 | 空 三十一 | 十六 |
| | 乾道四十六日 六十九 三十 | 四度 八十四 八十八 | 空 二十五 四十四 | 一十五 五十九 |
| | 淳熙四十六日 六十九 二十八半 | 四度 八十一 八十九半 | 空 四十 一十半 | 一十五 四十八 |
| | 會元四十六日 六十九 二十三 | 四度 九十二 九十五半 | 空 三十 二十七 | 一十六 |
| 夕留 | 統元二十五日 | 空 | 空 | |
| | 乾道二十四日 | 空 | 空 | |
| | 淳熙二十二日 | | | 空 |
| | 會元二十二日 | | | |
| 夕遲 | 統元三十七日 | 三度 四十六 | 二度 六十 | |
| | 乾道二十五日 | 一度 六十六 | 一度 二十六 | |
| | 淳熙二十八日 | 四度 八十八 | 一度 四十二 | |
| | 會元二十五日 | 一度 | | |
| 夕次疾 | 統元三十七日 | 六度 六十六 | 五度 空 | 十五 |
| | 乾道三十一日 | 六度 六十二 | 五度 三 | 二十 六十四 |

| | | | | |
|---|---|---|---|---|
| 夕疾 | 統元三十七日<br>乾道二十九日<br>淳熙二十九日<br>會元三十日 | 七度九十八<br>五度五十八<br>五度五十九<br>五度八十五 | 五度九十九<br>四度二十四<br>四度二十四<br>四度四十四 | 二十<br>一十七八十四<br>二十七九十七<br>一十八 |
| 夕伏 | 統元十六日八十八<br>乾道一十六日<br>淳熙一十六日七十五<br>會元一十六日七十五 | 三度八十八<br>三度七十五<br>三度七十五<br>三度七十五 | 二度九十一<br>二度八十五<br>二度八十五<br>二度八十五 | 一十二<br>二十一四<br>二十一<br>二十二 |

## 歲星盈縮曆

| 策數 | 損益率 | 盈積度 | 損益率 | 縮積度 |
|---|---|---|---|---|
| 初 | 統元益一百四十五<br>乾道益一百五十九<br>淳熙益一百五十一<br>會元益一百五十 | 盈空<br>盈空<br>盈空<br>初 | 益一百七十八<br>益二百二<br>益一百七十二<br>益七十五 | 縮空<br>縮空<br>縮空<br>初 |

| | | | | |
|---|---|---|---|---|
| 一 | 統元益一百三十五 | 盈一度四十五 | 益一百六十一 | 縮一度七十八 |
| | 乾道益一百四十二 | 盈一度五十九 | 益一百八十一 | 縮二度二 |
| | 淳熙益一百三十五 | 盈一度五十一 | 益一百五十六 | 縮一度七十二 |
| | 會元益一百三十七 | 盈一度五十 | 益一百五十八 | 縮一度七十五 |
| 二 | 統元益一百一十四 | 盈二度八十 | 益一百四十 | 縮三度一十九 |
| | 乾道益一百二十 | 盈三度一 | 益一百五十三 | 縮三度八十三 |
| | 淳熙益一百一十四 | 盈二度八十六 | 益一百三十五 | 縮三度二十八 |
| | 會元益一百一十六 | 盈二度八十七 | 益一百二十五 | 縮三度三十三 |
| 三 | 統元益八十七 | 盈三度九十四 | 益一百一十一 | 縮四度七十九 |
| | 乾道益九十三 | 盈四度二十一 | 益一百一十八 | 縮五度三十六 |
| | 淳熙益八十八 | 盈四度空 | 益一百二 | 縮四度六十三 |
| | 會元益九十一 | 盈四度三 | 益一百五 | 縮四度六十八 |
| 四 | 統元益五十一 | 盈四度八十一 | 益七十三 | 縮五度九十 |
| | 乾道益六十 | 盈五度一十四 | 益七十六 | 縮六度五十四 |
| | 淳熙益五十七 | 盈四度八十八 | 益六十九 | 縮五度六十五 |
| | 會元益五十九 | 盈四度九十四 | 益六十九 | 縮五度七十三 |

| | | | | |
|---|---|---|---|---|
| 五 | 統元益十九<br>乾道益二十一<br>淳熙益二十<br>會元益二十二 | 盈五度二十三<br>盈五度七十四<br>盈五度四十五<br>盈五度五十三 | 益二十五<br>益二十八<br>益二十四<br>益二十五 | 縮六度六十三<br>縮七度三十<br>縮六度三十四<br>縮六度四十二 |
| 六 | 統元損三十六<br>乾道損二十一<br>淳熙損二十<br>會元損二十二 | 盈五度五十一<br>盈五度九十五<br>盈五度六十五<br>盈五度七十五 | 損十<br>損二十八<br>損二十四<br>損二十五 | 縮六度八十八<br>縮七度五十八<br>縮六度五十八<br>縮六度六十七 |
| 七 | 統元損五十八<br>乾道損六十<br>淳熙損五十七<br>會元損五十九 | 盈五度十五<br>盈五度七十四<br>盈五度四十五<br>盈五度五十三 | 損五十五<br>損七十六<br>損六十九<br>損六十九 | 縮六度七十八<br>縮七度三十<br>縮六度三十四<br>縮六度 |
| 八 | 統元損八十六<br>乾道損九十三<br>淳熙損八十八<br>會元損九十一 | 盈四度五十七<br>盈五度一十四<br>盈四度八十八<br>盈四度九十四 | 損一百一十七<br>損一百八<br>損一百二<br>損一百五 | 縮六度二十三<br>縮六度五十四<br>縮五度六十五<br>縮五度七十三 |

| | | | | |
|---|---|---|---|---|
| 九 | 統元損一百八 | 盈三度　九十三 | 損一百四十七 | 縮五度　一十二 |
| | 乾道損一百二十 | 盈四度　二十一 | 損一百五十三 | 縮五度　三十六 |
| | 淳熙損一百一十四 | 盈四度　空 | 損一百三十五 | 縮四度　六十三 |
| | 會元損一百一十六 | 盈四度　三 | 損一百三十五 | 縮四度　六十八 |
| 十 | 統元損一百三十 | 盈二度　六十三 | 損一百七十四 | 縮三度　六十五 |
| | 乾道損一百四十二 | 盈三度　一 | 損一百八十一 | 縮三度　八十三 |
| | 淳熙損一百三十五 | 盈二度　八十六 | 損一百五十六 | 縮三度　二十八 |
| | 會元損一百三十七 | 盈二度　八十七 | 損一百五十八 | 縮三度　三十八 |
| 十一 | 統元損一百三十三 | 盈一度　三十五 | 損一百九十一 | 縮一度　九十一 |
| | 乾道損一百五十九 | 盈一度　五十九 | 損二百二 | 縮二度　二 |
| | 淳熙損一百五十一 | 盈一度　五十一 | 損一百七十二 | 縮一度　七十二 |
| | 會元損一百五十 | 盈一度　五十 | 損一百七十五 | 縮一度　七十五 |

火星終率：五百四十萬四千八百四十六、秒三十九。乾道二千三百三十九萬一千九百八、秒一十八。淳熙周實四百三十九萬八千八百一、秒六十五。會元周率三千一十八萬三千二百六十八、秒八十七。

終日：七百七十九、約分九十二、秒一。乾道七百七十七、分九十三、秒二。淳熙七百七十九、約分九十

二、秒九十五。會元七百七十九、分九十二、秒九十四。

歲差：六千七、秒九。乾道周差一百四十八萬二千七百八十八。淳熙二十七萬八千八百三十、秒七十五。

伏見度：十九。二曆同。會元二十。

乾道曆率一千九十五萬七千四百二、秒二十一，淳熙二百五萬九千九百八十九、秒九十，會元一千四百一十三萬五千四百五十五、秒四十七。乾道曆中度一百八十二、分六十二、秒三十三，淳熙秒三十二，會元秒八十六。乾道曆策度一十五、分二十一、秒八十六，淳熙同，會元秒九十。

| 段目 | | 常日 | 常度 | 限度 | 初行率 |
|---|---|---|---|---|---|
| 晨伏 | 統元 | 六十七日 | 四十八度 | 四十五度 五十一 | 七十二 |
| | 乾道 | 六十七日 | 四十八度 | 四十五度 二十六 | 七十一 九十二 |
| | 淳熙 | 六十七日 二十五 | 十八度 二十五 | 四十五度 五十九 | 七十二 |
| | 會元 | 六十九日 七十五 | 四十九度 七十五 | 四十六度 七十六 | 七十二 |
| 晨疾初 | 統元 | 六十五日 | 四十六度 三 | 四十三度 六十三 | 七十一 |
| | 乾道 | 五十九日 | 四十一度 七十八 | 三十九度 四十 | 七十一 三十七 |
| | 淳熙 | 六十一日 | 四十三度 三十一 | 四十度 九十一 | 七十二 |
| | 會元 | 五十八日 | 四十度 八十九 | 三十八度 四十三 | 七十一 |

| | | | | |
|---|---|---|---|---|
| 晨疾末 | 統元四十八日 | 三十三度 二十四 | 三十一度 五十一 | 七十 |
| | 乾道五十七日 | 三十九度 四十三 | 三十七度 一十五 | 七十 二十七 |
| | 淳熙六十一日 | 四十二度 九 | 三十九度 七十七 | 七十一 |
| | 會元五十五日 | 三十八度 二十二 | 三十五度 九十二 | 七十 |
| 晨次疾初 | 統元四十八日 | 三十一度 九十 | 三十度 二十四 | 六十八 |
| | 乾道五十八日 | 三十四度 九十一 | 三十二度 九十二 | 六十六 七 |
| | 淳熙四十八日 | 三十一度 六十八 | 二十九度 九十三 | 六十八 |
| | 會元五十一日 | 三十四度 一十七 | 三十三度 一十一 | 六十九 |
| 晨次疾末 | 統元四十八日 | 二十九度 二十 | 二十七度 六十八 | 六十四 |
| | 乾道四十七日 | 二十七度 二十六 | 二十六度 二十七 | 六十三 六十七 |
| | 淳熙四十八日 | 二十八度 五十六 | 二十六度 九十八 | 六十四 |
| | 會元四十六日 | 二十七度 八十三 | 二十六度 一十六 | 六十五 |
| 晨遲初 | 統元四十一日 | 十九度 九十二 | 十八度 八十八 | 五十七 |
| | 乾道三十九日 | 一十七度 九十七 | 一十六度 九十五 | 五十四 八十七 |
| | 淳熙三十三日 | 一十五度 三十四 | 一十四度 四十九 | 五十五 |
| | 會元四十日 | 一十八度 八十 | 一十七度 六十七 | 五十六 |

| 段 | 曆 | 日 | 度 | 度 | 率 |
|---|---|---|---|---|---|
| 晨遲末 | 統元 | 三十二日 | 七度　二十一 | 六度　八十三 | 四十一 |
| | 乾道 | 二十九日 | 五度　七十 | 五度　三十七 | 三十七　二十七 |
| | 淳熙 | 三十三日 | 六度　二十七 | 五度　九十二 | 三十八 |
| | 會元 | 三十三日 | 六度　九 | 五度　七十二 | 三十八 |
| 晨留 | 統元 | 十二日 | 空 | 空 | 空 |
| | 乾道 | 一十日 | 空 | 空 | 空 |
| | 淳熙 | 一十日 | | | |
| | 會元 | 七日 | | | |
| 晨退 | 統元 | 二十八日　九十六 | 八度　十六　十七 | 三度　六　十八半 | |
| | 乾道 | 二十八日　九十六　五十一 | 八度　三十　六十七 | 四度　一　六十五 | 空 |
| | 淳熙 | 二十八日　七十一　四十七半 | 八度　一十五　七十半 | 三度　七十五　二十九半 | 空 |
| | 會元 | 三十日　二十一　四十七 | 八度　四十　七十一半 | 四度　五十六　六十一 | |
| 夕退 | 統元 | 二十八日　九十六 | 八度　十六　十七 | 三度　六　十八半 | 四十 |
| | 乾道 | 二十八日　九十六　五十一 | 八度　三十　六十七 | 四度　一　六十五 | 四十三　一 |
| | 淳熙 | 二十八日　七十一　四十七半 | 八度　一十五　七十半 | 三度　七十五　二十九半 | 四十二　六 |
| | 會元 | 三十日　二十一　四十七 | 八度　四十　七十一半 | 四度　五十六　六十一 | 四十二 |

| | | | | | |
|---|---|---|---|---|---|
| 夕留 | 統元十二日 | 空 | 空 | 空 |
| | 乾道一十日 | 空 | 空 | 空 |
| | 淳熙一十日 | | | |
| | 會元七日 | | | |
| 夕遲初 | 統元三十二日 | 七度 二十一 | 六度 八十三 | 空 |
| | 乾道二十九日 | 五度 七十 | 五度 三十七 | 空 |
| | 淳熙三十三日 | 六度 二十七 | 五度 九十二 | 空 |
| | 會元三十三日 | 六度 九 | 五度 七十三 | 空 |
| 夕遲末 | 統元四十一日 | 十九度 九十二 | 十八度 八十八 | 四十一 |
| | 乾道三十九日 | 一十七度 九十七 | 一十六度 九十五 | 三十七 二十七 |
| | 淳熙三十三日 | 一十五度 三十四 | 一十四度 四十九 | 三十八 |
| | 會元四十一日 | 一十八度 八十 | 一十七度 六十七 | 三十八 |
| 夕次疾初 | 統元四十八日 | 二十九度 二十 | 二十七度 六十七 | 五十七 |
| | 乾道四十七日 | 二十七度 八十六 | 一十六度 二十七 | 五十四 八十七 |
| | 淳熙四十八日 | 二十八度 五十六 | 二十六度 九十八 | 五十五 |
| | 會元四十六日 | 二十七度 八十三 | 二十六度 一十六 | 五十六 |

| | | | | |
|---|---|---|---|---|
| 夕次疾末 | 統元四十八日 | 三十一度　九十 | 三十度　二十四 | 六十四 |
| | 乾道五十三日 | 三十四度　九十一 | 三十二度　九十二 | 六十三　六十七 |
| | 淳熙四十八日 | 三十一度　六十八 | 二十九度　九十三 | 六十四 |
| | 會元五十一日 | 三十四度　一十七 | 三十二度　一十一 | 六十五 |
| 夕疾初 | 統元四十日 | 三十三度　二十四 | 三十一度　五十一 | 六十八 |
| | 乾道五十七日 | 三十九度　四十三 | 三十七度　一十五 | 六十八　七 |
| | 淳熙六十一日 | 四十二度　九 | 三十九度　七十七 | 六十八 |
| | 會元五十五日 | 三十八度　二十七 | 三十五度　九十二 | 六十九 |
| 夕疾末 | 統元六十五日 | 四十六度　三 | 四十三度　六十三 | 七十 |
| | 乾道五十九日 | 四十一度　一十八 | 三十九度　四十 | 七十　二十七 |
| | 淳熙六十一日 | 四十三度　三十一 | 四十度　九十一 | 七十一 |
| | 會元五十八日 | 四十度　八十九 | 三十八度　四十三 | 七十 |
| 夕伏 | 統元六十七日 | 四十八度 | 四十五度　五十一 | 七十一 |
| | 乾道六十七日 | 四十八度 | 四十五度　二十六 | 七十一　三十七 |
| | 淳熙六十七日　二十五 | 四十八度　二十五 | 四十五度　五十九 | 七十二 |
| | 會元六十九日　七十五 | 四十九度　七十五 | 四十六度　七十六 | 七十一 |

火星盈縮曆

| 策數 | 損益率 | 盈積度 | 損益率 | 縮積度 |
|---|---|---|---|---|
| 初 | 統元益一千一百三十<br>乾道益一千一百四十五<br>淳熙益一千一百五十<br>會元益一千一百三十七 | 盈空<br>盈空<br>初<br>初 | 益四百一十<br>益四百八十<br>益四百八十<br>益五百四 | 縮空<br>縮空<br>初<br>初 |
| 一 | 統元益八百七十二<br>乾道益七百八十五<br>淳熙益七百八十<br>會元益七百八十六 | 十一度三十<br>一十一度四十五<br>一十一度五十<br>一十一度三十七 | 益四百二十一<br>益四百五十八<br>益四百五十八<br>益四百七十 | 四度十<br>四度八十<br>四度八十<br>五度四 |
| 二 | 統元益四百一十五<br>乾道益四百五十二<br>淳熙益四百五十二<br>會元益四百五十六 | 二十度二<br>一十九度三十<br>一十九度三十<br>一十九度二十三 | 益四百五十三<br>益四百二十五<br>益四百二十五<br>益四百二十八 | 八度三十一<br>九度三十八<br>九度三十八<br>九度七十四 |

| 三 | 四 | 五 | 六 |
|---|---|---|---|
| 統元益一百四十五<br>乾道益一百四十四<br>淳熙益一百四十四<br>會元益一百四十七 | 統元損二十四<br>乾道損五十六<br>淳熙損五十六<br>會元損五十三 | 統元損一百四十六<br>乾道損一百六十<br>淳熙損一百六十<br>會元損一百五十 | 統元損二百九十五<br>乾道損二百四十八<br>淳熙損二百四十八<br>會元損二百三十六 |
| 二十四度　十七<br>二十三度　八十二<br>二十三度　八十二<br>二十三度　七十九 | 二十五度　六十二<br>二十五度　二十六<br>二十五度　二十六<br>二十五度　二十六 | 二十五度　三十六<br>二十四度　七十<br>二十四度　七十<br>二十四度　七十三 | 二十三度　九十二<br>二十二度　一十<br>二十三度　一十<br>二十三度　二十二 |
| 益四百六十五<br>益三百七十九<br>益三百七十九<br>益三百七十四 | 益四百<br>益三百二十<br>益三百二十<br>益三百一十一 | 益三百四<br>益三百四十八<br>益二百四十八<br>益二百三十六 | 益一百五十二<br>益一百六十<br>益一百六十<br>益一百五十 |
| 十二度　八十四<br>一十三度　六十三<br>一十三度　六十三<br>一十四度　二 | 十七度　四十九<br>一十七度　四十二<br>一十七度　四十二<br>一十七度　七十六 | 二十一度　四十九<br>二十度　六十二<br>二十度　六十二<br>二十度　八十七 | 二十四度　五十三<br>二十三度　一十<br>二十三度　一十<br>二十三度　二十三 |

| | | | | |
|---|---|---|---|---|
| 七 | 統元損三百八十七 | 二十度　九十七 | 益二十六 | 二十六度　五 |
| | 乾道損三百二十 | 二十度　六十二 | 益五十六 | 二十四度　七十 |
| | 淳熙損三百二十 | 二十度　六十二 | 益五十六 | 二十四度　七十 |
| | 會元損三百一十一 | 二十度　八十七 | 益五十三 | 二十四度　七十三 |
| 八 | 統元損四百五十六 | 十七度　十 | 損一百五十二 | 二十六度　三十一 |
| | 乾道損三百七十九 | 一十七度　四十二 | 損一百四十四 | 二十五度　二十六 |
| | 淳熙損三百七十九 | 一十七度　四十二 | 損一百四十四 | 二十五度　二十六 |
| | 會元損三百七十四 | 一十七度　七十六 | 損一百四十七 | 二十五度　二十六 |
| 九 | 統元損四百四十四 | 十二度　五十四 | 損四百三十六 | 二十四度　七十九 |
| | 乾道損四百二十五 | 一十三度　六十三 | 損四百五十二 | 二十三度　八十二 |
| | 淳熙損四百二十五 | 一十三度　六十三 | 損四百五十二 | 二十三度　八十二 |
| | 會元損四百三十八 | 一十四度　二 | 損四百五十六 | 二十三度　七十九 |
| 十 | 統元損四百二十八 | 八度　十 | 損八百八十六 | 二十度　四十三 |
| | 乾道損四百五十八 | 九度　三十八 | 損七百八十五 | 一十九度　三十 |
| | 淳熙損四百五十八 | 九度　三十八 | 損七百八十 | 一十九度　三十 |
| | 會元損四百七十 | 九度　七十四 | 損七百八十六 | 一十九度　二十三 |

| | | | | |
|---|---|---|---|---|
| 十一 | 紀元損三百九十二 | 三度　九十二 | 損一千一百五十七 | 十一度　五十七 |
| | 乾道損四百八十 | 四度　八十 | 損一千一百四十五 | 一十一度　四十五 |
| | 淳熙損四百八十 | 四度　八十 | 損一千一百五十 | 一十一度　五十 |
| | 會元損五百四 | 五度　四 | 損一千一百三十七 一十一 三十七 | |

土星終率：二百六十二萬九十四、秒三十三。乾道一千一百三十四萬二千七百四十六、秒一十五。淳熙周實二百一十三萬二千四百三十八、秒六。會元周率一千四百六十三萬二千一百四十七、秒七十一。

終日：三百七十八、約分七、秒九十九。乾道分九、秒一十五。淳熙約分九、秒一十八。會元分同淳熙，秒一十六。

歲差：六十七、秒三十四。

伏見度：十七。乾道曆率一千九十八萬七千三百五十一、秒七十四，淳熙一千四百一十三萬五千四百五十五、秒一十，會元二百六萬五千六百二十二、秒七十四。乾道曆中度一百八十三、分一十二、秒二十五，淳熙同，會元分六十二、秒八十六。乾道曆策度一十五、分二十六、秒二，淳熙同，會元分二十一、秒九十。

| 段目 | 常日 | 常度 | 限度 | 初行率 |
|---|---|---|---|---|
| 晨伏 | 統元十九日　四十八<br>乾道一十九日　五十<br>淳熙一十九日　七十五<br>會元二十一日　七十五 | 二度　四十八<br>二度　五十<br>二度　七十五<br>二度　七十五 | 一度　五十四<br>一度　五十五<br>一度　六十七<br>一度　七十 | 一十三<br>一十三　一十八<br>一十四　四十五<br>一十三 |
| 晨疾 | 統元二十八日<br>乾道三十日<br>淳熙二十九日<br>會元三十一日 | 三度　二十八<br>三度　五十二<br>三度　六十<br>三度　五十六 | 二度　四<br>二度　一十八<br>二度　一十九<br>二度　二十 | 十二<br>一十二　四十六<br>一十三　四十二<br>一十二 |
| 晨次疾 | 統元二十八日<br>乾道二十八日<br>淳熙二十八日<br>會元二十八日 | 二度　六十七<br>二度　六十八<br>二度　六十三<br>二度　六十六 | 一度　六十五<br>一度　六十六<br>一度　六十<br>一度　六十四 | 十一<br>一十一　二<br>一十一　四十二<br>一十一 |
| 晨遲 | 統元二十八日<br>乾道二十六日<br>淳熙二十七日<br>會元二十五日 | 一度　五十一<br>一度　二十三<br>空　九十五<br>一度　三 | 空　九十三<br>空<br>空<br>空 | 八<br>八　一十四<br>七　四十二<br>八 |

| | 晨留 | 晨退 | 夕退 | 夕留 |
|---|---|---|---|---|
| | 統元三十五日<br>乾道三十五日<br>淳熙三十五日<br>會元三十三日 | 統元五十日　五十六<br>乾道五十日　五十四　五十七<br>淳熙五十日　二十九　五十九<br>會元五十日　二十九　五十九 | 統元五十日　五十六<br>乾道五十日　五十四　五十七半<br>淳熙五十日　二十九　五十九<br>會元五十日　二十九　五十八 | 統元三十五日<br>乾道三十五日<br>淳熙五十五日<br>會元三十三日 |
| | 空<br>空 | 三度　五十二　一十八<br>三度　五十　六十半<br>三度　五十　五十九<br>三度　五十七　六十半 | 三度　五十一　一十八<br>三度　五十　六十半<br>三度　五十　五十九<br>三度　五十七　六十半 | 空<br>空 |
| | 空<br>空 | 空　二十五　十七半<br>空　二十六　七十一半<br>空　三十九　四十一 | 空　二十五　十七半<br>空　二十六　五十一半<br>空　三十九　四十二<br>空　二十四　七十二 | 空<br>空 |
| | 空<br>空 | 空<br>空<br>空 | | |

| | | | | |
|---|---|---|---|---|
| 夕遲 | 統元二十八日 | 一度五十一 | 空九十三 | 空 |
| | 乾道二十六日 | 一度二十五 | 空七十六 | 空 |
| | 淳熙二十七日 | 空九十五 | 空五十七 | 空 |
| | 會元二十五日 | 一度三 | 空六十三 | 空 |
| 夕次疾 | 統元二十八日 | 二度六十七 | 一度六十五 | 八 |
| | 乾道二十八日 | 二度六十八 | 一度六十六 | 八一十四 |
| | 淳熙二十八日 | 二度六十三 | 二度六十 | 七四十二 |
| | 會元二十八日 | 二度六十六 | 一度六十四 | 八 |
| 夕疾 | 統元二十八日 | 三度二十八 | 二度四 | 一十一 |
| | 乾道三十日 | 三度五十二 | 二度一十八 | 一十一二 |
| | 淳熙二十九日 | 三度六十 | 二度一十九 | 一十一四十二 |
| | 會元三十一日 | 三度五十六 | 二度二十 | 一十一 |
| 夕伏 | 統元十九日四十八 | 二度四十八 | 一度五十四 | 十二 |
| | 乾道一十九日五十 | 二度五十 | 一度五十五 | 一十二四十六 |
| | 淳熙一十九日七十五 | 二度七十五 | 一度六十七 | 一十三四十二 |
| | 會元二十一日七十五 | 二度七十五 | 一度七十 | 一十二 |

## 土星盈縮曆

| 策數 | 損益率 | 盈積度 | 損益率 | 縮積度 |
|---|---|---|---|---|
| 初 | 統元益一百八十九<br>乾道益一百九十五<br>淳熙益一百九十五<br>會元益一百九十四 | 盈空<br>盈空<br>初<br>初 | 益一百三十二<br>益一百九十五<br>益一百六十三<br>益一百三十七 | 空<br>空<br>初<br>初 |
| 一 | 統元益一百七十三<br>乾道益一百七十七<br>淳熙益一百七十一<br>會元益一百八十六 | 一度八十九<br>一度九十五<br>一度九十五<br>一度九十四 | 益一百二十五<br>益一百七十七<br>益一百四十九<br>益一百三十一 | 一度三十二<br>一度九十五<br>一度六十三<br>一度 |
| 二 | 統元益一百四十六<br>乾道益一百五十三<br>淳熙益一百五十三<br>會元益一百六十七 | 三度六十三<br>三度七十二<br>三度七十二<br>三度八十 | 益一百十九<br>益一百五十三<br>益一百二十八<br>益一百一十八 | 二度五十七<br>三度七十二<br>三度一十二<br>二度六十八 |

| 三 | 四 | 五 | 六 |
|---|---|---|---|
| 統元益一百一十三<br>乾道益一百一十九<br>淳熙益一百一十九<br>會元益一百三十六 | 統元益六十七<br>乾道益七十八<br>淳熙益七十八<br>會元益九十六 | 統元益二十一<br>乾道益二十八<br>淳熙益二十八<br>會元益三十五 | 統元損三十<br>乾道損二十八<br>淳熙損二十八<br>會元損三十四 |
| 五度　八<br>五度　二十五<br>五度　二十五<br>五度　四十七 | 六度　二十一<br>六度　四十四<br>六度　四十四<br>六度　八十六 | 六度　八十八<br>七度　二十二<br>七度　二十二<br>七度　七十五 | 七度　九<br>七度　五十<br>七度　五十<br>八度　九 |
| 益九十八<br>益一百一十九<br>益一百<br>益九十六 | 益六十六<br>益七十八<br>益六十五<br>益九十二 | 益二十六<br>益二十八<br>益二十三<br>益二十五 | 損二十六<br>損二十八<br>損二十三<br>損二十五 |
| 三度　七十六<br>五度　二十五<br>四度　四十<br>三度　八十六 | 四度　七十四<br>六度　四十四<br>五度　四十<br>六度　八十三 | 五度　四十<br>七度　二十二<br>六度　五<br>五度　四十七 | 五度　六十六<br>七度　五十<br>六度　二十八<br>五度　七十二 |

| 七 | 八 | 九 | 十 |
|---|---|---|---|
| 統元損七十五<br>乾道損七十八<br>淳熙損七十八<br>會元損九十二 | 統元損一百一十一<br>乾道損一百一十九<br>淳熙損一百一十九<br>會元損一百三十六 | 統元損一百四十五<br>乾道損一百五十三<br>淳熙損一百五十三<br>會元損一百六十七 | 統元損一百六十八<br>乾道損一百七十七<br>淳熙損一百七十七<br>會元損一百八十六 |
| 六度七十九<br>七度二十二<br>七度二十二<br>七度七十五 | 六度四<br>六度四十四<br>六度四十四<br>六度八十三 | 四度九十三<br>五度二十五<br>五度二十五<br>五度四十七 | 三度四十八<br>三度七十二<br>三度七十二<br>三度八十 |
| 損六十六<br>損七十八<br>損六十五<br>損六十五 | 損九十八<br>損一百一十九<br>損一百<br>損九十六 | 損一百一十九<br>損一百五十三<br>損一百二十八<br>損一百一十八 | 損一百二十五<br>損一百七十七<br>損一百四十九<br>損一百三十一 |
| 五度四十<br>七度二十二<br>六度五<br>五度四十一 | 四度七十四<br>六度四十四<br>五度四十<br>四度八十二 | 三度七十六<br>五度二十五<br>四度四十<br>三度八十六 | 二度五十七<br>三度七十二<br>三度一十二<br>二度六十八 |

| | | | | |
|---|---|---|---|---|
| 十一 | 統元損一百八十<br>乾道損一百九十五<br>淳熙損一百九十五<br>會元損一百九十四 | 一度 八十<br>一度 九十五<br>一度 九十五<br>一度 九十四 | 損一百三十二<br>損一百九十五<br>損一百六十三<br>損一百三十七 | 一度 三十二<br>一度 九十五<br>一度 六十三<br>一度 三十七 |

金星終率：四百四萬六千四百九十六、秒三十三。乾道一千七百五十一萬六千八百七十二。淳熙周實三百二十九萬三千一百七十、秒五十。會元周率二千二百五十九萬七千三百三十九、秒三十七。

終日：五百八十三、約分九十一。乾道分八十九、秒五十七。淳熙分同乾道，秒五十四。會元分九十、秒二十八。

| 段目 | 常日 | 常度 | 限度 | 初行率 |
|---|---|---|---|---|
| 夕伏 | 統元三十九日<br>乾道三十九日 五十<br>淳熙三十九日 五十<br>會元三十九日 二十五 | 四十九度 五十<br>五十度<br>五十度 空<br>四十九度 二十五 | 四十七度 五十二<br>四十八度 五十<br>四十八度 空<br>四十七度 二十八 | 一百二十七<br>一百二十六 九十一<br>一百二十七<br>一百二十六 |
| 夕疾初 | 統元五十八日<br>乾道五十日<br>淳熙五十一日<br>會元五十二日 | 七十三度 一十五<br>六十二度 七十四<br>六十四度 空<br>六十四度 七十四 | 七十度 二十二<br>六十度 八十六<br>六十一度 四十四<br>六十二度 一十五 | 一百二十六<br>一度 一十六 二十一<br>一百二十六<br>一百三十五 |

| | | | | |
|---|---|---|---|---|
| 夕疾末 | 統元四十日 | 四十九度　八十一 | 四十七度　八十二 | 一百二十五 |
| | 乾道四十八日 | 五十九度　一十四 | 五十七度　三十七 | 一度　二十四　七十五 |
| | 淳熙五十一日 | 六十二度　九十八 | 六十度　四十六 | 一百二十五 |
| | 會元四十八日 | 五十九度　二十八 | 五十六度　九十 | 一百二十四 |
| 夕次疾初 | 統元四十日 | 四十八度　二十六 | 四十六度　三十三 | 一百二十三 |
| | 乾道四十四日 | 五十一度　一十一 | 五十度　五十五 | 一度　二十一　六十六 |
| | 淳熙四十一日 | 四十八度　五十八 | 四十六度　六十三 | 一百二十二 |
| | 會元四十三日 | 五十一度　八十 | 四十九度　七十三 | 一百二十三 |
| 夕次疾末 | 統元四十日 | 四十四度　二十 | 四十二度　四十三 | 一百一十七 |
| | 乾道三十八日 | 四十一度　一十九 | 三十九度　九十五 | 一度　一十五　一十九 |
| | 淳熙四十一日 | 四十四度　二十八 | 四十二度　五十 | 一百一十五 |
| | 會元三十七日 | 四十度　八十八 | 三十九度　二十四 | 一百一十八 |
| 夕遲初 | 統元三十二日 | 二十七度　六十二 | 二十六度　五十二 | 一百 |
| | 乾道三十日 | 二十六度　一十九 | 二十五度　四十 | 一度　一　五十八 |
| | 淳熙二十三日 | 二十度　一 | 一十九度　二十 | 一百一 |
| | 會元三十日 | 二十五度　八十 | 二十四度　七十六 | 一百三 |

| | | | | | |
|---|---|---|---|---|---|
| 夕遲末 | 統元 | 二十日 | 八度 二十 | 七度 九十三 | 七十一 |
| | 乾道 | 二十日 | 八度 六十一 | 八度 三十五 | 空 七十二 二 |
| | 淳熙 | 二十三日 | 一十度 三十三 | 九度 九十一 | 七十三 |
| | 會元 | 二十二日 | 八度 九十九 | 八度 六十三 | 六十九 |
| 夕留 | 統元 | 七日 | 空 | 空 | 空 |
| | 乾道 | 七日 | 空 | 空 | 空 |
| | 淳熙 | 七日 | | | |
| | 會元 | 五日 | | | |
| 夕退 | 統元 | 九日 九十五 五十 | 四度 三十四 五十 | 一度 五十六 五十 | 空 |
| | 乾道 | 九日 四十四 七十八半 | 三度 五十三 二十一半 | 空 四十二 七十八半 | 空 |
| | 淳熙 | 九日 四十四 七十七 | 三度 七十三 二十三 | 一度 八十 七十五 | 空 |
| | 會元 | 一十日 | 四度 五十 | 一度 七十五 | 空 |
| 伏合退 | 統元 | 六日 | 四度 五十 | 一度 六十二 | 六十六 |
| | 乾道 | 六日 | 四度 五十 | 空 五十四 | 空 六十九 空 |
| | 淳熙 | 六日 | 四度 五十 | 二度 空 | 六十九 |
| | 會元 | 五日 七十 一十四 | 四度 二十九 八十六 | 一度 五十一 一十四 | 六十九 |

| | | | | |
|---|---|---|---|---|
| 晨退 | 統元九日　九十五　五十 | 四度　三十四　五十 | 一度　五十六　五十 | 六十二 |
| | 乾道九日　四十四　七十八 | 三度　五十三　二十一半 | 空　四十二　七十八半 | 空　六十九 |
| | 淳熙九日　四十四　七十七 | 三度　七十三　二十三 | 一度　八十　七十七 | 六十九 |
| | 會元一十日 | 四度　五十 | 一度　七十五 | 六十九 |
| 晨留 | 統元七日 | 空 | 空 | 空 |
| | 乾道七日 | 空 | 空 | 空 |
| | 淳熙七日 | | | |
| | 會元五日 | | | |
| 晨遲初 | 統元二十日 | 八度　二十六 | 七度　九十三 | 空 |
| | 乾道二十日 | 八度　六十一 | 八度　三十五 | 空 |
| | 淳熙二十三日 | 一十度　三十三 | 九度　九十一 | 空 |
| | 會元二十二日 | 八度　九十九 | 八度　六十三 | 空 |
| 晨遲末 | 統元三十二日 | 二十七度　六十二 | 二十六度　五十二 | 七十一 |
| | 乾道三十日 | 二十六度　一十九 | 二十五度　四十 | 空　七十一　二 |
| | 淳熙二十三日 | 二十度 | 一十九度　二十 | 七十三 |
| | 會元三十日 | 二十五度　八十 | 二十四度　七十六 | 六十九 |

| 晨次疾初 | 晨次疾末 | 晨疾初 | 晨疾末 |
| --- | --- | --- | --- |
| 統元四十日<br>乾道三十八日<br>淳熙四十一日<br>會元三十七日 | 統元五十八日<br>乾道五十日<br>淳熙五十一日<br>會元五十二日 | 統元四十日<br>乾道四十八日<br>淳熙五十一日<br>會元四十八日 | 統元五十八日<br>乾道五十日<br>淳熙五十一日<br>會元五十二日 |
| 四十四度　二十<br>四十一度　一十九<br>四十四度　二十八<br>四十度　八十八 | 七十三度　十五<br>六十二度　七十四<br>六十四度　空<br>六十四度　七十四 | 四十九度　八十一<br>五十九度　一十四<br>六十二度　九十八<br>五十九度　二十八 | 七十三度　十五<br>六十二度　七十四<br>六十四度　空<br>六十四度　七十四 |
| 四十二度　四十三<br>三十九度　九十五<br>四十二度　五十<br>三十九度　二十四 | 七十度　二十二<br>六十度　八十六<br>六十一度　四十四<br>六十二度　一十五 | 四十七度　八十二<br>五十七度　三十七<br>六十度　四十六<br>五十六度　九十 | 七十度　二十二<br>六十度　八十六<br>六十一度　四十四<br>六十二度　一十五 |
| 一百<br>一度　一　五十八<br>一百一<br>一百二 | 一百二十五<br>一度　二十四　七十五<br>一百二十五<br>一百二十四 | 一百二十三<br>一度　二十一　六十六<br>一百二十二<br>一百二十三 | 一百二十五<br>一度　二十四　七十五<br>一百二十五<br>一百二十四 |

| | | | | |
|---|---|---|---|---|
| 晨伏 | 統元三十九日<br>乾道三十九日<br>淳熙三十九日<br>會元三十九日 | 四十九度 五十<br>五十度<br>五十度 空<br>四十九度 二十五 | 四十七度 五十二<br>四十八度 五十<br>四十八度 空<br>四十七度 二十八 | 一百二十六<br>一度 二十六 二十一<br>一百二十六<br>一百二十五 |

## 金星盈縮曆

| 策數 | 損益率 | 盈積度 | 損益率 | 縮積度 |
|---|---|---|---|---|
| 初 | 統元益五十<br>乾道益五十三<br>淳熙益五十二<br>會元益五十三 | 空<br>空<br>初<br>初 | 益五十<br>益五十三<br>益五十三<br>益五十九 | <br>空<br>初<br>初 |
| 一 | 統元益四十五<br>乾道益四十八<br>淳熙益四十七<br>會元益四十八 | 空 五十<br>空 五十三<br>空 五十三<br>空 五十三 | 益四十五<br>益四十八<br>益四十一<br>益三十六 | 空 五十<br>空 五十三<br>空 五十三<br>空 三十九 |

| | | | | |
|---|---|---|---|---|
| 二 | 統元益三十九<br>乾道益四十一<br>淳熙益四十一<br>會元益四十一 | 空 九十五<br>一度 一<br>一度 空<br>一度 一 | 益三十九<br>益四十一<br>益四十一<br>益三十一 | 空 九十五<br>一度 一<br>一度 空<br>一度 七十五 |
| 三 | 統元益二十九<br>乾道益三十二<br>淳熙益三十一<br>會元益三十二 | 一度 三十四<br>一度 四十二<br>一度 四十一<br>一度 四十二 | 益二十九<br>益三十二<br>益三十一<br>益二十四 | 一度 三十四<br>一度 四十二<br>一度 四十一<br>一度 六 |
| 四 | 統元益二十一<br>乾道益二十一<br>淳熙益二十一<br>會元益二十一 | 一度 六十三<br>一度 七十四<br>一度 七十二<br>一度 七十四 | 益二十一<br>益二十一<br>益二十一<br>益十六 | 一度 六十三<br>一度 七十四<br>一度 七十二<br>一度 三十 |
| 五 | 統元益六<br>乾道益八<br>淳熙益七<br>會元益八 | 一度 八十四<br>一度 九十五<br>一度 九十五<br>一度 九十五 | 益六<br>益八<br>益七<br>益五 | 一度 八十四<br>一度 九十五<br>一度 九十三<br>一度 四十六 |

| 六 | 七 | 八 | 九 |
|---|---|---|---|
| 統元損六<br>乾道損八<br>淳熙損七<br>會元損八 | 統元損七十二<br>乾道損二十一<br>淳熙損二十一<br>會元損二十一 | 統元損三十九<br>乾道損三十二<br>淳熙損三十一<br>會元損三十一 | 統元損三十九<br>乾道損四十一<br>淳熙損四十一<br>會元損四十一 |
| 一度九十<br>二度三<br>二度空<br>二度三 | 一度八十四<br>一度九十五<br>一度九十三<br>一度九十五 | 一度六十三<br>一度七十四<br>一度七十二<br>一度七十四 | 一度三十四<br>一度四十二<br>一度四十一<br>一度四十三 |
| 損六<br>損八<br>損七<br>損五 | 損二十一<br>損二十一<br>損二十一<br>損一十六 | 損二十九<br>損三十二<br>損三十一<br>損二十四 | 損三十九<br>損四十一<br>損四十一<br>損三十一 |
| 一度九十<br>二度三<br>二度空<br>一度五十一 | 一度八十四<br>一度九十五<br>一度九十三<br>一度四十六 | 一度六十三<br>一度七十四<br>一度七十二<br>一度三十 | 一度三十四<br>一度四十一<br>一度四十一<br>一度六 |

| | | | | |
|---|---|---|---|---|
| 十 | 統元損四十五 | 空　九十五 | 損四十五 | 空　九十五 |
| | 乾道損四十八 | 一度　一 | 損四十八 | 一度　一 |
| | 淳熙損四十七 | 一度　空 | 損四十七 | 一度　空 |
| | 會元損四十八 | 一度　一 | 損三十六 | 空　七十五 |
| 十一 | 統元損五十 | 空　五十 | 損五十 | 空　五十 |
| | 乾道損五十三 | 空　五十三 | 損五十三 | 空 |
| | 淳熙損五十三 | 空　五十三 | 損五十三 | 空　五十三 |
| | 會元損五十三 | 空　五十三 | 損五十九 | 空　三十九 |

水星終率：八十萬三千四百四十八、秒八十三。乾道三百四十七萬六千二百八十四、秒五十。淳熙周實六十五萬三千五百四十五、秒五十一。會元周率四百四十八萬四千四百四、秒四十三。

終日：一百一十五、約分八十八。乾道分八十七、秒六十一，曆分同。乾道、淳熙秒六十八。會元秒六十。

歲差：六十七、秒六十九。

晨伏夕見：一十四度半。乾道同。淳熙度一十五。會元度一十六。

夕伏晨見：一十九度。乾道、淳熙同。會元度二十一。

乾道曆率一千九十五萬八千、秒九十六；淳熙二百六萬一百一、秒一十一。會元周率一千四百一十三萬五千四百五十六、秒七十五。乾道曆中度一百八十二、分六十三、秒三十三；淳熙秒三十，會元分六十二、秒八十六。乾道曆策度一十五、秒九十四。淳熙分二十一、秒同乾道。會元分同淳熙，秒九十。

| 段目 | 常日 | 常度 | 限度 | 初行率 |
|---|---|---|---|---|
| 夕伏 | 統元十六日 | 三十度 五十 | 二十五度 九十二 | 一度 九十八 |
| | 乾道一十六日 | 三十度 五十 | 二十五度 六十二 | 二度 二 二十 |
| | 淳熙一十五日 | 三十度 空 | 二十五度 一十 | 二百五 三十 |
| | 會元一十七日 二十五 | 三十三度 二十五 | 二十七度 九十三 | 二百 |
| 夕疾 | 統元十四日 | 二十二度 六十八 | 一十九度 二十八 | 一度 八十二 |
| | 乾道一十五日 | 二十三度 三十九 | 一十九度 六十五 | 一度 九十九 六 |
| | 淳熙一十五日 | 二十二度 八十三 | 一十九度 一十八 | 一百八十四 一十 |
| | 會元一十四日 | 二十二度 八十二 | 一十九度 一十六 | 一百八十六 |
| 夕遲 | 統元十四日 | 十二度 八十二 | 十度 八十九 | 一度 四十一 |
| | 乾道一十四日 | 一十二度 一十一 | 一十度 一十七 | 一度 三十二 七十八 |
| | 淳熙一十五日 | 一十三度 一十七 | 一十六度 六 | 一百二十 五十 |
| | 會元一十二日 | 一十度 一十八 | 八度 五十五 | 一百四十 |

| | | | | |
|---|---|---|---|---|
| 夕留 | 統元二日 | 空 | 空 | 空 |
| | 乾道二日 | 空 | 空 | 空 |
| | 淳熙二日 | 空 | 空 | 空 |
| | 會元二日 | 空 | 空 | 空 |
| 夕退 | 統元十日 九十四 | 八度 六 | 一度 八十五 | 空 |
| | 乾道一十日 九十三 八十三半 | 八度 六 一十九半 | 二度 四十九 八十半 | 空 |
| | 淳熙一十日 九十三 八十四 | 八度 六 一十六 | 二度 四十九 八十四 | 空 |
| | 會元一十二日 六十八 八十 | 八度 三十一 二十 | 二度 二十九 八十 | 空 |
| 再合退 | 統元十日 九十四 | 八度 六 | 一度 八十五 | 空 九十八 |
| | 乾道一十日 九十三 八十半 | 八度 六 一十九半 | 二度 四十九 八十半 | 一度 |
| | 淳熙一十日 九十三 八十四 | 八度 六 一十六 | 二度 四十九 八十四 | 一百一十 五十五 |
| | 會元一十二日 六十八 八十 | 八度 三十一 二十 | 二度 二十九 八十 | 九十八 |
| 晨留 | 統元三日 | 空 | 空 | |
| | 乾道二日 | 空 | 空 | |
| | 淳熙二日 | | | 空 |
| | 會元二日 | | | |

| | | | | |
|---|---|---|---|---|
| 晨遲 | 統元十四日 | 十二度 八十九 | 十度 八十九 | 空 |
| | 乾道一十四日 | 一十二度 一十一 | 一十度 一十七 | 空 |
| | 淳熙一十五日 | 一十三度 一十七 | 一十一度 六 | 空 |
| | 會元一十二日 | 一十度 一十八 | 八度 五十五 | 空 |
| 晨疾 | 統元十四日 | 二十二度 六十八 | 一十九度 二十八 | 一度 四十一 |
| | 乾道一十五日 | 二十三度 三十九 | 一十九度 六十五 | 一度 三十一 七十八 |
| | 淳熙一十五日 | 二十三度 八十三 | 一十九度 一十八 | 一百二十 五十 |
| | 會元一十四日 | 二十二度 八十二 | 一十九度 一十六 | 一百四十 |
| 晨伏 | 統元十六日 | 三十度 五十 | 二十五度 九十二 | 一度 八十二 |
| | 乾道一十六日 | 三十度 五十 | 二十五度 六十二 | 一度 七十九 六 |
| | 淳熙一十五日 | 三十度 空 | 二十五度 二十 | 一百八十四 一十 |
| | 會元一十七日 二十五 | 三十三度 二十五 | 二十七度 九十三 | 一百八十六 |

## 水星盈縮曆

| 策數 | 損益率 | 盈積度 | 損益率 | 縮積度 |
|---|---|---|---|---|
| 初 | 統元益五十四<br>乾道益五十七<br>淳熙益五十八<br>會元益五十七 | 空<br>空<br>初<br>初 | 益五十四<br>益五十七<br>益五十八<br>益五十七 | 空<br>空<br>初<br>初 |
| 一 | 統元益五十<br>乾道益五十二<br>淳熙益五十四<br>會元益五十二 | 空五十四<br>空五十七<br>空五十八<br>空五十七 | 益五十<br>益五十二<br>益五十四<br>益五十二 | 空五十四<br>空五十七<br>空五十八<br>空五十七 |
| 二 | 統元益四十三<br>乾道益四十五<br>淳熙益四十六<br>會元益四十五 | 一度四<br>一度九<br>一度一十二<br>一度九 | 益四十三<br>益四十五<br>益四十六<br>益四十五 | 一度四<br>一度九<br>一度一十二<br>一度九 |

| 三 | 四 | 五 | 六 |
|---|---|---|---|
| 統元益三十三<br>乾道益三十四<br>淳熙益三十五<br>會元益三十四 | 統元益二十一<br>乾道益二十三<br>淳熙益二十三<br>會元益二十三 | 統元益八<br>乾道益八<br>淳熙益八<br>會元益八 | 統元損八<br>乾道損八<br>淳熙損八<br>會元損八 |
| 一度四十七<br>一度五十四<br>一度五十八<br>一度五十四 | 一度八十<br>一度八十八<br>一度九十三<br>一度八十八 | 二度一<br>二度一十一<br>二度一十六<br>二度一十一 | 二度九<br>二度一十九<br>二度二十四<br>二度一十九 |
| 益三十三<br>益三十四<br>益三十五<br>益三十四 | 益二十一<br>益二十三<br>益二十三<br>益二十三 | 益八<br>益八<br>益八<br>益八 | 損八<br>損八<br>損八<br>損八 |
| 一度四十七<br>一度五十四<br>一度五十八<br>一度五十四 | 一度八十<br>一度八十八<br>一度九十三<br>一度八十八 | 二度一<br>二度一十一<br>二度一十六<br>二度一十一 | 二度九<br>二度一十九<br>二度二十四<br>二度一十九 |

| 七 | 八 | 九 | 十 |
| --- | --- | --- | --- |
| 統元損二十一<br>乾道損二十三<br>淳熙損二十三<br>會元損二十三 | 統元損三十三<br>乾道損三十四<br>淳熙損三十五<br>會元損三十四 | 統元損四十三<br>乾道損四十五<br>淳熙損四十六<br>會元損四十五 | 統元損五十<br>乾道損五十二<br>淳熙損五十四<br>會元損五十二 |
| 二度一<br>二度一十一<br>二度一十六<br>二度一十一 | 一度八十<br>一度八十八<br>一度九十三<br>一度八十八 | 一度四十七<br>一度五十四<br>一度五十八<br>一度五十四 | 一度四<br>一度九<br>一度一十二<br>一度九 |
| 損二十一<br>損二十三<br>損二十三<br>損二十三 | 損三十三<br>損三十四<br>損三十五<br>損三十四 | 損四十三<br>損四十五<br>損四十六<br>損四十五 | 損五十<br>損五十二<br>損五十四<br>損五十二 |
| 二度一<br>二度一十一<br>一度一十六<br>二度一十九 | 一度八十<br>一度八十八<br>一度九十三<br>一度八十八 | 一度四十七<br>一度五十四<br>一度五十八<br>一度五十四 | 一度四<br>一度九<br>一度一十二<br>一度九 |

| 十一 | | | |
|---|---|---|---|
| 統元損五十四 | 空 五十四 | 損五十四 | 空 五十四 |
| 乾道損五十七 | 空 五十七 | 損五十七 | 空 五十七 |
| 淳熙損五十八 | 空 五十八 | 損五十八 | 空 五十八 |
| 會元損五十七 | 空 五十七 | 損五十七 | 空 五十七 |

## 校勘記

〔一〕朔策二十九日餘三萬六千七十七　以元法除朔實，得朔策二十九日、餘三千六百七十七。原小餘數誤。

〔二〕淳熙餘三千九百九十二　以淳熙元法除淳熙朔實，得淳熙朔策二十九日、餘二千九百九十二。原小餘數誤。

〔三〕乾道餘一萬二千九百五十八秒八十八　二除乾道朔策，得乾道望策十四日、餘二萬二千九百五十八、秒八十八。原小餘數誤。

〔四〕中盈分三千三百二十八秒三十　二倍氣盈，得三千二十八、秒三十。「三百」二字衍。

〔五〕命甲子算外卽得所求年天正十一月經朔加時朔積分以旬周去之不滿總法約之爲大餘不滿爲小餘　按上文已有「餘爲天正十一月經朔加時朔積分」；以旬周去之，不滿，總法約之爲大餘，不滿爲小餘」，下文又有「大餘命甲子，算外」，此四十一字和上下文重複，衍，應刪。

〔六〕置有滅經朔小餘　「滅」字原脫，據曆法常例補。

〔七〕會元餘二千八百二十二秒五十　三除會元氣策，得五日、餘二千八百一十八半。原小餘數誤。

〔八〕乾道餘二千三百一十秒二十七　二除乾道卦策，得三日、餘一千三百十、秒六十二。原餘秒誤。

〔九〕以辰法除之爲辰數　「法」字原脫。按以辰法除所求小餘得辰數，「辰」下脫「法」字，故補。

〔10〕求每月盈縮分　據本條推步內容，「月」爲「日」之誤。

〔一一〕晨前夜半黃道日躔宿次　按推步順序，求二十四氣初日晨前夜半黃道日躔宿次後，應求每日晨前夜半黃道日躔宿次，句首脫「每日」二字。

〔一二〕淳熙餘三千一百二十七秒九千七百四　以淳熙元法除淳熙轉周分，得淳熙轉周日二十七、餘三千一百二十七、秒九千七百四十。原秒數誤。

〔一三〕末約三十三　「約」原作「數」，誤，今改。

〔一四〕次朔夜半平行月　「次朔」二字原倒，誤，今乙轉。

〔一五〕冬至岳臺晷景　「景」字原脫，今補。

〔一六〕乾道三百二十四　按陰曆定法爲陰曆食限十分之一，淳熙陰曆食限三千二百四十，疑「乾道」二字爲「淳熙」之誤。

# 宋史卷八十四

## 志第三十七

## 律曆十七

### 紹熙統天 開禧 成天曆附

演紀上元甲子歲，距紹熙五年甲寅，歲積三千八百三十，至慶元己未，歲積三千八百三十五。開禧上元甲子，至開禧三年丁卯，歲積七百八十四萬八千一百八十三。成天上元甲子，距咸淳七年辛未，歲積七千一百七十五萬八千一百四十七。

步氣朔

策法：萬二千。開禧日法一萬六千九百。成天七千四百二十。

歲分：四百三十八萬二千九百一十，餘六萬二千九百一十。開禧歲率六百一十七萬二千六百八。成天二百七十一萬一百一。

氣策：十五，餘二千六百二十一少，二十一分、秒八十四。開禧餘三千六百九十二。成天餘一千六百二十、秒七。

朔實：三十五萬四千三百六十八。開禧朔率四十九萬九千六十七。成天二十一萬九千一百一十七。

朔策：二十九，餘六千三百六十八，五十三分、秒六。開禧餘八千九百六十七。成天餘三千九百三十七。

望策：一十四，餘九千一百八十四。開禧餘一萬二千九百三十三半。成天餘五千六百七十八、秒四。

弦策：七，餘四千五百九十二。開禧餘六千四百六十六太。成天餘二千八百三十九、秒二。

氣差：二十三萬七千八百一十一。

閏差：二萬一千七百四。開禧歲閏一十八萬三千八百四，又月閏一萬五千三百一十七，閏限三十一萬五千二百六十三。成天歲閏八萬六百九十七，月閏六千七百二十四、秒六，閏限一十三萬八千四百二十。

斗分差：百二十七。

沒限：九千三百七十八太。開禧一萬三千二百八。成天五千七百九十九、秒一。

滅限：五千六百三十二。

紀實：七十二萬。開禧紀率一百一萬四千。成天四十四萬五千二百。

紀策：六十。二曆同。

開禧又有中盈分七千三百八十四，成天三千二百四十秒〔一〕。開禧朔虛分三千四百八十三〔二〕。

求天正冬至：置上元距所求年積算，以歲分乘之，減去氣差，餘爲氣汎積；以積算與距算相減，餘爲距差；以斗分差乘之，萬約，爲躔差；小分半已上從秒一。復以距差乘之，秒半已上從分一，後皆準此。以減氣汎積，餘爲氣定積；如其年無躔差〔三〕，及以距差乘躔差不滿秒半已上者，以汎爲定。滿紀實去之，不滿，如策法而一爲大餘，不盡爲小餘。其大餘命甲子，算外，即得日辰。因求次氣，以氣策累加之，小餘滿策法從大餘，大餘滿紀策去之，命日辰如前。如求已，徑以躔差加減歲餘，距差乘之，紀實去之，餘以加減氣積差二十萬七千四百八十九，如策法而一，餘同上法。其加減躔差，乘積算，少如距算者加之，多如距算者減之；其加減氣積差，即反用之。

求天正經朔：置天正冬至氣定積，以閏差減之，滿朔實去之，不滿，爲天正閏汎餘；用減氣定積，餘爲天正十一月朔汎積；以百五乘距差，退位減之，爲朔定積；積算少如距算者加之，無距差可乘者，以汎爲定。求轉交準此。滿紀實去之，不滿，如策法而一爲大餘，不盡爲小餘。其大餘命甲子，算外，即得日辰。因求弦望及次朔，以弦策累加之；求朔望，以望策累加之；去命如前。開禧若在閏限已上者，爲其年有閏月，用減朔率，以月閏而一，所得，命天正十一月，算外，即得經閏月。因求次年，以閏歲加之，命如前，即得所求。朔積分若滿四十七萬三千二百去之，不滿，如日法而一，所得，命起箕宿，算外，即得天正十一月經朔直日之星。成天朔積若滿二十萬七千七百六十去之，不滿，如日法而一，所得，命箕宿，算外，即得天正十一月經朔直日之星。

## 步發斂

候策：五、餘八百七十三太。開禧餘一千二百三十、秒一十。成天餘五百四十、秒三十五。

卦策：六、餘一千四十八半。開禧餘一千四百七十六、秒一十二。成天餘六百四十八、秒四十二。

土王策：三、餘五百二十四少。開禧餘七百三十八、秒六。成天餘三百二十四、秒二十一。

月閏：一萬八百七十四。

辰法：一千。開禧四千二百二十五。成天一千八百五十五。

半辰法：五百。開禧二千一百一十二半。成天九百二十七半。

刻法：一百二十。開禧五百七。成天一千一百一十三。

刻分法：二十。開禧八十四半。成天一百八十五半。

求五行用事、二十四氣、七十二候、六十四卦、中氣去經朔、發斂加時。與前曆同，此不載。

步日躔

周天分：四百三十八萬三千九十。開禧周天率六百一十七萬二千八百五十九、秒一。成天二百七十一萬二百一十、秒六十一。

周天差：三十三萬八千九百二十。

周天度：三百六十五、餘一千九百一十、秒六十一，約分二十五、秒七十五〔四〕。開禧餘四千三百五十九、秒一，約分二十五、秒七十九。成天餘一千九百一十、秒六十一，約分二十五、秒七十五。

半周天度：百八十二、約分六十二、秒八十七。

象限：九十一、約分三十一、秒六。開禧秒八。成天秒七。

乘法：三百八十。開禧二百六。成天三百二十五。

除法：五千七百八十三。開禧三千一百三十五。成天四千九百四十六。

開禧又有歲差二百五十一、秒一，成天一百九、秒一。成天又有半象限四十五、約分三十一、秒七。

| 常氣 | 中積日及餘 | 盈縮分 | 升降分 | 損益率 | 朏朒積 |
|---|---|---|---|---|---|
| 冬至 | 空 | 統天盈七千<br>開禧盈初<br>成天盈初 | 升空<br>升七千四百四十五<br>升七千二百一十五 | 益六百二十八<br>益九百四十一<br>益四百 | 朒初<br>同<br>同 |

| | | | | | |
|---|---|---|---|---|---|
| 小寒一十五 | 統天二千六百二十一 | 盈五千八百四十 | 升七千 | 益五百二十四 | 朒六百二十八 |
| | 開禧三千六百九十二 二十一 八十四 | 盈七千四百四十五 | 升五千九百五十一 | 益七百五十二 | 朒九百四十一 |
| | 成天一千六百二十 秒七 | 盈七千二百一十五 | 升五千八百八十五 | 益三百二十七 | 朒四百 |
| 大寒三十 | 統天三千四百四十二 四十三 六十九 | 盈四千六百三十 | 升萬二千八百四十 | 益四百十六 | 朒一千一百五十一 |
| | 開禧七千二百八十四 | 盈一萬三千三百九十六 | 升四千五百二十四 | 益五百七十二 | 朒一千六百九十三 |
| | 成天三千二百四十一 秒六 | 盈一萬三千一百 | 升四千五百六十八 | 益二百五十四 | 朒七百二十七 |
| 立春四十五 | 統天七千八百六十三太 六十五 五十三 | 盈三千三百七十 | 升一萬七千四百七十 | 益三百二 | 朒一千五百六十八 |
| | 開禧一萬一千七十六 | 盈一萬七千九百二十 | 升三千一百六十四 | 益四百 | 朒二千二百六十五 |
| | 成天四千八百六十二 秒五 | 盈一萬七千六百六十八 | 升三千二百六十四 | 益一百八十一 | 朒九百八十一 |

| | | | | | | |
|---|---|---|---|---|---|---|
| 雨水 | 六十 | 統天一萬四百八十五　八十七三十八 | 盈二千六十 | 升二萬八百四十 | 益一百八十五 | 朒一千八百七十 |
| | | 開禧一萬四千七百　六十八 | 盈二萬一千八十四 | 升一千八百七十一 | 益二百三十六 | 朒二千六百六十五 |
| | | 成天六千四百八十三　秒四 | 盈二萬九百三十二 | 升一千九百七十三 | 益一百九 | 朒一千一百六十二 |
| 驚蟄 | 七十六 | 統天一千一百六少　九二十二 | 盈七百 | 升二萬二千九百 | 益六十三 | 朒二千五十五 |
| | | 開禧一千五百六十九 | 盈二萬二千九百五十五 | 升六百四十五 | 益八十二 | 朒二千九百一 |
| | | 成天六百八十四　秒三 | 盈二萬二千九百五 | 升六百九十五 | 益三十九 | 朒一千二百七十一 |
| 春分 | 九十一 | 統天三千七百二十七半 | 縮七百 | 升二萬三千六百 | 損六十三 | 朒二千一百一十八 |
| | | 開禧一千五百六十九 | 盈二萬三千六百 | 降六百四十五 | 損八十二 | 朒二千九百八十三 |
| | | 成天二千三百五 | 盈與開禧同 | 降六百九十五 | 損三十九 | 朒一千三百一十 |

| | | | | | |
|---|---|---|---|---|---|
| 清明 | 統天六千三百四十八太 五十二 九十一<br>開禧八千九百九十四<br>一百六<br>成天三千九百二十一 秒一 | 縮二千六十<br>盈二萬二千九百五十五<br>盈二萬二千九百五 | 升二萬二千九百<br>降一千八百七十一<br>降一千九百七十三 | 損一百八十五<br>損二百三十六<br>損一百九 | 朏二千五十五<br>朒二千九百一<br>朒一千二百七十一 |
| 穀雨 | 統天八千九百七十 七十四 七十五<br>開禧一萬三千六百三十六<br>一百二十一<br>成天五千五百四十七 秒空 | 縮三千三百七十<br>盈二萬一千八十四<br>盈二萬九百三十二 | 升二萬八百四十<br>降三千一百六十四<br>降三千二百六十四 | 損三百二<br>損四百<br>損一百八十一 | 朒一千八百七十<br>朒二千六百六十五<br>朒一千一百六十二 |
| 立夏 | 統天一萬一千五百九十一少 九十六 六十二<br>開禧一萬六千三百二十八<br>一百三十六<br>成天七千一百六十七 秒七 | 縮四千六百三十<br>盈一萬七千九百二十<br>盈一萬七千六百六十八 | 升一萬七千四百七十<br>降四千五百二十四<br>降四千五百六十八 | 損四百一十六<br>損五百七十一<br>損二百五十四 | 朒一千五百六十八<br>朒二千二百六十五<br>朒九百八十一 |

| | | | | | |
|---|---|---|---|---|---|
| 小滿 | 統天二千二百一十二半 十八 四十四 | 縮五千八百四十 | 升一萬二千八百四十 | 損五百二十四 | 朒一千一百五十二 |
| | 開禧三千一百二十 | 盈一萬三千三百九十六 | 降五千九百五十一 | 損七百五十二 | 朒一千六百九十二 |
| | 一百五十二 | | | | |
| | 成天一千三百六十八　秒六 | 盈一萬三千一百 | 降五千八百八十五 | 損三百二十七 | 朒七百二十七 |
| 芒種 | 統天四千八百三十三太 四十 二十八 | 縮五千八百四十 | 降七千 | 損六百二十八 | 朒六百二十八 |
| | 開禧六千八百一十三 | 盈七千四百四十五 | 降五千九百五十一 | 損九百四十一 | 朒九百四十一 |
| | 一百六十七 | | | | |
| | 成天二千九百八十九　秒五 | 盈七千二百一十五 | 降七千二百一十五 | 損四百 | 朒四百 |
| 夏至 | 統天七千四百五十五 六十二 十三 | 縮七千 | 降空 | 益六百二十八 | 朓空 |
| | 開禧一萬五百四 | 縮初 | 降七千四百四十五 | 益九百四十一 | 朓初 |
| | 一百八十二 | | | | |
| | 成天四千六百一十　秒四 | 縮初 | 降七千二百一十五 | 益四百 | 朓初 |

| | | | | | |
|---|---|---|---|---|---|
| 小暑 | 統天一萬七十六少 八十三 九十七<br>開禧一萬四千一百九十六 八十四 空<br>一百九十七<br>成天六千二百三十一 秒二 | 縮五千八百四十<br>縮七千四百四十五<br>縮七千二百一十五 | 降七千<br>降五千九百五十一<br>降五千八百八十五 | 盈五百二十四<br>盈七百五十二<br>盈三百二十七 | 朒六百二十八<br>朒九百四十一<br>朒四百 |
| 大暑 | 統天六百九十七半 五 八十一<br>開禧九百八十八 五 八十五<br>二百十三<br>成天四百三十二 | 縮四千六百三十<br>縮一萬三千三百九十六<br>縮一萬三千一百 | 降一萬二千八百四十<br>降四千五百二十四<br>降四千五百六十八 | 盈四百一十六<br>盈五百七十二<br>盈二百五十四 | 朒一千一百五十二<br>朒一千六百九十三<br>朒七百二十七 |
| 立秋 | 統天二千三百十八太 二十七 六十六<br>開禧四千六百八十 二十七 六十九<br>二百二十八<br>成天二千五十三 秒一 二十七 六十七 | 縮三千三百七十<br>縮一萬七千九百二十<br>縮一萬七千六百六十八 | 降一萬七千四百七十<br>降三千一百六十四<br>降三千二百六十四 | 盈三百二<br>盈四百<br>盈一百八十一 | 朒一千五百六十八<br>朒二千二百六十五<br>朒九百八十一 |

|  |  | | | | | |
| --- | --- | --- | --- | --- | --- | --- |
| 處暑 | 統天五千九百四十　四十九 五十 | | 縮二千六十 | 降二萬八百四十 | 益一百八十五 | 朒一千八百七十 |
| | 開禧八千三百七十二　四十九 五十四 | | 縮二萬一千八十四 | 降一千八百七十一 | 益二百三十六 | 朒二千六百六十五 |
| | | 二百四十三 | | | | |
| | 成天三千六百七十四　秒空　四十九 五十一 | | 縮二萬九百三十二 | 降一千九百七十三 | 益一百九 | 朒一千一百六十三 |
| 白露 | 統天八千五百六十一少　七十一 三十四 | | 縮七百 | 降二萬二千九百 | 益六十三 | 朒二千五十五 |
| | 開禧一萬二千六十四　七十一 三十八 | | 縮二萬二千九百五十五 | 降六百四十五 | 益八十二 | 朒二千九百一 |
| | | 二百五十八 | | | | |
| | 成天五千二百九十四　秒七　七十一 三十五 | | 縮二萬二千九百五 | 降六百九十五 | 益三十九 | 朒一千二百七十一 |
| 秋分 | 統天一萬一千一百八十二半　九十三 十九 | | 盈七百 | 降二萬三千六百 | 益六十三 | 朒二千一百一十八 |
| | 開禧一萬五千七百五十六　九十三 二十三 | | 縮二萬三千六百 | 升六百四十五 | 損八十二 | 朒二千九百八十三 |
| | | 二百七十三 | | | | |
| | 成天六千九百一十五　秒六　九十三 二十 | | 縮二萬三千六百 | 升六百九十五 | 損三十九 | 朒一千三百六十 |

| 寒露 | 霜降 | 立冬 |
|---|---|---|
| 統天一千八百三太 十五 三 | 統天四千四百二十五 三十六 八十八 | 統天七千四十六少 五十八 七十三 |
| 開禧二千五百四十八 十五 八 | 開禧六千二百四十 三十六 九十二 | 開禧九千九百三十二 五十八 七十七 |
| 二百八十九 | 三百四 | 三百十九 |
| 成天一千一百一十六 秒五 十五 四 | 成天二千七百三十七 秒四 三十六 八十九 | 成天四千三百五十八 秒三 五十八 七十三 |
| 盈二千六十 | 盈三千三百七十 | 盈四千六百三十 |
| 縮二萬二千九百五十五 | 縮二萬一千八十四 | 縮一萬七千九百二十 |
| 縮二萬二千九百五 | 縮二萬九百三十二 | 縮一萬七千六百六十八 |
| 降二萬二千九百 | 降二萬八百四十 | 降一萬七千四百七十 |
| 升一千八百七十一 | 升三千一百六十四 | 升四千五百二十四 |
| 升一千九百七十三 | 升三千二百六十四 | 升四千五百六十八 |
| 益一百八十五 | 損三百二 | 損四百一十六 |
| 損二百三十六 | 損四百 | 損五百七十二 |
| 損一百九 | 損一百八十一 | 損二百五十四 |
| 朒二千五十五 | 朒一千八百七十 | 朒一千五百八十八 |
| 朒二千九百五 | 朒二千六百六十五 | 朒二千二百六十五 |
| 朒一千二百七十一 | 朒一千一百六十二 | 朒九百八十一 |

| | | | | | | |
|---|---|---|---|---|---|---|
| 小雪 | 三百三十四 | 統天九千六百六十七半　八十五十六 | 盈五千八百四十 | 降一萬二千八百四十 | 損五百二十四 | 朓一千一百五十二 |
| | | 開禧一萬二千六百二十四　八十六十二 | 縮一萬三千三百九十六 | 升五千九百五十一 | 損七百五十二 | 朓一千六百九十三 |
| | | 成天五千九百七十九　秒二　八十五十八 | 縮一萬三千一百 | 升五千八百八十五 | 損三百二十七 | 朓七百二十七 |
| 大雪 | 三百五十 | 統天二百八十八太　二四十一 | 盈五千八百四十 | 降七千 | 損六百二十八 | 朓六百二十八 |
| | | 開禧四百一十六　二四十六 | 縮七千四百四十五 | 升五千九百五十一 | 損九百四十一 | 朓九百四十一 |
| | | 成天一百八十　秒一　二四十二 | 縮七千二百一十五 | 升七千二百一十五 | 損四百 | 朓四百 |

求每日盈縮分、升降數，經朔、弦、望加時入氣，入氣朓朒數，赤道宿度，天正冬至加時赤道日度，夏至、春秋分加時赤道日度，分、至後赤道宿積度，赤道宿積入初、末限，二十八宿黃道度，天正冬至加時黃道日度，二十四氣加時黃道日度，二十四氣初日夜半黃道日度〔五〕，二十四氣夜半黃道日度〔六〕，午中黃道日度，午中赤道日度。與前曆同。

赤道過宮〔七〕

| | | | |
|---|---|---|---|
| 危十二度 | 九十六分 | 秒一十六 | 入衞分，陬訾之次，在亥，用甲、丙、庚、壬。 |
| 奎二度 | 十四分 | 秒九十八 | 入魯分，降婁之次，在戌，用艮、巽、坤、乾。 |
| 胃四度 | 八分 | 秒八十 | 入趙分，大梁之次，在酉，用癸、乙、丁、辛。 |
| 畢八度 | 二十七分 | 秒六十二 | 入晉分，實沈之次，在申，用甲、丙、庚、壬。 |
| 井十度 | 四十六分 | 秒四十四 | 入秦分，鶉首之次，在未，用艮、巽、坤、乾。 |
| 柳五度 | 一十五分 | 秒二十六 | 入周分，鶉火之次，在午，用癸、乙、丁、辛。 |
| 軫九度 | 五十二分 | 秒九十 | 入鄭分，壽星之次，在辰，用艮、巽、坤、乾。 |
| 氐一度 | 七十一分 | 秒七十二 | 入宋分，大火之次，在卯，用癸、乙、丁、辛。 |
| 尾四度 | 十五分 | 秒五十四 | 入燕分，析木之次，在寅，用甲、丙、庚、壬。 |
| 斗四度 | 八十四分 | 秒三十六 | 入吳分，星紀之次，在丑，用艮、巽、坤、乾。 |
| 女三度 | 三分 | 秒十八 | 入齊分，玄枵之次，在子，用癸、乙、丁、辛。 |

右赤道過宮宿度，依今曆上元命日所起虛宿七度，爲子正玄枵之中，以曆策累加之，滿赤道宿次去之，卽得十二辰次初、中宿度及分秒。

求黃道過宮：各置赤道所入辰次宿度及分秒，以其宿其年黃道全度乘之，如其宿赤道全度而一，即各得所求。此法見於大衍曆，以本曆所起赤道日躔宿度爲子正玄枵之中。紀元曆起虛宿七度，與今曆同，所以變從黃道，皆在危宿十三度半上下，入亥末陬訾之次。舊曆有起虛四度，亦在危十三半上下，蓋遷就也。今載黃道起宿過宮於經，俾將來推變者有所本焉。

## 黃道過宮

| | | | |
|---|---|---|---|
| 危十三度 | 四十七分 | 秒十七 | 入衞分，陬訾之次，在亥，用甲、丙、庚、壬。 |
| 奎一度 | 三十七分 | 秒二十五 | 入魯分，降婁之次，在戌，用艮、巽、坤、乾。 |
| 胃四度 | 十九分 | 秒十五 | 入趙分，大梁之次，在酉，用癸、乙、丁、辛。 |
| 畢七度 | 八十二分 | 秒四 | 入晉分，實沈之次，在申，用甲、丙、庚、壬。 |
| 井九度 | 四十二分 | 秒八十九 | 入秦分，鶉首之次，在未，用艮、巽、坤、乾。 |
| 柳五度 | 分空 | 秒二十七 | 入周分，鶉火之次，在午，用癸、乙、丁、辛。 |
| 張十五度 | 六十二分 | 秒四十四 | 入楚分，鶉尾之次，在巳，用甲、丙、庚、壬。 |
| 軫九度 | 六十五分 | 秒空 | 入鄭分，壽星之次，在辰，用艮、巽、坤、乾。 |

| | | | |
|---|---|---|---|
| 氐一度 | 七十四分 | 秒五十一 | 入宋分，大火之次，在卯，用癸、乙、丁、辛。 |
| 尾三度 | 八十六分 | 秒六十四 | 入燕分，析木之次，在寅，用甲、丙、庚、壬。 |
| 斗四度 | 三十五分 | 秒九十二 | 入吳分，星紀之次，在丑，用艮、巽、坤、乾。 |
| 女二度 | 九十五分 | 秒七 | 入齊分，玄枵之次，在子，用癸、乙、丁、辛。 |

## 步月離

轉實：三十二萬六百五十五〔八〕。開禧轉率四十六萬五千六百七十二、秒五千三百九十六。成天轉周分二十萬四千四百五十五、秒一千六百四十一〔九〕。

轉策：二十七餘六千六百五十五。開禧餘九千三百七十二、秒五千三百九十六。成天餘四千一百一十五、秒一千六百四十一。

轉差：十八萬八千八百。

朔差日：一、餘一萬一千七百一十三。開禧餘一萬六千四百九十四、秒四千六百四。成天餘七千二百四十一、秒八千三百五十九。

上弦度：九十一、約分三十一、秒四十四。開禧秒四十五。成天秒四十五。

望度：一百八十二、約分六十二、秒八十七。開禧秒九十。成天秒八十七。

下弦度：二百七十二、約分九十四、秒三十二。開禧秒三十四。成天秒三十一。

平行度：一十三、約分三十六、秒八十七。

七日：初數萬六百六十四，約分八十九；末數一千三百三十六，約分一十一。

十四日：初數九千三百二十八，約分七十八；末數二千六百七十二，約分二十三〔一〇〕。

二十一日：初數七千九百九十二，約分六十七；末數四千八，約分二十三〔一一〕。

二十八日：初數六千六百五十五，約分五十五；末數空。

| 入轉日 | 進退差 | 轉定分 | 加減差 | 遲疾度 | 損益率 | 朓朒積 |
|---|---|---|---|---|---|---|
| 一日 | 統天退十二 | 一千四百七十 | 加一百三十三 | 疾度空 | 益一千一百九十四 | 朓空 |
| | 開禧退十 | 一千四百六十六 | 加一百二十九 | 疾初 | 益一千六百三十一 | 朓初 |
| | 成天退十二 | 一千四百六十五 | 加一百二十八 | 疾初 | 益七百一十 | 朓初 |
| 二日 | 統天退十六 | 一千四百五十八 | 加一百二十一 | 疾一度三十三 | 益一千八十六 | 朓一千一百九十四 |
| | 開禧退十六 | 一千四百五十六 | 加一百十九 | 疾一度二十九 | 益一千五百四 | 朓一千六百三十一 |
| | 成天退十五 | 一千四百五十三 | 加一百一十六 | 疾一度二十八 | 益六百四十四 | 朓七百一十 |

| | | | | | | |
|---|---|---|---|---|---|---|
| 三日 | 統天退十九 | 一千四百四十二 | 加一百五 | 疾二度五十四 | 益九百四十二 | 朏二千二百八十 |
| | 開禧退十九 | 一千四百四十 | 加一百三 | 疾二度八十四 | 益一千三百二 | 朏三千一百三十五 |
| | 成天退十八 | 一千四百三十八 | 加一百 | 疾二度四十四 | 益五百六十一 | 朏一千三百五十四 |
| 四日 | 統天退二十二 | 一千四百二十二 | 加八十六 | 疾三度五十九 | 益七百七十二 | 朏三千二百二十二 |
| | 開禧退二十二 | 一千四百二十一 | 加八十四 | 疾三度五十一 | 益一千六十二 | 朏四千四百三十七 |
| | 成天退二十一 | 一千四百三十 | 加八十三 | 疾二度四十五 | 益四百六十一 | 朏一千九百一十五 |
| 五日 | 統天退二十五 | 一千四百一 | 加六十四 | 疾四度四十五 | 益五百七十四 | 朏三千九百六十四 |
| | 開禧退二十四 | 一千三百九十九 | 加六十二 | 疾四度三十五 | 益七百八十四 | 朏五千四百九十九 |
| | 成天退二十四 | 一千三百九十九 | 加六十二 | 疾四度二十八 | 益三百四十四 | 朏二千三百七十六 |
| 六日 | 統天退二十八 | 一千三百七十六 | 加三十九 | 疾五度九 | 益三百五十 | 朏四千五百六十八 |
| | 開禧退二十七 | 一千三百七十五 | 加三十八 | 疾四度九十七 | 益四百八十 | 朏六千二百八十三 |
| | 成天退二十六 | 一千三百七十五 | 加三十八 | 疾四度九十 | 益二百一十一 | 朏二千七百二十 |

| | | | | | | |
|---|---|---|---|---|---|---|
| 七日 | 統天退二十九 | 一千三百四十八 | 初加一十二<br>末減一 | | 初益一百八<br>末損九 | 朓四千九百一十八 |
| | 開禧退二十八 | 一千三百四十九 | 初加十三<br>末減二 | 疾五度二十五 | 初益一百六十四<br>末損十三 | 朓六千七百六十三 |
| | 成天退二十九 | 一千三百四十九 | 初加一十三<br>末減二 | 初疾五度二十八<br>末疾四十一 | 初益七十二<br>末損五 | 初朓二千九百三十一<br>末朓三十三 |
| 八日 | 統天退二十七 | 一千三百一十九 | 減十八 | 疾五度五十九 | 損一百六十二 | 朓五千一十七 |
| | 開禧退二十八 | 一千三百二十七 | 減十六 | 疾五度四十七 | 損二百二 | 朓六千九百一十四 |
| | 成天退二十六 | 一千三百二十 | 減一十七 | 疾五度四十 | 損九十四 | 朓二千九百九十八 |
| 九日 | 統天退二十四 | 一千二百九十二 | 減四十五 | 疾五度四十一 | 損四十四 | 朓四千八百五十五 |
| | 開禧退二十四 | 一千二百九十五 | 減四十二 | 疾五度三十一 | 損五百三十一 | 朓六千七百一十二 |
| | 成天退二十三 | 一千二百九十四 | 減四十三 | 疾五度二十三 | 損二百三十九 | 朓二千九百四 |
| 十日 | 統天退二十一 | 一千二百六十八 | 減六十九 | 疾四度九十六 | 損六百十九 | 朓四千四百五十一 |
| | 開禧退二十二 | 一千二百七十一 | 減六十六 | 疾四度八十九 | 損八百三十四 | 朓六千一百八十一 |
| | 成天退二十 | 一千二百七十一 | 減六十六 | 疾四度八十 | 損三百六十六 | 朓二千六百六十五 |

| | | | | | | |
|---|---|---|---|---|---|---|
| 十一日 | 統天退十八 | 一千二百四十七 | 減九十 | 疾四度二十七 | 損八百七 | 朒三千八百三十二 |
| | 開禧退一十九 | 一千二百四十九 | 減八十八 | 疾四度二十三 | 損一千一百一十二 | 朒五千三百四十七 |
| | 成天退一十八 | 一千二百五十一 | 減八十六 | 疾四度一十四 | 損四百七十七 | 朒二千二百九十九 |
| 十二日 | 統天退十五 | 一千二百二十九 | 減一百八 | 疾三度三十七 | 損九百六十九 | 朒三千二十四 |
| | 開禧退一十六 | 一千二百三十 | 減一百七 | 疾三度二十五 | 損一千三百五十三 | 朒四千六百三十五 |
| | 成天退一十六 | 一千二百三十二 | 減一百四 | 疾三度二十八 | 損五百七十八 | 朒一千八百二十二 |
| 十三日 | 統天退十二 | 一千二百一十四 | 減一百二十三 | 疾二度二十九 | 損一千一百四 | 朒二千五十五 |
| | 開禧退一十二 | 一千二百一十四 | 減一百三十三 | 疾二度二十九 | 損一千五百五十五 | 朒二千二百八十二 |
| | 成天退一十四 | 一千二百一十七 | 減一百二十 | 疾二度二十四 | 損六百六十六 | 朒一千二百四十四 |
| 十四日 | 統天進五 | 一千二百二 | 初減一百六 末加二十九 | 疾一度六 | 初損九百五十一 末益三百六十 | 朒七百五十一 |
| | 開禧進七 | 一千二百二 | 初減一百五 末加三十 | 疾一度五 | 初損一千三百二十七 末益三百七十九 | 朒一千三百二十七 |
| | 成天進八 | 一千二百三 | 初減一百四 末加二十 | 初疾度四 末遲初 | 初損五百七十八 末益一百六十六 | 初朒五百七十八 末朒初 |

| | | | | | | |
|---|---|---|---|---|---|---|
| 十五日 | 統天進十二 | 一千二百七 | 加一百三十 | 遲空 | 益一千一百六十七 | 朒二百六十 |
| | 開禧進一十二 | 一千二百九 | 加一百二十八 | 遲初度三十 | 益一千六百一十八 | 朒三百七十九 |
| | 成天進一十二 | 一千二百一十一 | 加一百二十六 | 遲初度三十 | 益六百九十九 | 朒一百六十六 |
| 十六日 | 統天進十六 | 一千二百一十九 | 加一百十八 | 遲一度五十九 | 益一千五十九 | 朒一千四百二十七 |
| | 開禧進一十六 | 一千二百二十一 | 加一百一十六 | 遲一度五十九 | 益一千四百六十六 | 朒一千九百九十七 |
| | 成天進一十六 | 一千二百三十三 | 加一百八十四 | 遲一度五十六 | 益六百三十三 | 朒八百六十五 |
| 十七日 | 統天進二十 | 一千二百三十五 | 加一百二 | 遲二度七十七 | 益九百一十五 | 朒二千四百八十六 |
| | 開禧進二十 | 一千二百三十七 | 加一百 | 遲二度七十四 | 益一千二百六十四 | 朒三千四百六十三 |
| | 成天進二十 | 一千二百三十九 | 加九十八 | 遲二度七十 | 益五百四十四 | 朒一千四百九十八 |
| 十八日 | 統天進二十三 | 一千二百五十五 | 加八十二 | 遲三度七十九 | 益七百三十六 | 朒三千四百一 |
| | 開禧進二十三 | 一千二百五十七 | 加八十 | 遲三度七十四 | 益一千一十七 | 朒四千七百二十七 |
| | 成天進二十二 | 一千二百五十九 | 加七十八 | 遲三度六十八 | 益四百三十三 | 朒一千四十二 |

| | | | | | | | |
|---|---|---|---|---|---|---|---|
| 十九日 | 統天進二十六 | 一千二百七十八 | 加五十九 | 遲四度 | 益五百三十 | 朒四千一百三十七 |
| | 開禧進二十六 | 一千二百八十 | 加五十七 | 遲四度五十四 | 益七百二十一 | 朒五千七百三十八 |
| | 成天進二十四 | 一千二百八十一 | 加五十六 | 遲四度四十六 | 益三百一十一 | 朒二千四百七十五 |
| 二十日 | 統天進二十八 | 一千三百四 | 加三十三 | 遲五度二十 | 益二百九十六 | 朒四千六百六十七 |
| | 開禧進二十七 | 一千三百六 | 加三十一 | 遲五度一十一 | 益三百九十二 | 朒六千四百五十九 |
| | 成天進二十七 | 一千三百五 | 加三十二 | 遲五度二 | 益一百七十八 | 朒二千七百八十六 |
| 二十一日 | 統天進二十九 | 一千三百三十二 | 初加七 末減二 | 遲五度五十三 | 初益六十三 末損十八 | 朒四千九百六十三 |
| | 開禧進二十八 | 一千三百三十三 | 初加六 末減二 | 遲五度四十二 | 初益七十六 末損二十五 | 朒六千八百五十一 |
| | 成天進二十九 | 一千三百三十二 | 初加七 末減二 | 初遲五度三十四 末遲五度四十一 | 初益三十九 末損一十一 | 初朒二千九百六十四 末朒三千三 |
| 二十二日 | 統天進二十七 | 一千三百六十一 | 減二十四 | 遲五度五十八 | 損二百一十五 | 朒五千八 |
| | 開禧進二十六 | 一千三百六十一 | 減二十四 | 遲五度四十六 | 損三百三 | 朒六千九百二 |
| | 成天進二十七 | 一千三百六十一 | 減二十四 | 遲五度三十九 | 損一百三十三 | 朒二千九百九十二 |

| | | | | | | |
|---|---|---|---|---|---|---|
| 二十三日 | 統天進二十四 | 一千三百八十八 | 減五十一 | 遲五度三十四 | 損四百五十八 | 朒四千七百九十三 |
| | 開禧進二十四 | 一千三百八十七 | 減五十 | 遲五度二十二 | 損六百三十二 | 朒六千五百九十九 |
| | 成天進二十二 | 一千三百八十八 | 減五十一 | 遲五度一十五 | 損二百八十三 | 朒二千八百五十九 |
| 二十四日 | 統天進二十一 | 一千四百一十二 | 減七十五 | 遲四度八十三 | 損六百七十三 | 朒四千三百三十三 |
| | 開禧進二十 | 一千四百一十一 | 減七十四 | 遲四度七十二 | 損九百二十六 | 朒五千九百六十七 |
| | 成天進一十九 | 一千四百一十 | 減七十三 | 遲四度六十四 | 損四百五 | 朒二千五百七十六 |
| 二十五日 | 統天進十七 | 一千四百三十三 | 減九十六 | 遲四度八 | 損八百六十二 | 朒三千六百六十二 |
| | 開禧進一十六 | 一千四百三十一 | 減九十四 | 遲三度九十八 | 損一千一百八十八 | 朒五千三十一 |
| | 成天進一十五 | 一千四百二十九 | 減九十二 | 遲三度九十一 | 損五百一十一 | 朒二千一百七十一 |
| 二十六日 | 統天進十三 | 一千四百五十 | 減一百十三 | 遲三度十三 | 損一千一十四 | 朒二千八百 |
| | 開禧進一十二 | 一千四百四十七 | 減一百一十 | 遲三度四分 | 損一千三百九十一 | 朒三千八百四十一 |
| | 成天進一十二 | 一千四百四十四 | 減一百七 | 遲二度九十九 | 損五百九十四 | 朒一千六百六十 |

| | | | | | | |
|---|---|---|---|---|---|---|
| 二十七日 | 統天進八 | 一千四百六十三 | 減一百二十六 | 遲一度九十九 | 損一千一百三十一 | 朒一千七百八十六 |
| | 開禧進八 | 一千四百五十九 | 減一百二十二 | 遲一度九十四 | 損一千五百四十二 | 朒二千四百五十二 |
| | 成天進一十 | 一千四百五十七 | 減一百二十 | 遲一度九十二 | 損六百六十六 | 朒一千六百六十六 |
| 二十八日 | 統天退一 | 一千四百七十一 | 初減七十三<br>末加六十一 | 遲空七十三 | 初損六百五十五<br>末益五百四十八 | 朒六百五十五 |
| | 開禧退一 | 一千四百六十七 | 初減七十二 | 遲初度七十二 | 初損九百一十 | 朒九百一十 |
| | 成天退二 | 一千四百六十七 | 初減七十二 | 遲初度七十二 | 初損四百 | 朒四百 |

求天正十一月經朔加時入轉，經朔、弦、望入轉朏朒數，朔、弦、望定日，定朔、弦、望加時黃道日度，平交日辰，平交加時入轉朏朒定數，正交日辰，經朔加時中積，正交加時黃道月度，四象加時黃道月度，四象後黃道積度，四象後黃道積度入初、末限，月行九道，月行去黃道差，月行去赤道差，月行九道宿度，正交加時月離九道宿度，定朔、弦、望加時黃道月度，定朔、弦、望加時九道月度，定朔、弦、望午中入轉，每日午中入轉，晨昏月度，朔、弦、望晨昏定程，每日轉定數，每日晨昏月，所求日加時平行月積度，所求日加時定月。法同前曆，此不載。

步晷漏

二至限：一百八十二、分六十二、秒〔三〕。開禧秒一十五。成天秒一十四。

一象度：九十一、分三十一、秒四十四。

冬至後初限夏至後末限：六十二日、分六。開禧分九。成天分八。

夏至後初限冬至後末限：一百二十日、分五十六。開禧分五十三。成天分五十四。

冬至岳臺中晷常數：一丈二尺八寸五分。

臨安中晷常數：一丈八寸二分。

夏至岳臺中晷常數：一尺五寸七分。二曆六分。

臨安中晷常數：九寸一分。

太法：九千。開禧一萬二千六百七十五。成天五千五百六十五。

半法：六千。開禧四百五十〔三〕。成天三千七百一十。

少法：三千〔四〕。開禧四千二百二十五。

昏明分：三百。開禧四百二十二半。成天一百八十五半。

昏明刻：二、餘六十。開禧餘二百五十三半。成天餘五百五十六半。

辰刻：八、餘四十。開禧餘一百六十九。成天餘三百七十一。

半辰刻：四、餘二十。開禧餘八十四半。成天餘一百八十五半。

求午中入氣及中積，午中定積入二至後初、末限，岳臺午中晷景定數，九服午中晷景定數，臨安午中晷景定數，每日赤道內、外度，每日午中太陽去極度，日出、入晨昏半晝分，晝夜刻、日出入辰刻，更點差刻及辰刻，每日距中度及每更差度，昏曉五更中星，九服晝夜刻，臨安日出、入分，臨安距中度。法在前曆，此不載。

## 步交會

交實：三十二萬六千五百四十七。開禧交率四十五萬九千八百八十六、秒四千八百二十五。成天交終分二十萬一千九百一十四、秒七千五十一。

交策：二十七、餘三千五百八十六、秒四千八百二十五〔一五〕。開禧餘二千五百四十七〔一六〕。成天餘一千五百七十四、秒七千五十一。

交中策：一十三、餘七千二百七十三半。開禧餘一萬二千四百一十〔一七〕。

交差：八萬二百九十八。

朔差日：二、餘三千八百二十一。開禧餘五千三百八十、秒五千一百七十五。成天二千三百六十二、秒二千九百四十九。

交率：十九。

秒母：一萬。

交數：二百四十二。

交終度：三百六十二、約分七十九、秒二十四。開禧秒四十四。成天約分七十九、秒四十六。

交中度：一百八十一、約分八十九、秒六十二。開禧秒七十二。成天約分八十九、秒七十三。

交象度：九十、約分九十四、秒八十一。開禧秒八十六。成天同開禧。

半交象度：四十五、約分四十七、秒四十半。成天秒四十三。

日食岳臺陽曆限：五千六百　定法五百六十。開禧七千八百九十，定法七百八十九。成天三千四百七十，定法三百四十七。

臨安陽曆限：五千六百八十，定法五百六十八。

岳臺陰曆限：七千一百，定法七百一十。開禧九千七百四十，定法九百七十四。成天四千二百八十，定法四百二十八。

臨安陰曆限：六千七百，定法七百一十。

月食限：一萬一千二百，定法七百三十。開禧一萬五千七百八十，定法一千五十二。成天六千九百四十，定法四百六十三。

既限：三千九百。成天四千六百三十。

求天正十一月經朔加時入交，定朔、望夜半入交，每日夜半入交，定朔、望加時入交，定朔、望加時月行入交積度，定朔、望加時月行入交定積度，定朔、望加時月行入陰陽曆積度，定朔、望加時月去黃道度，日月食甚轉定分，日月食甚入轉朏朒數、入交數、常望定日，日月食甚汎大、小餘，日食甚定大、小餘，月食甚定大、小餘，日月食甚入氣，日月食甚日月積度〔八〕，至差、分差、立差，朔入交定日，日月食甚月行入陰陽曆交前、後分，日食分，月食分，日食汎用分，月食汎用分，日月食定用分，月食既內、外分，日月食虧初、復滿小餘，月食更點法，月食入更點，日月食帶出入及虧後、滿前所見分，日月食甚宿次，日食所起，月食所起，日月食甚九服加時差，日月九服食分差。法同前曆，此不載。

步五星

歲策：三百六十五、約分二十四、秒二十五。

氣策：一十五、約分二十一、秒八十四。

朔策：二十九、約分五十三、秒六。

曆策：一十五、約分二十一、秒九十一。

木星周實：四百七十八萬六千六百一十九。開禧周率六百七十四萬一千一百七十二、秒八十七。成天二百九十五萬九千七百三十二、秒三十二。

周策：三百九十八、約分八十八、秒四十九。開禧餘一萬四千九百七十二、秒八十七，約分八十八、秒六十。成天餘六千五百七十二，約分八十八、秒五十七。

周差：一百三十八萬三千六十五。

歲差：十九萬六千二百。

伏見度：一十三。

開禧曆率六百一十七萬一千八百五十九、秒八十九。成天二百七十一萬二百一十、秒六十九。開禧曆中度一百八十三、約分六十二、秒九十。成天秒八十七。開禧曆策度一十五、約分二十一、秒九十一。成天同。

| 段目 | 常日 | 常度 | 限度 | 初行率 |
|---|---|---|---|---|
| 晨疾初 | 統天三十<br>開禧三十日<br>成天三十一日 | 六　四十三<br>六度　三十六分<br>六度　八十九分 | 四　九十<br>四度　八十三分<br>五度　二十一分 | 二十二　二十九<br>二十二分　秒二十四<br>二十三分　秒五十八 |

| | | | | |
|---|---|---|---|---|
| 晨疾末 | 統天二十九 | 五　五十七 | 四　二十四 | 二十　五十三 |
| | 開禧二十九日 | 五度　三十七分 | 四度　七分 | 二十分　秒一十八 |
| | 成天二十九日 | 五度　三十九 | 四度　八分 | 二十分　秒八十六 |
| 晨遲初 | 統天二十八 | 四　十四 | 三　十五 | 十七　四十四 |
| | 開禧二十八日 | 四度　七 | 三度　九 | 一十六分　八十六 |
| | 成天二十八日 | 三度　八十五分 | 二度　九十一分 | 一十六分　秒四十四 |
| 晨遲末 | 統天二十六 | 一　五十三 | 一　十六 | 十　八十七 |
| | 開禧二十六日 | 二度　三分 | 一度　五十四分 | 一十二分　秒二十二 |
| | 成天二十六日 | 一度　四十四分 | 一度　九分 | 一十一分　秒六 |
| 晨留 | 統天二十三日 | 空 | 空 | 空 |
| | 開禧二十三日 | | | |
| | 成天二十二日 | | | |

| | | | | | |
|---|---|---|---|---|---|
| 晨退 | 統天 | 四十六日四十四分秒二十四半 | 四 八十四分 秒八十八 | 空 三十三 三十七 | |
| | 開禧 | 四十六日五十四分秒三 | 四 九十 八十五 | 空 三十二 四十 | 空 |
| | 成天 | 四十六日二十四分秒一十九 | 空 三十四 四十一半 | 十五 | |
| 夕退 | 統天 | 四十六 四十四 二十四半 | 四 八十四 八 八 | 空 三十三 三十七 秒八十五半 | 十五 三十一 |
| | 開禧 | 四十六日五十四分秒三十 | 四度 九十分 | 度空 三十二分 秒四十 | 一十五 四十四 |
| | 成天 | 四十六 二十四分 二十九 | 四度 九十四分 秒八十四半 | 度空 三十四 四十一半 | 一十五 秒四十八 |
| 夕留 | 統天 | 三十三 | | | |
| | 開禧 | 二十三 | 空 | 空 | 空 |
| | 成天 | 二十二日 | | | |
| 夕遲初 | 統天 | 二十六 | 一 五十三 | 一 十六 | 空 |
| | 開禧 | 二十六日 | 二度 三分 | 一度 五十分 | 空 |
| | 成天 | 二十六日 | 一度 四十四分 | 一度 九分 | 空 |

| | | | | | |
|---|---|---|---|---|---|
| 夕遲末 | 統天二十八 | 四 十四 | 三 十五 | 十 八十七 |
| | 開禧二十八日 | 四度 七分 | 三度 九分 | 一十二分 二十二 |
| | 成天二十八日 | 三度 八十五分 | 二度 九十一 | 一十一分 秒六 |
| 夕疾初 | 統天二十九 | 五 五十七 | 四 二十四 | 十七 四十四 |
| | 開禧二十九 | 五度 三十七分 | 四度 七分 | 一十六分 八十六 |
| | 成天二十九日 | 五度 三十九分 | 四度 八分 | 一十六分 秒四十四 |
| 夕疾末 | 統天三十 | 六 四十四 | 四 九十 | 二十 五十三 |
| | 開禧三十日 | 六度 三十六分 | 四度 八十三分 | 二十分 一十八 |
| | 成天三十一日 | 六度 八十九 | 五度 二十一分 | 二十分 秒八十八 |
| 夕伏 | 統天十七 | 四 空 | 三 五 | 二十二 二十九 |
| | 開禧一十六日 | 三度 九十分 | 三度 九十六分 | 二十二 二十四 |
| | 成天一十七日 二十分 | 四度 二十分 | 三度 一十八分 | 二十三分 秒五十八 |

## 木星盈縮曆

| 策數 | 損益率 | 盈積度 | 損益率 | 縮積度 |
|---|---|---|---|---|
| 初 | 統天益一百四十八<br>開禧益一百五十三<br>成天益一百五十二 | 空<br>初<br>初 | 益一百七十五<br>益一百七十九<br>益一百七十五 | 度<br>初<br>初 |
| 一 | 統天益一百三十五<br>開禧益一百三十七<br>成天益一百三十五 | 一度<br>一度　五十三<br>一度　五十二 | 益一百三十五<br>益一百六十<br>益一百五十六 | 一度　七十五<br>一度　七十九分<br>一度　七十五分 |
| 二 | 統天益一百一十六<br>開禧益一百一十六<br>成天益一百一十四 | 二度　八十三<br>二度　九十分<br>二度　八十七分 | 益一百二十七<br>益一百三十五<br>益一百三十二 | 三度　二十八<br>三度　三十九分<br>三度　三十一分 |

| | | | | |
|---|---|---|---|---|
| 三 | 統天益九十一 | 三度 九十九 | 益九十七 | 四度 五十五 |
| | 開禧益九十 | 四度 六分 | 益一百四 | 四度 七十四分 |
| | 成天益八十九 | 四度 一分 | 益一百三 | 四度 六十三分 |
| 四 | 統天益六十 | 四度 九十 | 益六十三 | 五度 五十二 |
| | 開禧益五十九 | 四度 九十六 | 益六十七 | 五度 七十八分 |
| | 成天益六十 | 四度 九十分 | 益六十九 | 五度 六十六分 |
| 五 | 統天益二十三 | 五度 五十 | 益二十五 | 六度 十五 |
| | 開禧益二十二 | 五度 五十五分 | 益二十四 | 六度 四十五分 |
| | 成天益二十七 | 五度 五十分 | 益三十 | 六度 三十五分 |
| 六 | 統天損二十三 | 五度 七十三 | 損二十五 | 六度 四十 |
| | 開禧損二十三 | 五度 七十 | 損二十四 | 六度 六十九分 |
| | 成天損二十七 | 五度 七十七分 | 損三十 | 六度 六十五分 |

| | | | | |
|---|---|---|---|---|
| 七 | 統天損六十 | 五度　五十 | 損六十三 | 六度　十五 |
| | 開禧損五十九 | 五度　五十五分 | 損六十七 | 六度　四十五分 |
| | 成天損六十 | 五度　五十分 | 損六十九 | 六度　三十五分 |
| 八 | 統天損九十一 | 四度　九十 | 損九十七 | 五度　五十二 |
| | 開禧損九十 | 四度　九十六 | 損一百四 | 五度　七十八分 |
| | 成天損八十九 | 四度　九十分 | 損一百三 | 五度　六十六分 |
| 九 | 統天損一百十六 | 三度　九十九 | 損二十七 | 四度　五十五 |
| | 開禧損一百一十六 | 四度　六分 | 損一百三十五 | 四度　七十四分 |
| | 成天損一百一十四 | 四度　一分 | 損一百三十二 | 四度　六十三分 |
| 十 | 統天損一百三十五 | 二度　八十三 | 損一百五十三 | 三度　二十八 |
| | 開禧損一百三十五 | 二度　九十分 | 損一百六十 | 三度　三十九分 |
| | 成天損一百三十五 | 二度　八十七分 | 損一百五十六 | 三度　三十一 |

| | | | | |
|---|---|---|---|---|
| 十一 | 統天損一百四十八 | 一度四十分 | 損一百五十七 | 一度七十五 |
| | 開禧損一百五十三 | 一度五十三分 | 損一百七十九 | 一度七十九分 |
| | 成天損一百五十二 | 一度五十二分 | 損一百七十五 | 一度七十五分 |

火星周實：九百三十五萬九千一百五十五。開禧周率一千三百一十八萬八百四、秒一。成天五百七十八萬七千七十二、秒八十八。

周策：七百七十九、約分九十二、秒九十六。開禧餘一萬五千七百四、秒一，約分九十二、秒九十二。成天餘六千八百九十二、秒八十八，約分九十二、秒九十。

周差：二百二十六萬四千二十五。

歲差：四百四萬六千四百。

伏見度：十九半。開禧曆率六百一十七萬二千九百五十九、秒一。成天二百七十一萬二百一十、秒二十七。開禧曆中度一百八十二、約分六十二、秒九十。成天秒八十七。開禧曆策度一十五、約分二十一、秒九十一。成天同開禧。

| 段目 | 常日 | 常度 | 限度 | 初行率 |
| --- | --- | --- | --- | --- |
| 合伏 | 統天六十八日　二十五 | 四十八度　七十五 | 四十六度　一分 | 七十一　八十二 |
| | 開禧六十七日　八十分 | 四十八度　八十分 | 四十六度　四分 | 七十二　六十八 |
| | 成天六十九　二十五分 | 五十度　二十五分 | 四十七度　四十分 | 七十三分　秒二十四 |
| 晨疾初 | 統天六十三 | 四十四　三十七 | 四十一　八十八 | 七十　九十一 |
| | 開禧六十二日 | 四十三度　六十一分 | 四十一度　一十五分 | 七十一分　二十六 |
| | 成天六十二日 | 四十三度　八十八分 | 四十一度　四十六分 | 七十一分　秒八十 |
| 晨疾末 | 統天五十八 | 三十九　九十八 | 三十七　七十四 | 六十九　八十四 |
| | 開禧五十八日 | 三十九度　五十九 | 三十七度　三十五 | 六十九　四十二 |
| | 成天五十八 | 三十九度　六十一分 | 三十七度　四十三 | 六十九分　秒七十六 |

| | | | | | |
|---|---|---|---|---|---|
| 晨疾初次 | 統天五十一 | 三十三　五十八 | 三十一　七十 | 六十七　九十七 |
| | 開禧五十二日 | 三十四度　一分 | 三十二　九 | 六十七　八 |
| | 成天五十一日 | 三十三度　一分 | 三十一度　一十九分 | 六十六分　秒八十四 |
| 晨疾末次 | 統天四十五 | 二十六度　一十三 | 二十四　七十六 | 六十二　四十 |
| | 開禧四十四日 | 二十五度　六十七 | 二十四度　二十二 | 六十三　七十四 |
| | 成天四十四 | 二十五度　五十四分 | 二十四度　一十三 | 六十二分　秒六十二 |
| 晨遲初 | 統天三十八 | 十七　十八 | 十六　二十二 | 五十二　六十四 |
| | 開禧四十日 | 一十八度　九 | 一十七　七 | 五十二　九十六 |
| | 成天三十九 | 一十七度　四十四分 | 一十六度　四十九分 | 五十三分　秒四十八 |
| 晨遲末 | 統天二十九 | 六度　十五 | 五　八十 | 三十四　四十六 |
| | 開禧二十八 | 六度　三十八 | 六度　二 | 三十七　四十八 |
| | 成天二十九 | 六度　一十四分 | 五度　八十分 | 三十五分　秒九十二 |

| | | | | | |
|---|---|---|---|---|---|
| 晨留 | 統天九 | 空 | 空 | 空 | |
| | 開禧九日 | | | | |
| | 成天九日 | | | | |
| 晨退 | 統天 | 二十八 七十一 四十八 | 八 八十九 六十四半 | 三 二十二 六半 | 空 |
| | 開禧 | 二十九 一十六 四十六 | 八度 八十 七十二 | 三度 三十九 五十三半 | 空 |
| | 成天 | 二十八日 七十一分 秒四十五 | 八度 五十二分 秒六十八 | 三度 三十六分 秒三十一半 | 空 |
| 夕退 | 統天 | 二十八 七十一 四十八 | 八 八十九 六十四半 | 三 二十二 六十半 | 四十五 四十三 |
| | 開禧 | 二十九 一十六 四十六 | 八度 八十分 秒七十二 | 三度 三十分 秒五十二半 | 四十四分 秒二十三 |
| | 成天 | 二十八日 七十一分 秒四十五 | 八度 五十二 六十八半 | 三度 三十六 三十一半 | 四十四分 七十二 |
| 夕留 | 統天九 | 空 | 空 | 空 | |
| | 開禧九 | | | | |
| | 成天九 | | | | |

| | | | | | |
|---|---|---|---|---|---|
| 夕遲初 | 統天二十九 | 十八　十五 | 五　八十 | 空 |
| | 開禧二十八 | 六度　三十八 | 六度　二分 | 空 |
| | 成天二十九 | 六度　一十四分 | 五度　八十分 | 空 |
| 夕遲末 | 統天三十八 | 十七　十八 | 十六　二十二 | 三十四　四十六 |
| | 開禧四十日 | 一十八　九分 | 一十七　七分 | 三十七分　四十八 |
| | 成天二十九 | 一十七度　四十四分 | 一十六度　四十九 | 三十五　九十二 |
| 夕次疾初 | 統天四十五 | 二十六　二十三 | 二十四　七十六 | 五十二　六十四 |
| | 開禧四十四日 | 二十五　六十七 | 二十四　二十二 | 五十三　九十六 |
| | 成天四十四日 | 二十五度　五十四 | 二十四度　一十三 | 五十三分　秒四十一 |
| 夕次疾末 | 統天五十一 | 三十三　五十八 | 三十一　七十 | 六十二　四十 |
| | 開禧五十二日 | 三十四　一分 | 三十二　九分 | 六十三　七十四 |
| | 成天五十一日 | 三十三度　一分 | 三十一度　一十九分 | 六十二分　六十二 |

| | | | | | |
|---|---|---|---|---|---|
| 夕疾初 | 統天 | 五十八 | 三十九　九十八 | 三十七　七十四 | 六十七　九十六 |
| | 開禧 | 五十八 | 三十九度　五十九 | 三十七　三十五 | 六十七　八 |
| | 成天 | 五十八 | 三十九度　六十一 | 三十七　四十三 | 六十六　八十四 |
| 夕疾末 | 統天 | 六十三 | 四十四　三十七 | 四十一　八十八 | 六十九　八十四 |
| | 開禧 | 六十二日 | 四十三度　六十一 | 四十一度　一十五 | 六十九　四十二 |
| | 成天 | 六十二 | 四十三度　八十八分 | 四十一度　四十六分 | 六十九分　七十六 |
| 夕伏 | 統天 | 六十八　二十五 | 四十八　七十五 | 四十六　一分 | 七　九十一 |
| | 開禧 | 六十七　八十 | 四十八　八十 | 四十六　四分 | 七十一分　二十六 |
| | 成天 | 六十九　二十五 | 五度　二十五 | 四十七度　四十八 | 七十一分　八十 |

## 火星盈縮曆

| 策數〔二九〕 | 損益率 | 盈積度 | 損益率 | 縮積度 |
| --- | --- | --- | --- | --- |
| 初 | 統天益一千五百五十二<br>開禧益一千一百四十二<br>成天益一千一百五十六 | 度空<br>初<br>初 | 益四百五十八<br>益五百二十五<br>益五百三十六 | 度空<br>初<br>初 |
| 一 | 統天益七百九十二<br>開禧益七百九十七<br>成天益七百九十六 | 十二 五十二<br>一十一 四十二<br>一十七度 五十六 | 益四百五十二<br>益四百九十<br>益四百九十 | 四 五十八<br>五度 二十五<br>五度 三十六 |
| 二 | 統天益四百五十六<br>開禧益四百七十五<br>成天益四百五十八 | 十九 四十四<br>一十九 三十九<br>一十九度 五十二 | 益四百三十三<br>益四百五十五<br>益四百三十六 | 九 十一<br>一十 一十五<br>一十度 二十六 |

| | | | | | |
|---|---|---|---|---|---|
| 三 | 統天益一百四十四 | 二十四　空 | 益三百九十六 | 十三　四十四 |
| | 開禧益一百七十六 | 二十四　一十四 | 益三百八十五 | 一十四　七十 |
| | 成天益一百四十二 | 二十四度　一十分 | 益三百七十四 | 一十四度　六十二分 |
| 四 | 統天損三十八 | 二十五　四十四 | 益三百四十 | 十七　四十 |
| | 開禧損三十五 | 二十五　九十 | 益三百一十五 | 一十八　五十五 |
| | 成天損三十九 | 二十五度　五十二 | 益三百四 | 一十八度　三十六分 |
| 五 | 統天損一百六十三 | 二十五　六 | 益二百六十三 | 二十　八十 |
| | 開禧損一百四十 | 二十五　五十五 | 益二百四十五 | 二十一　七十 |
| | 成天損一百三十七 | 二十五度　一十三分 | 益二百二十六 | 二十一度　四十分 |
| 六 | 統天損二百六十三 | 二十三　四十三 | 益一百六十三 | 二十三　四十三 |
| | 開禧損二百四十五 | 二十四　一十五 | 益一百四十 | 二十四　一十五 |
| | 成天損二百二十六 | 二十三度　七十六分 | 益一百四十 | 二十三度　六十六分 |

| | | | | | |
|---|---|---|---|---|---|
| 七 | 統天損三百四十 | 二十 | 八十 | 益三十八 | 二十五 六 |
| | 開禧損三百一十五 | 二十一 | 七十 | 益三十五 | 二十五 五十五 |
| | 成天損三百六 | 二十一度 | 五十分 | 益四十六 | 二十五度 六分 |
| 八 | 統天損三百九十六 | 十七 | 四十 | 損四百四十 | 二十五 四十四 |
| | 開禧損三百八十五 | 一十八 | 五十五 | 損一百七十六 | 二十五 九十 |
| | 成天損三百七十七 | 一十八度 | 四十四 | 損一百四十五 | 二十五度 五十二分 |
| 九 | 統天損四百三十三 | 十三 | 四十四 | 損四百五十六 | 二十四 空 |
| | 開禧損四百五十五 | 一十四 | 七十 | 損四百七十五 | 二十四 一十四 |
| | 成天損四百三十九 | 一十四度 | 六十七分 | 損四百五十七 | 二十四度 七分 |
| 十 | 統天損四百五十三 | 九 | 一十一 | 損七百九十二 | 十九 四十四 |
| | 開禧損四百九十 | 一十 | 一十五 | 損七百九十七 | 一十九 三十九 |
| | 成天損四百九十二 | 一十度 | 二十八分 | 損七百九十四 | 一十九度 五十分 |

| 十一 | | | |
|---|---|---|---|
| 統天損四百五十八 | 四　五十八 | 損一千一百五十二 | 十一　五十二 |
| 開禧損五百二十五 | 五　二十五 | 損一千一百四十二 | 一十一　四十二 |
| 成天損五百三十六 | 五度　三十六 | 損一千一百五十六 | 一十一度　五十六分 |

土星周實：四百五十三萬七千一百。開禧周率六百三十八萬九千七百四十八、秒九十一，成天二百八十萬五千四百四十、秒二十一。

周策：三百七十八、約分九、秒十六。開禧餘一千五百四十八、秒九十一，成天餘六百八十、秒二十一。

周差：三百五十五萬一百。

歲差：一百一十一萬五千四百。

伏見度十八。

開禧曆率六百一十七萬二千八百五十九、秒一，成天二百七十一萬二百二十一。開禧曆中度一百八十二、約分六十二、秒九十；成天一百八十二，分同開禧，秒八十七。開禧曆策度一十五、約分二十二、秒九十一，成天同開禧。

| 段目 | 常日 | 常度 | 限度 | 初行率 |
|---|---|---|---|---|
| 合伏 | 統天二十 六十七<br>開禧六十七 八十<br>成天二十一 二十分 | 二 六十七<br>四十八 八十<br>二度 七十 | 一 六十三<br>四十六 四<br>一度 六十五分 | 十三 三十三<br>七十二 六十八<br>一十三分 三十四 |
| 晨疾 | 統天三十<br>開禧六十二<br>成天二十九 | 三 四十九<br>四十三 六十一<br>三度 二十五 | 二 十三<br>四十一 一十五<br>一度 九十八分 | 十二 三十七<br>七十一 二十六<br>一十二分 二十二 |
| 晨次疾 | 統天二十八<br>開禧五十二<br>成天二十八 | 二 六十六<br>三十四 一<br>二度 五十分 | 一 六十三<br>三十二 九<br>一度 五十三 | 十 四十七<br>六十七 八<br>一十分 二十八 |
| 晨遲 | 統天二十五<br>開禧四十<br>成天二十七日 | 一 二十八<br>一十八 九<br>一度 五十四分 | 空 七十八<br>一十七 七<br>度空 九十四 | 七 三十二<br>五十二 九十六<br>七分 秒六十六 |

| | | | | |
|---|---|---|---|---|
| 晨留 | 統天三十四<br>開禧九<br>成天三十三日 | 空 | 空 | 空 |
| 晨退 | 統天五十一　三十七　五十八<br>開禧二十九　一十六　四十六<br>成天五十　八十四　五十八半 | 三　六十七　五十四<br>八　八十　七十二<br>三度　五十七　五十五 | 空　二十五　七十一<br>三　三十九　五十三半<br>度空　三十一　七十 | 空<br>空<br>空 |
| 夕退 | 統天五十一　三十七　五十八<br>開禧二十九　一十六　四十六<br>成天五十　八十四　五十八半 | 三　六十七　五十四<br>八　八十　七十二<br>三度　五十七　五十五 | 空　二十五　七十一<br>三　三十九　五十三半<br>度空　七十一　七十 | 十　四十七<br>四十四　二十三<br>九分　七十八 |
| 夕留 | 統天三十四<br>開禧九<br>成天三十三 | 空 | 空 | 空 |

| | | | | | |
|---|---|---|---|---|---|
| 夕遲 | 統天二十五 | 一 二十八 | 空 七十八 | 空 |
| | 開禧二十八 | 六 三十八 | 六 二 | 空 |
| | 成天二十七 | 一度 五十四分 | 度空 九十四 | 空 |
| 夕次疾 | 統天二十八 | 二 六十六 | 一 六十二 | 七 三十二 |
| | 開禧四十四 | 二十五 六十七 | 二十四 二十二 | 五十三 九十六 |
| | 成天二十八 | 二度 五十一分 | 一度 五十三分 | 七分 六十六 |
| 夕疾 | 統天三十 | 三 四十九 | 二 十三 | 十 四十七 |
| | 開禧五十八 | 三十九 五十九 | 三十七 三十五 | 六十七 八 |
| | 成天二十九 | 三度 二十五分 | 一度 九十八分 | 一十分 二十八 |
| 夕伏 | 統天二十 六十七 | 二 六十七 | 一 六十二 | 十二 三十七 |
| | 開禧六十二 | 四十三 六十一 | 四十一 四 | 七十一 二十六 |
| | 成天二十一 二十分 | 二度 七十分 | 一度 六十五分 | 一十二分 一十二 |

## 土星盈縮曆

| 策數 | 損益率 | 盈積度 | 損益率 | 縮積度 |
| --- | --- | --- | --- | --- |
| 初 | 統天益二百八<br>開禧益三百二十二<br>成天益二百二十五 | 度空<br>初<br>初 | 益一百五十八<br>益一百六十五<br>益一百六十 | 度空<br>初<br>初 |
| 一 | 統天益一百九十三<br>開禧益一百九十五<br>成天益一百九十五 | 二 八<br>二 二十三<br>二度 一十五分 | 益一百四十五<br>益一百五十一<br>益一百五十二 | 一 五十八<br>一 六十五<br>一度 六十分 |
| 二 | 統天益一百六十八<br>開禧益一百六十二<br>成天益一百六十一 | 四 一<br>四 一十八<br>四度 二十分 | 益一百二十五<br>益一百三十<br>益一百三十八 | 三 三<br>三 一十六<br>三度 一十二分 |

| | | | | |
|---|---|---|---|---|
| 三 | 統天益一百三十三 | 五　六十九 | 益九十八 | 四　二十八 |
| | 開禧益一百二十四 | 五　八十 | 益一百二 | 四　四十六 |
| | 成天益一百二十三 | 五度　八十一 | 益一百一十二 | 四度　五十分 |
| 四 | 統天益八十八 | 七　二 | 益六十四 | 五　二十八 |
| | 開禧益八十一 | 七　四 | 益六十七 | 五　四十八 |
| | 成天益八十一 | 七度　四分 | 益七十八 | 五度　六十二分 |
| 五 | 統天益三十三 | 七　九十 | 益二十三 | 五　九十 |
| | 開禧益三十三 | 七　八十五 | 益二十五 | 六　一十五 |
| | 成天益三十五 | 七度　八十五分 | 益三十五 | 六度　四十分 |
| 六 | 統天損三十三 | 八　二十三 | 損二十三 | 六　十三 |
| | 開禧損二十三 | 八　二十八 | 損二十五 | 六　四十 |
| | 成天損三十五 | 八度　二十分 | 損三十五 | 六度　七十五分 |

| | | | | |
|---|---|---|---|---|
| 七 | 統天損八十八 | 七　九十 | 損六十四 | 五　九十 |
| | 開禧損八十一 | 七　八十五 | 損六十七 | 六　一十五 |
| | 成天損八十五 | 七度　八十五 | 損七十四 | 六度　四十分 |
| 八 | 統天損一百三十三 | 七　二 | 損九十八 | 五　二十六 |
| | 開禧損一百二十四 | 七　四 | 損一百二 | 五　四十八 |
| | 成天損一百二十八 | 七度　分空 | 損一百七 | 五度　六十六分 |
| 九 | 統天損一百六十八 | 五度　六十九 | 損一百二十五 | 四　二十八 |
| | 開禧損一百六十一 | 五度　八十 | 損一百二十 | 四　四十六 |
| | 成天損一百六十四 | 五度　七十二分 | 損一百三十四 | 四度　五十九分 |
| 十 | 統天損一百九十三 | 四　一 | 損一百四十五 | 三　三 |
| | 開禧損一百九十五 | 四　一十八 | 損一百五十一 | 三　十六 |
| | 成天損一百九十三 | 四度　八分 | 損一百五十五 | 三度　二十五 |

| 十一 | | | |
|---|---|---|---|
| 統天損二百八 | 二　八 | 損一百五十八 | 一　五十八 |
| 開禧損二百二十三 | 二　二十三 | 損一百六十五 | 一　六十五分 |
| 成天損二百一十五 | 二度　一十五分 | 損一百七十 | 一度　七十分 |

金星周實：七百萬六千八百三十三。開禧周率九百八十六萬七千九百五十六、秒一十。成天四百三十三萬二千五百五十六、秒九十五。

周策：五百八十三、約分九十、秒二十八。開禧餘一萬五千二百五十六、秒一十，分秒同。成天餘六千六百九十六、秒九十五，約分九十、秒二十六〔三〇〕。

周差：一百二萬三千六百七十一。

歲差：三百三十一萬二千三百。

伏見度：十半。

開禧曆率六百一十七萬二千八百五十八、秒八十八，成天二百七十一萬二百一十、秒十三。開禧曆中度一百八十二、約分六十二、秒九十，成天秒八十七。開禧曆策度一十五、約分二十一、秒九十一，成天同。

| 段目 | | 常日 | 常度 | 限度 | 初行率 |
|---|---|---|---|---|---|
| 合伏 | 統天 | 三十九 | 四十九 五十 | 四十七 五十二 | 一 二十七 六十九 |
| | 開禧 | 三十九日 | 四十九 五十 | 四十七 五十一 | 一 二十七 六十八 |
| | 成天 | 三十九日 | 四十九度 五十分 | 四十七度 五十四分 | 一度 二十八分 秒六十八 |
| 夕疾初 | 統天 | 五十二 | 六十五 十一 | 六十二 五十 | 一 二十五 九十五 |
| | 開禧 | 五十二 | 六十五 一十三 | 六十二 三十八 | 一 二十六 一十六 |
| | 成天 | 五十一 | 六十三度 三十三分 | 六十度 八十二 | 一度 二十五分 秒一十六 |
| 夕疾末 | 統天 | 四十八 | 五十九 十四 | 五十六 七十七 | 一 二十四 三十五 |
| | 開禧 | 四十八 | 五十九度 八分 | 五十六 五十九 | 一 二十四 三十四 |
| | 成天 | 四十九 | 五十九度 七十六分 | 五十七度 四十分 | 一度 二十三分 秒一十八 |
| 夕次疾初 | 統天 | 四十二 | 五十 十七 | 四十八 十六 | 一 二十二 二 |
| | 開禧 | 四十四 | 五十二度 五十三分 | 五十度 三十一分 | 一 二十一 八十二 |
| | 成天 | 四十三日 | 五十度 八十分 | 四十八度 七十九分 | 一度 二十分 秒七十六 |

| | | | | | |
|---|---|---|---|---|---|
| 夕次疾末 | 統天三十七 | 四十　八十三 | 三十九　十九 | 一十六　六十六 |
| | 開禧三十七 | | | |
| | 成天三十九日 | 四十二度　二十五分 | 四十度　五十八 | 一度　一十五分　秒五十二 |
| 夕遲初 | 統天三十 | 二十六　三十七 | 二十五　三十一 | 一　一　五十九 |
| | 開禧三十二日 | 二十七　二十二 | 二十六度　七分 | 一　空　四十八 |
| | 成天三十二日 | 二十七度　九分 | 二十六度　二分 | 一度　一分　秒一十四 |
| 夕遲末 | 統天二十二 | 九　二十一 | 八　八十四 | 空　六十七　七十二 |
| | 開禧一十八 | 七度　二十六 | 六度　九十五分 | 六十九　六十四 |
| | 成天一十七日 | 七度　六十六分 | 七度　三十六分 | 六十八分　秒一十六 |
| 夕留 | 統天六 | | | |
| | 開禧六 | 空 | 空 | 空 |
| | 成天六日 | | | |

| 段目 | 曆 | 一 | 二 | 三 | 四 |
|---|---|---|---|---|---|
| 夕退 | 統天 | 九　九十五　十四 | 三　八十七　八十六 | 一　七十　十四 | 空 |
| | 開禧 | 一十日 | 四度　四十四 | 一度　八十四 | 空 |
| | 成天 | 一十日 | 三度　八十九分 | 一度　六十九分 | 空 |
| 夕伏退 | 統天 | 六 | 四　五十 | 一　九十六 | 空　六十七　七十九 |
| | 開禧 | 五　九十五　一十二半 | 四　五十四　八十六半 | 一　八十八　一十六半 | 六十九　五十二 |
| | 成天 | 五日　九十五分　秒一十三 | 四度　五十四分　八十五 | 一度　七十八　秒一十三 | 六十七分　秒七十二 |
| 合伏退 | 統天 | 六 | 四　五十 | 一　九十六 | 空　八十二　二十 |
| | 開禧 | 五　九十五　秒一十三半 | 四　五十四　八十六半 | 一　八十八　一十三半 | 八十三分　一十六 |
| | 成天 | 五日　九十五分　秒一十三 | 四度　五十四分　秒八十五 | 一度　七十八分　秒一十三 | 八十五分　秒一十四 |
| 晨退 | 統天 | 九　九十四　十四 | 三　八十七　八十六 | 一　七十　十四 | 空　六十七　七十九 |
| | 開禧 | 一十 | 四度　四十四 | 一度　八十四 | 六十九　五十二 |
| | 成天 | 一十日 | 三度　八十九分 | 一度　六十六分 | 六十七分　秒七十二 |

| | | | | |
|---|---|---|---|---|
| 晨留 | 統天六 開禧六 成天六 | 空 | 空 | 空 |
| 晨遲初 | 統天二十二 開禧一十八 成天一十七日 | 九 二十一<br>七 三十六<br>七度 六十六分 | 八 八十四<br>六<br>七度 三十六分 | 空<br><br>空 |
| 晨遲末 | 統天三十 開禧三十二 成天三十二 | 二十六 三十七<br>二十一 二十二<br>二十七度 九分 | 二十五 三十一<br>二十一 七<br>二十六度 二分 | 空 六十七 七十三<br>六十七 六十四<br>六十八分 秒一十六 |
| 晨次疾初 | 統天三十七 開禧三十七 成天三十九 | 四十 八十三<br>四十 二十二<br>四十二度 二十五分 | 三十九 十九<br>三十八 五十三<br>四十度 五十八分 | 一 一 五十九<br>一度 分空 秒四十八<br>一度 一分 秒二十四一作一十四 |

| | | | | |
|---|---|---|---|---|
| 晨次疾末 | 統天四十二 | 五十　十七 | 四十八　十六 | 一　十六　六十六 |
| | 開禧四十四 | 五十二　五十三 | 五十　三十一 | 一　一十六　九十四 |
| | 成天四十三日 | 五十度　八十分 | 四十八度　七十九分 | 一度　一十五分　秒五十二 |
| 晨疾初 | 統天四十八 | 五十九　十四 | 五十六　七十七 | 一　二十二　二 |
| | 開禧四十八 | 五十九　八 | 五十六　五十九 | 一　二十一　八十二 |
| | 成天四十九 | 五十九度　七十六分 | 五十七度　四十分 | 一度　二十分　秒七十六 |
| 晨疾末 | 統天五十二 | 六十五　十一 | 六十二　五十 | 一　二十四　三十五 |
| | 開禧五十二 | 六十五　一十三 | 六十二　二十八 | 一　二十四　三十四 |
| | 成天五十一 | 六十三度　三十三分 | 六十度　八十二 | 一度　二十三分　秒一十八 |
| 晨伏 | 統天三十九 | 四十九　五十 | 四十七　五十二 | 一　二十五　九十五 |
| | 開禧三十九 | 四十九　五十 | 四十七　四十一 | 一　二十六　一十六 |
| | 成天三十九 | 四十九　五十分 | 四十七　五十四分 | 一度　二十五　秒一十六 |

## 金星盈縮曆

| 策數 | 損益率 | 盈積度 | 損益率 | 縮積度 |
| --- | --- | --- | --- | --- |
| 初 | 統天益五十三 | 度空 | 益五十三 | 度空 |
| | 開禧益五十二 | 初 | 益五十二 | 初 |
| | 成天益五十四 | 初 | 益五十四 | 初 |
| 一 | 統天益四十九 | 空　五十三 | 益四十八 | 空　五十一 |
| | 開禧益四十九 | 初度　五十二分 | 益四十九 | 初　五十二 |
| | 成天益四十九 | 初度　五十四分 | 益四十九 | 初度　五十四分 |
| 二 | 統天益四十二 | | 益四十一 | 一　一 |
| | 開禧益四十三 | 一　一分 | 益四十三 | 一　一 |
| | 成天益四十二 | 一度　三分 | 益四十二 | 一度　三分 |

| | | | | | |
|---|---|---|---|---|---|
| 三 | 統天益三十七 | 一　四十二 | 益三十二 | 一　四十一 |
| | 開禧益三十四 | 一　四十四 | 益三十四 | 一　四十四 |
| | 成天益三十三 | 一度　四十五分 | 益三十三 | 一　四十五分 |
| 四 | 統天益二十一 | 一　七十四 | 益二十一 | 一　七十四 |
| | 開禧益二十二 | 一　七十八 | 益二十二 | 一　七十八 |
| | 成天益二十二 | 一度　七十八分 | 益二十二 | 一度　七十八分 |
| 五 | 統天益八 | 一　九十五 | 益八 | 一　九十五 |
| | 開禧益七 | 二　分空 | 益七 | 二　分空 |
| | 成天益九 | 二度　分空 | 益九 | 二　分空 |
| 六 | 統天損八 | 二　三 | 損八 | 二　三 |
| | 開禧損七 | 二　七 | 損七 | 二　七 |
| | 成天損九 | 二度　九分 | 損九 | 二度　九分 |

| | | | | |
|---|---|---|---|---|
| 七 | 統天損二十一 | 一 九十五 | 損二十一 | 一 九十一 |
| | 開禧損二十二 | 二 分空 | 損二十二 | 二 分空 |
| | 成天損二十二 | 二度 分空 | 損二十二 | 二度 分空 |
| 八 | 統天損三十二 | 一 七十四 | 損三十二 | 一 七十四 |
| | 開禧損三十四 | 一 七十八 | 損三十四 | 一 七十八 |
| | 成天損三十三 | 一度 七十八分 | 損三十三 | 一度 七十八分 |
| 九 | 統天損四十一 | 一 四十二 | 損四十一 | 一 四十二 |
| | 開禧損四十三 | 一 四十四 | 損四十三 | 一 四十四 |
| | 成天損四十二 | 一度 四十五分 | 損四十二 | 一度 四十五分 |
| 十 | 統天損四十八 | 一 一 | 損五十八 | 一 一 |
| | 開禧損四十九 | 一 | 損四十九 | 一 一 |
| | 成天損四十九 | 一度 三分 | 損四十九 | 一度 三分 |

| 十一 | | | |
|---|---|---|---|
| 統天損五十三 | 空　五十三 | 損五十三 | 空　五十三 |
| 開禧損五十二 | 初度　五十二 | 損五十三 | 初度　五十二 |
| 成天損五十四 | 初度　五十四分 | 損五十四 | 初度　五十四分 |

水星周實：一百三十九萬五百一十四。開禧周率一百九十五萬八千三百五、秒一十。成天八十五萬九千七百九十九、秒九十〔三〕。

周策：一百一十五、約分八十七、秒六十二。開禧餘一萬四千八百五、秒一十，約分八十七、秒六十。成天餘六千四百九十九、秒九十。

周差：八十九萬五千一百六十二。

歲差：一百一萬二千八百。

夕見晨伏度：十五半。

晨見夕伏度：二十半。開禧曆率六百一十七萬二千八百六十、秒四，成天二百七十一萬二百一十一、秒一十五。開禧曆中度一百八十二、約分六十二、秒九十，成天秒八十七。開禧曆策度一十五、約分二十一、秒九十一，成天同。

| 段目 | 常日 | 常度 | 限度 | 初行率 |
|---|---|---|---|---|
| 合伏 | 統天十六<br>開禧一十七　六十五<br>成天一十七　二十五分 | 三十一　五十<br>三十六　六十五<br>三十三度　二十五分 | 二十六　三十<br>二十八　二十二<br>二十七度　六十一分 | 二　二度　秒二分<br>二度　九分　五十分<br>二度　一十五分　秒三十四 |
| 夕疾 | 統天十五<br>開禧一十五<br>成天一十五日 | 二十二　二十四<br>二十二　四十<br>二十一度　八十六分 | 十八　五十七<br>一十八　七十九<br>一十八度　一十五分 | 一　六十八<br>一　七十一　七十八<br>一度　七十分　秒一十六 |
| 夕遲 | 統天十三<br>開禧一十二<br>成天一十二日 | 十二　七十六<br>一十　一十<br>一十一度　六十四分 | 十　六十五<br>八　四十七<br>九度　六十七分 | 一　二十七<br>一　二十六　八十六<br>一度　二十一分　三十 |
| 夕留 | 統天二<br>開禧二<br>成天二日 | 空 | 空 | 空 |

| | | | | | |
|---|---|---|---|---|---|
| 夕伏退 | 統天十一 九十三 八十一 | 八 五十 六十九 | 二 四十一 八十一 | 空 |
| | 開禧一十一 二十八 八十 | 八 二十一 二十 | 二 四十五 八十 | 空 |
| | 成天一十一 六十八分 秒八十 | 八度 八十一分 秒二十 | 二度 五十分 秒八十 | 空 |
| 合伏退 | 統天十一 九十三 八十一 | 八 五十六 十九 | 二 四十一 八十一 | 一 五十七 |
| | 開禧一十一 二十八 八十 | 八度 二十一 二十 | 二 四十五 八 | 一 六 五十六 |
| | 成天一十一日 六十八分 八十 | 八度 八十一分 秒二十 | 二度 五十分 秒八十 | 一度 五分 秒七十五 |
| 晨留 | 統天二 | 空 | 空 | 空 |
| | 開禧二 | | | |
| | 成天二日 | | | |
| 晨遲 | 統天十三 | 十二 七十六 | 十 六十五 | 空 |
| | 開禧一十二 | 一十 一十 | 八度 四十七 | 空 |
| | 成天一十二日 | 一十一度 六十四分 | 九度 六十七分 | 空 |

| | | | | |
|---|---|---|---|---|
| 晨疾 | 統天十五 | 二十二　二十四 | 十八　五十七 | 一　二十七　空 |
| | 開禧一十五 | 二十二　四十分 | 一十八　七十九 | 一　二十六　八十六 |
| | 成天一十五日 | 二十一度　八十六分 | 一十八度　一十五分 | 一度　二十一分　秒三十 |
| 晨伏 | 統天十六 | 二十一　五十 | 二十六　三十 | 一　六十八　空 |
| | 開禧一十七　六十五 | 三十三度　六十五 | 二十八度　二十二 | 一　七十一　七十八 |
| | 成天一十七　二十五分 | 三十三度　二十五分 | 二十七度　六十一分 | 一度　七十分　秒一十六 |

## 水星盈縮曆

| 策數 | 損益率 | 盈積度 | 損益率 | 縮積度 |
|---|---|---|---|---|
| 初 | 統天益五十八 | 度空 | 益五十八 | 度空 |
| | 開禧益五十七 | 初 | 益五十七 | 初 |
| | 成天益五十九 | | | |

| 一 | 二 | 三 | 四 |
|---|---|---|---|
| 統天益五十三<br>開禧益五十三<br>成天益五十五 | 統天益四十四<br>開禧益四十六<br>成天益四十八 | 統天益三十四<br>開禧益三十六<br>成天益三十八 | 統天益二十二<br>開禧益二十三<br>成天益二十五 |
| 空　五十八<br>初　五十七<br>初度　五十九分 | 一　十<br>一　一十<br>一度　一十四分 | 一　五十四<br>一　五十六<br>一度　六十二分 | 一　八十八<br>一　九十二<br>二度　分空 |
| 益五十二<br>益五十三<br>益五十五 | 益四十四<br>益四十六<br>益四十八 | 益三十四<br>益三十六<br>益三十八 | 益二十二<br>益二十三<br>益二十五 |
| 空五十八<br>初五十七<br>初 | 一　十<br>一　一十<br>一度　一十四分 | 一　五十四<br>一　五十六<br>一度　六十二分 | 一　八十八<br>一　九十二<br>二度　分空 |

| 五 | | | 六 | | | 七 | | | 八 | | |
|---|---|---|---|---|---|---|---|---|---|---|---|
| 統天損八 | 開禧益七 | 成天益九 | 統天損八 | 開禧損七 | 成天損九 | 統天損二十二 | 開禧損二十三 | 成天損二十五 | 統天損三十四 | 開禧損三十六 | 成天損三十八 |
| 二　十 | 二　一十五 | 二度二十五分 | 二度十八 | 二度二十二 | 二度三十四分 | 二十 | 二度一十五 | 二度二十五分 | 一　八十八 | 一度九十二 | 二度分空 |
| 益八 | 益七 | 益九 | 損八 | 損七 | 損九 | 損二十二 | 損二十三 | 損二十五 | 損三十四 | 損三十六 | 損三十八 |
| 二　十 | 二　一十五 | 二度二十五分 | 二　十八 | 二度二十二 | 二度三十四分 | 二十 | 二度一十五 | 二度二十五 | 一　八十八 | 一度九十二 | 二度分空 |

| | | | | |
|---|---|---|---|---|
| 九 | 統天損四十四 | 一　五十四 | 損四十四 | 一　五十四 |
| | 開禧損四十六 | 一度　五十六 | 損四十六 | 一度　五十六 |
| | 成天損四十八 | 一度　六十二分 | 損四十八 | 一度　六十二分 |
| 十 | 統天損五十二 | 一十 | 損五十二 | 一十 |
| | 開禧損五十三 | 一度　一十 | 損五十三 | 一度　一十 |
| | 成天損五十五 | 一度　一十四分 | 損五十五 | 一度　一十四分 |
| 十一 | 統天損五十八 | 空　五十八 | 損五十八 | 空　五十八 |
| | 開禧損五十七 | 初度　五十七 | 損五十七 | 初度　五十七 |
| | 成天損五十九 | 初度　五十九分 | 損五十九 | 初度　五十九分 |

求五星天正冬至後平合及諸段中積、中星，五星平合及諸段入曆，五星平合及諸段盈縮差，五星平合及諸段定積，五星平合及諸段定日，五星平合諸段所在月日，五星平合及諸段加時定星，五星平合及諸段初日夜半定星，諸段平行分，諸段總差，諸段初、末日行分，

諸段每日夜半星行宿次，徑求其日宿次，五星平合見伏入氣，五星平合見伏行差，五星定合定見、定伏汎積，五星定合用積、用星，木火土三星定見、定伏用積，金水二星定見、定伏用積。法同前曆，此不載。

## 校勘記

〔一〕成天三千二百四十秒　二倍成天氣策餘秒，得三千二百四十一分、秒四。此處「十」下脫「一」字，「秒」下脫「四」字。

〔二〕開禧朔虛分三千四百八十三　置常數三十，減開禧朔策，得七千九百三十三分，疑原朔虛分數誤。

〔三〕如其年無躔差　「年」原作「平」，據曆法常例改。

〔四〕周天度三百六十五餘一千九百一十秒六十一約分二十五秒七十五　考異卷六八：「案統天術，周天分四百三十八萬三千九十，滿策法去之，餘數三千九十，無秒數，約之爲二十五分七十五秒。此云『餘一千九百一十、秒六十一』者，乃成天術之度餘，非統天之度餘也。此十有一字當删。」按考異說是。

〔五〕二十四氣初日夜半黃道日度　據崇天、紀元諸曆同項推步內容，此處「初日」下脫「晨前」二字。

〔六〕二十四氣夜半黃道日度　據推步順序，求二十四氣初日晨前夜半黃道日度後，應求每日晨前夜半黃道日度，疑此處「二十四氣」爲「每日晨前」之誤。

〔七〕赤道過宮　考異卷六八說此條脫巳宮一行並引李銳曰：「周天分十二宮，每宮應三十度四十三分八十秒弱，以算補之，當云『□□□□□張十五度九分□秒八，入楚分，鶉尾之次，在巳，用甲、丙、庚、壬。』」

〔八〕轉實三十二萬六百五十五　以策法乘轉策，加轉餘分，得三十三萬六百五十五。此處「二」應作「三」。

〔九〕秒一千六百四十一　上「一」字原作「二」，據下文成天轉策改。

〔一〇〕約分二十三　以策法除末數，得約分二十二，此處「三」應作「二」。

〔一一〕約分二十三　以策法除末數，得約分三十三。此處「二」應作「三」。

〔一二〕二至限一百八十二分六十二秒　據下文「一象度：九十一、分三十一、秒四十四」，倍之，得一百八十二、分六十二、秒八十八。此處「秒」下脫「八十八」三字。

〔一三〕開禧四百五十　開禧太法加開禧少法，以二除之，得八千四百五十。此處「四百五十」上脫「八千」二字。

〔一四〕少法三千　據本段其他各項體例，本項應注「成天一千八百五十五」九字。

〔一五〕交策二十七餘三千五百八十六秒四千八百二十五　以策法除交實，得交策二十七，餘二千五百四十七，原餘秒係開禧策餘。

〔一六〕開禧餘二千五百四十七　以開禧日法除開禧交率，得二十七，餘三千五百八十六、秒四千八百二十五，原小餘係統天策餘。

〔一七〕開禧餘一萬二千四百一十　二除開禧交策，得一十三、餘一萬二百四十三、秒二千四百一十二半，疑原數有誤。又按本段其他各項體例，疑本句後應有「成天餘四千四百九十七、秒三千五百二十五半」十九字。

〔一八〕日月食甚日月積度　據推步順序，求日月食甚入氣後，應求日月食甚日行積度，疑此處下「月」字爲「行」字之誤。

〔一九〕策數　「數」原作「縮」。按各星盈縮曆有「策數」而無「策縮」，音近而訛，故改。

〔二〇〕約分九十秒二十六　以成天日法除成天金星周率，得周策五百八十三、餘六千六百九十六，約分九十、秒二十四。此處「六」應作「四」。

〔二一〕成天八十五萬九千七百九十九秒九十　以成天日法乘成天水星周策，加策餘，得八十三萬九千九十九、秒九十。此處「五」應作「三」，「七百」二字衍。